성 프란치스코 수도 규칙의 시대적 의미

제24차 프란치스칸 영성 학술 발표회
일시: 2023년 9월 18일~20일
장소: 서울 정동 프란치스코 교육회관
주최: 프란치스칸 연구소

학술 발표 모음 13
성 프란치스코 수도 규칙의 시대적 의미

교회 인가 | 2025년 1월 20일
발 행 일 | 2025년 2월 10일

발행인 : 김상욱
편집인 : 김명겸

출 판 : 프란치스코 출판사 (제2-4072호)
주 소 : 서울 중구 정동길 9
주문처 : 02) 6325-5600
이메일 | franciscanpress@hanmail.net

발 행 : 프란치스칸 연구소
주 소 : 서울 중구 정동길 9
홈페이지 : http://franciscanresearch.org
e-mail : info@franciscanresearch.org

ISBN 979-11-93541-09-8 93230
정가 13,000원

성 프란치스코 수도 규칙의
시대적 의미

김명겸 엮음

차례

학술발표 모음 13호를 발행하며 … 6

베네딕도 규칙의 정신과 시대적 의미
허성석 신부, 성 베네딕토 왜관수도원 … 9

논평　윤지형 신부, 꼰벤뚜알 프란치스코 수도회 … 41

프란치스코 수도규칙의 새로움과 정신
기경호 형제, 작은형제회(프란치스코회) … 49

논평　김명겸 형제, 작은형제회(프란치스코회) … 159

서양 윤리사상사 안에서 프란치스코 수도규칙이 끼친 영향
- 요한 둔스 스코투스의 윤리학적 전환　박성호 형제, 작은형제회(프란치스코회) … 167

논평　오수록 형제, 작은형제회(프란치스코회) … 221

종교 개혁 사상에 담긴 자유, 평등, 형제애
이양호 목사, 연세대학교 신과대학 … 229

논평　이현숙 수녀, 마리아의 전교자 프란치스코회 … 269

작은형제회가 프랑스 사회에 미친 영향
피에르 모라찌니, 파리 프란치스칸 학교 … 277

논평　고계영 형제, 작은형제회(프란치스코회) … 315

[학술 발표 모음 13호]를 발행하며

평화를 빕니다.

이번 영성 학술 발표회는 아씨시 성 프란치스코의 수도 규칙이 인준받은 800주년을 맞아 개최되었습니다. 수도 규칙을 지켜야 할 규정이라고만 생각한다면 그것은 한없이 딱딱하게 느껴지고 수도 생활을 자유롭지 못하게 만드는 그 무엇이 될 것입니다. 성 프란치스코는 자신의 수도 규칙을 시작하면서 작은형제들의 수도 규칙과 생활은 복음을 살아가는 것이라고 말합니다. 수도 규칙에서 형제들이 억압을 느낀다면 형제들은 수도 규칙을 지키기 어려울 것이고, 더 나아가 복음을 살아가기도 힘들어질 것입니다. 예수님께서는 우리에게 자유와 해방을 주려고 하시는데, 복음을 살아가면서 부자유를 느낀다면, 그것은 예수님의 방식이라고 말할 수 없을 것입니다.

성 프란치스코의 수도 규칙은 800년의 역사를 가지고 있습니다. 그 정신이 세상과 동떨어진 것이라면 그의 수도 규칙도, 프란치스칸 삶도 이렇게 오랜 시간 이어지지 못했을 것입니다. 그런 의미에서 이번 발표회에서는 그의 수도 규칙을 잘 이해하기 위해 우선 성 베네딕토의 수도 규칙을 알아보았습니다. 그러면서 변화되는 시대 상황에서 수도승 전통과는 전혀 다른 삶의 모습이 등장했고, 그것을 제도화한 성 프란치스코의 수도 규칙을 보았습니다.

성 프란치스코의 수도 규칙은 수도회 안에만, 그리고 프란치스칸들에게만 영향을 주지 않았습니다. 서양 윤리 사상과 르네상스 미술, 그리고 종교 개혁과 개신교 운동은 직간접적으로 그 영향을 받았습니다. 사회 전반에 걸쳐 영향을 주었다고 볼 수 있는데, 특히 이번 발표회에서는 초세기부터 작은형제들이 현존했고 수백 년 동안 무수한 공동체에서 복음적 생활 양식을 전파해온 프랑스 사회에 프란치스칸 삶의 양식이 어떠한 영향을 주었는지 살펴보았습니다. 프랑스의 국가 표어인 '자유, 평등, 형제애' 속에서 프란치스칸의 흔적을 볼 수 있습니다.

새로운 시대 정신을 담아내고 또 그 시대 정신을 복음적 삶으로 표현한 성 프란치스코의 수도 규칙이 나타나면서 서로 나뉘어서 경직된 중세 봉건 사회는 새로운 전환기를 맞이했습니다. 그 새로운 전환기에 프란치스칸 정신과 생활 양식이 많은 영향을 주었는데, 그 가운데 가장 중요한 것은 복음적 인본주의이지 않을까 생각됩니다. 사람이 되신 하느님의 신비, 기꺼이 십자가 위에서 자신을 내어주신 사랑의 신비에 대한 감각이 풍성하게 피어나고, 더 나아가 인간이 하느님께 받은 자유 의지에 담긴 신적인 사랑과 거룩함에 대한 존중의 문화가 퍼지게 되었습니다. 성 프란치스코의 수도 규칙이 담고 있는 이러한 역동은 오늘날까지도 이어지고 있습니다.

성 프란치스코의 수도 규칙은 복음적 자유주의를 향하고 있다고 말할 수 있습니다. 그 누구보다도 성 프란치스코는 복음을 살고 싶었고, 앞에서 이야기한 것처럼 그 복음의 골자가 자유라면, 그의 수도 규칙은 당연히 자유를 향할 수밖에 없을 것입니다. '규칙'이라는 이름으로, '제도'라는 이름으로, 다소 경직된 것처럼 보일 수 있지만, 성 프란치스코의 수도 규칙은 자유를 향한 길임을 기억할 수 있었으면 좋겠습니다.

2024년 12월 13일
김명겸 요한 형제

첫째날

베네딕도 규칙의 정신과 시대적 의미

허성석 로무알도 신부
(성 베네딕도회 왜관수도원)

차례

머리말

제1장 성규에 대한 소개
   1. 고대 규칙에서의 위치
   2. 시대적 배경
   3. 원천과 특성

제2장 성규의 정신
   1. 중용
   2. 분별력
   3. 개방성
   4. 경청
   5. 배려
   6. 환대

제3장 시대적 의미
   1. 성규의 확산
   2. 성규의 영향
      2.1 수도회 법규 안에서
      2.2 교회 법규 안에서
   3. 우리 시대의 의미
      3.1 균형 있는 삶의 모델
      3.2 공동체 생활의 지침
      3.3 이상적 리더십의 모델
      3.4 시노달리타스의 모델
      3.5 종교간 대화와 일치의 매개

맺음말

참고문헌

머리말

올해가 성 프란치스코 수도 규칙이 인준 받은 지 800주년이 되는 해라고 한다. 이를 기해 프란치스코 규칙의 의미를 짚어보기 위해 특별히 마련된 학술 발표회에 초대받아 발제를 맡게 되었다. 부탁받은 주제는 '베네딕도 규칙(이하 '성규')의 정신과 시대적 의미'였다. 어찌 보면 단순한 주제 같아 보이지만, 실은 광범위한 주제다. 일단 주문받은 주제를 그대로 따르되, 시대적 의미 부분은 발제자 나름의 이해와 의도에 따라 준비해 보았다.

성규는 서방 그리스도교 전통, 특별히 수도 전통에서 가장 중요한 문헌 중 하나로 천오백 년이 지난 오늘날에도 여전히 살아 숨 쉬고 있다. 수많은 남녀 수도자가 성규에 따라 수도 생활을 하고 있을 뿐만 아니라 수도자가 아니더라도 많은 그리스도인에게 복음적 삶을 위한 영감을 주고 있다. 또한 13세기 탁발수도회가 태동하기 전 서방 수도 생활의 기본 법규였고, 이후 프란치스코 수도 규칙을 포함한 서방 수도 규칙들에도 직간접으로 영향을 준 토양과도 같다. 이러한 중요성을 고려할 때, 성규가 지향하는 정신과 시대적 의미에 대한 고찰은 우리 시대의 수도 생활과 그리스도인 삶에도 유익하리라 본다. 발제의 중심 내용은 '성규의 정신'과 '시대적 의미'이지만, 먼저 성규 자체에 대한 개괄적 소개를 통해 성규 이해를 돕고자 한다.

제1장

성규에 대한 소개[1]

그레고리우스 1세는 『대화집』 제2권에서 베네딕도가 규칙서를 썼다고 말하고 있다. 그는 '하느님의 사람' 베네딕도가 "수도승들을 위한 규칙서를 탁월한 분별력(discretione praecipuam)과 명쾌한 문체(sermone luculentam)로 저술하였다"[2]고 말하고 있다. 일반적으로 성규에 부여되어 온 특성은 중용과 분별력이다. 베네딕도는 중용과 분별력으로 그에 앞선 동·서방 수도 생활 안에 이미 확립된 수행을 따랐다. 하지만 단순히 전통을 반복하지 않고 자신의 체험을 바탕으로 나름대로 적용했다. 따라서 성규에는 동·서방의 다양한 원천이 녹아들어 있다.

1. 고대 규칙에서의 위치

고대 규칙 중 성규만큼 많은 필사본이 전해지는 규칙은 없다. 이는 성규의 우수성과 영향력을 단적으로 드러내 주며, 역사를 통해 그만큼 많은 사랑을 받았다는 것을 반증해준다. 필사본들에서 보게 되

---

1 이 부분은 발제자의 졸저 『베네딕도 규칙: 번역 주해』 (들숨날숨 2011) 제1부 입문 부분을 주로 참조하였다.
2 『대화집』, II, 36 (그레고리오 대종, 『베네딕도 전기』, 이형우 역주, 분도출판사 1999, 233).

는 성규의 가장 오래된 명칭은 '수도승들의 규칙'(Regula monachorum) 혹은 '수도원들의 규칙'(Regula monasteriorum)이다. 머리말과 73개의 장으로 구성된 성규는 그 자체로 잘 구성되고 완성된 단일 작품으로 제시되는데, 거기서 다음 세 가지 근본 특성이 부각된다. 먼저 그 분량에 있어서 고대 규칙 중『바실리우스 규칙』Regula Basilii과『스승의 규칙』Regula Magistri³ 다음으로 길다는 점이다. 그리고 그 독창성과 구조적 견고성에 있어서는 다른 모든 고대 규칙을 능가한다는 점이다. 끝으로 그 문학적 탁월성에 있어서는 다른 라틴 규칙들에 비해 월등하다는 점이다.⁴

2. 시대적 배경

베네딕도가 살았던 시대는 고대 후기였다. 410년 비시고트족이 로마를 처음 정복했을 때부터 서로마 제국은 겨우 명맥을 유지해 오다가 베네딕도가 탄생하기 몇 년 전인 476년에 멸망하였다. 당시 이탈리아는 야만족들의 침입과 약탈로 많은 시련과 박해를 당했다. 베네딕도는 젊은 시절을 고트족 출신 테오도리쿠스 황제 치하에서 보냈다. 정열적이며 동시에 자유분방했던 이 황제 치하에서 이탈리아는 번성했다. 하지만 테오도리쿠스는 나이가 들어가면서 점점 더 마음이

---

3 이 명칭(Regula Magistri)은 원래 이름이 아니다. 가장 오래된 두 필사본은 그것을 '거룩한 교부들의 규칙'(Regula Sanctorum Patrum)이라고 부른다. '스승의 규칙'이란 명칭은 아니앤의 베네딕도가 부여한 것으로, 대부분의 장이 "스승을 통한 주님의 응답"이라는 형식으로 시작되기 때문에 붙여졌다.
4 참조:『베네딕도 규칙: 번역 주해』, 위의 책, 34.

완고해지고 의심이 많아져 갔다. 그는 로마에서 유대인들과 그리스도 교인들 간의 대립에서 야기되곤 했던 폭동을 가혹하게 진압했다.

이처럼 이탈리아는 종족 간 대립에다 종교 간 대립까지 겹쳐져 더욱 어려운 상황에 처했다. 사실상 야만족들의 그리스도교로의 개종은 그리스도의 신성을 부정하여 니케아 공의회(325년)와 콘스탄티노플 공의회(381년)에서 단죄되었던 아리우스파 선교사들의 활동을 통해서 이루어졌다. 아리우스 이단은 베네딕도 당시에도 여전히 위세를 떨치고 있었다. 아리우스 이단 신봉자들이었던 고트족은 이탈리아인들의 그리스도교가 자기들에게 위협이 된다고 여겨 자주 폭력적으로 반응하였다.

게다가 그리스도인 삶도 콘스탄티노플 대주교 아카키우스 열교와 500년에 교황 심마쿠스의 대립 교황 라우렌티우스 열교로 인해 큰 피해를 입었다. 이 시기에 제2의 세례이자 자발적 순교로서의 수도승 생활 개념이 다시 등장하게 되었다. 세상에 대한 포기, 동정성과 금욕주의의 이상이 새롭게 꽃피어났다. 이 시기 수도승 생활은 참회의 생활로 비쳤다.[5]

당시 이탈리아 수도승 생활이 직면했던 가장 큰 시련과 고통은 랑고바르드족의 침략이었다. 567년 랑고바르드족은 이탈리아를 침략하여 여러 도시와 교회, 수도원들을 약탈하고 파괴하였다. 몬테카시노 수도원도 577년 랑고바르드족에 의해 파괴되었다. 이 파국은 베네딕도 사망 이후에 닥쳤을 것으로 추정된다. 우리는 『대화집』을 통해 어느 날 베네딕도가 이 비극적 사건을 예감하고 눈물을 흘렸다는 것

---

5   참조: 『성규』, 49,1: "수도승의 생활은 언제나 사순시기를 사는 것과 같아야 할 것이다."

을 알고 있다.[6]

결국 성 베네딕도가 살았던 당시의 시대적 상황은 야만족의 침략과 약탈, 교회적으로는 아리우스 이단과 교회 분열 등으로 정치, 경제, 사회, 문화, 종교 등 모든 영역에 걸쳐 어려움을 겪었다는 것을 알 수 있다. 이러한 시대적 상황은 실제로 성규 여러 곳에 그대로 반영되어 나타나고 있다. 따라서 이런 시대적 배경에 대한 이해는 성규를 해석하는 데 많은 도움을 준다.[7]

3. 원천과 특성

성규의 원천은 다양하다. 거기에는 성경, 교회 교부와 수도승 교부들, 몇몇 그리스도교 문학 텍스트(성인들의 생애와 순교자들의 행적 혹은 수난) 등이 있다. 이 원천들은 동·서방 모두를 아우른다. 성규는 전통에 대한 충실과 개인적 체험이 낳은 결실이라 할 수 있다. 베네딕도는 자기 시대에 가까운 『스승의 규칙』을 일차 원천으로 채택하여 여기서 시작하여 개인적 체험을 바탕으로 자신의 규칙을 저술했다. 『스승의 규칙』 규칙과 병행되지 않는 베네딕도의 고유 부분에서 성규의 특성이 잘 드러난다. 그 특성을 보면 다음과 같다.

성규의 새로움은 공동체 회의를 도입(3장)한 것과 아빠스 선출권을 공동체에 부여(성규 64장)한 것이다. 수도 전통에서 아빠스는 영적 사

---

6   참조: 『대화집』, II, 17 (『베네딕도 전기』, 167-169).
7   참조: 『베네딕도 규칙: 번역 주해』, 위의 책, 28-31.

부였고 수도승들은 제자 혹은 영적 아들들이었다. 스승의 역할은 가르치고 명령하는 것이었고, 제자의 역할은 경청하고 실행하는 것이었다. 제자는 스승의 명령에 절대적으로 순종하는 자였다. 따라서 스승이 제자에게 어떤 일에 대해 의견을 묻는다는 것은 있을 수 없었다. 하지만 베네딕도는 역사에서 최초로 공동체 안에 중요한 일이 있을 때마다 아빠스는 전 공동체를 소집하라(3,1)고 하며 수도 생활 역사에서 최초로 공동체 회의를 도입하였다. 아빠스 선출 역시 마찬가지다. 수도 전통에서 아빠스는 자기 후임자를 지명하였다. 아빠스가 영적 사부라는 점에서는 너무도 당연한 것이었다. 영적 사부를 공동체가 선출한다는 것이 오히려 어불성설일 것이다. 하지만 베네딕도는 전통을 벗어나 아빠스 선출권을 공동체에 부여하였다. 이 역시 획기적인 일이 아닐 수 없다.

성규의 또 다른 새로움 중 하나는 공동체 안에 성직자를 받아들인 것이다(60장, 62장). 비록 성직자는 수적으로 제한된 소수였지만 공동체의 성사 생활을 위해서는 충분했다. 당시 수도원들에서는 주일에만 미사가 있었다. 수도승 공동체의 성직화는 결과적으로 수도원 안에 다양한 계층을 낳은 기원이 되었다. 그 대표적 예가 11세기에 생겨난 평수사(conversi) 제도다.

성규는 또 사람들과 그들이 안고 있는 문제와 그들의 영적 진보에 대해 주의 깊은 관심과 배려를 드러내고 있다. 교정 규정(23-30장)에서 보게 되듯이 성규의 목적은 사목적, 교육적, 예방적이다. 그 강조점은 늘 사물이 아닌 사람이다(57장; 58장). 성규는 사랑 안에서의 진보, 내면성, 영적 갈망을 강조하며, 약한 이와 병자들, 근심 중에 있는 사람들에 대한 세심한 주의와 배려를 아끼지 않는다. 또한 근심에 빠지지 않게 하려고 노력하며, 불평과 마음의 완고함을 거슬러 싸운다.

성규에는 언제나 공동체 임원이나 장인匠人들이 쉽게 빠질 수 있는 교만과 허영심에 대한 염려가 나타난다(57,2). 또한 노동은 한가함을 피하기 위한 것으로 간주된다(48,1). 노동을 하느님 창조사업에의 동참, 자기실현, 가난한 이들과의 연대로 생각하는 우리 현대인에게는 상당히 약한 동기일 수 있다.

성규에서 세상의 개념에 있어서도 변화가 나타난다. 세상에 대한 『스승의 규칙』의 견해는 매우 부정적이고 이원론적인 반면, 성규는 하느님이 창조하신 세상 자체를 부정적으로 보지 않는다. 베네딕도가 경계하는 것은 우리를 죄와 죽음으로 이끄는 세속적 가치들이란 의미로서의 세상이다.

베네딕도는 『스승의 규칙』이 말하는 '학교'로서의 공동체 개념을 받아들이면서 동시에 '사랑 안에서의 형제적 친교'라는 공동생활의 새로운 측면을 더욱 강조한다. 이것은 아우구스티누스의 영향이다. 성규는 또 '스승과 제자' 관계의 새로운 측면을 제시한다. 즉 아빠스는 단지 하느님의 이름으로 명령만 하고 순종을 요구해서도 안 되고 오히려 사랑하고 사랑받아야 한다는 것이다. 형제적 관계를 위해 베네딕도가 보여주고 있는 이러한 관심은 수도원을 단지 각 개인을 영원한 생명에 나아가도록 준비시키는 단순한 학교가 아니라 진정한 공동체가 되게 한다.

이상으로 살펴본 성규의 특성을 통해 우리는 성규가 제시하는 항구한 근본 가치들을 보게 된다. 즉 하느님과 인간의 의미, 영적 부성과 공동체의 의미, 하느님 찾음과 기도의 우선권, 강한 그리스도 중심성, 인간의 연약함과 한계에 대한 깊은 이해와 수용, 약한 이와 병자, 노인과 어린이에 대한 세심한 배려와 보살핌, 모든 것을 서로 연결하여 조화를 이루는 지혜로운 시간 활용 등이다.[8]

---

8 참조: 같은 책, 44-51.

제2장

성규의 정신

베네딕도는 성규 1장을 시작하기에 앞서 규칙의 유래에 대해 다음과 같이 말하고 있다. "규칙이란 순종하는 이들의 삶을 규정하기 때문에 생긴 말이다." 여기서 우리는 규칙이 '삶의 규정'이라는 것과 '순종하는 이들', 즉 한 장상 밑에서 공동생활을 하는 이들을 위한 것임을 알 수 있다. 모든 규칙은 가치(정신)와 규정을 담고 있다. 가치는 불변하는 것이고 규정은 시대와 상황에 따라 변화될 수 있다. 우리가 찾아야 할 것은 규정이 담고 있는 가치와 정신이다. 이것을 놓치면 외적 규정에만 집착하게 되고 시대의 변화에 적응할 수 없다. 성규가 제정하는 규정은 천오백 년 전 당시 상황에서 베네딕도 개인의 체험에 바탕을 둔 가르침에서 비롯되었다. 이 점을 염두에 둔다면, 고대 규칙이 담고 있는 외적 규정 이면의 정신을 끄집어내려는 노력이 무엇보다 중요하다. 규정들을 통해서 드러나는 성규의 정신을 다음과 같이 뽑아 볼 수 있겠다.

1. 중용

성규의 으뜸 정신은 무엇보다도 중용의 정신이다. 성규에 의하면, 모든 것은 절제 있게 행해져야 한다. 베네딕도는 어느 한 극단으로 치우치는 것을 경계한다. 늘 균형과 절제로 중용을 잃지 않으려 노력한다.

성규에서 중용의 모습을 드러내는 대표적인 부분은 각 사람의 상황과 입장에 따라 그에 맞는 권고를 하는 데서도 잘 드러난다. 특히 성규는 상반된 논리가 성립 가능한 서로 반대 입장에 있는 사람들에게 적절한 권고를 한다. 예컨대, 당가의 자질에 관해 언급하고 있는 성규 31장에서 베네딕도는 이렇게 말하고 있다. "만일 공동체가 크면 당가에게 보조자들을 주어 그들의 도움으로 그 자신이 평온한 마음으로 자기에게 맡겨진 임무를 다하게 할 것이다."(31,17) 당가도 힘들 수 있기 때문에 베네딕도는 양쪽을 모두 다 고려하고 배려하고 있다. 또 성규 36장에서는 "병든 형제들 자신은 하느님에 대한 존경에서 자기가 봉사 받는다는 점을 명심하여 지나친 요구로 자기에게 봉사하는 형제들을 근심시키지 말아야 한다."(36,4) 그 외에 주간 주방 봉사자(35,3.12-13 참조)와 주간 독서자(38,10 참조), 그리고 손님을 위한 주방 봉사자(53,17-18 참조) 등 형제들과 손님들에게 봉사하는 형제들에 대한 배려도 아끼지 않는다. 이 봉사들은 힘든 소임이기에 교만해질 수 없다. 그래서 특별히 이들이 근심에 빠지지 않도록 배려하고 있는 것이다. 이처럼 상호 배려를 하는 것이 특징이다.

베네딕도는 또 하나의 규정을 모든 이에게 획일적으로 요구하지 않는다. 대상과 상황에 따라 규정을 다르게 적용한다. 예를 들어 강한 이와 약한 이에 대한 규정에 있어 차별을 두고 있다.[9] "강한 이는 더 하기를 갈망하게 하고 약한 이는 물러나지 않게 할 것이다."(64,19)라는 구절이 좋은 예다. 한마디로 갈대를 꺾지 말라는 것이다. 녹을

---

9   참조: 『성규』 34,3-4; 36,8-9; 39,10-11; 48,24; 64,19.

너무 지우려다 그릇을 깰 수 있다는 것이다. 그래서 약한 이는 위로하고 격려하면서 앞으로 나갈 수 있도록 하고 강한 이는 안주하지 않고 앞으로 더 나아갈 수 있도록 분발시킨다. 이것이 베네딕도의 특징이다. 이 외에도 성규 34장에서 각 사람에게 필요에 따라 나누어주라는 것도 한 예이다. 모두의 필요가 다르므로 많이 필요한 이는 더 받을 수 있고 적게 필요한 이는 덜 받을 수 있는 것이다. 여기서 흥미로운 점은 많이 필요한 사람은 자신의 약함에 대해 겸손하고 적게 필요한 사람은 오히려 감사하라고 하는 점이다. 이러한 대기설법對機說法[10]과 응병여약應病與藥[11]의 지혜는 성규를 살아 있게 하는 생명력과도 같다. 이상을 토대로 볼 때 베네딕도는 어느 한쪽에 치우치지 않는 모습을 보여준다. 이것은 삶의 체험에서 나온 지혜가 아닐 수 없다.[12]

2. 분별력

베네딕도는 상당한 분별력의 소유자였음이 분명하다. 그레고리우스 1세 교황은 자신의 『대화집』 제2권에서 베네딕도를 '탁월한 분별력'을 지닌 인물로 묘사하고 있다.[13] 베네딕도는 분별력을 "모든 덕행의 어머니"(64,19)로 표현하며 아빠스가 지녀야 할 가장 중요한 자질 중 하나로 제시하고 있다(64,17 참조). 아빠스는 분별력을 갖고 모든 일

---

10 대상에 따라 그에 맞게 진리를 설파하는 것. 부처가 중생에게 행한 설법에서 유래한 말이다.
11 병에 따라 그에 맞는 약을 투여하는 것. 이것은 의사에게 요구되는 지혜이다. 영혼의 의사인 영적 사부나 지도자에게 필요한 지혜이기도 하다.
12 참조: 허성석, 『중용의 사부, 베네딕도의 영성』, 분도출판사 2015, 171-4.
13 참조: 『대화집』 II, 36 (『베네딕도 전기』, 233).

을 절제 있게 행해야 한다고 권고한다(64,17.19 참조). 분별력은 특히 남을 이끄는 사람에게 필수 덕목이다. 분별력 없이 내리는 모든 결정이나 행동은 일을 그르치게 하고 사람들을 잘못 인도하게 된다. 영적으로 성숙한 사람은 분별의 덕을 얻은 사람이라 할 수 있다.

분별력은 일종의 성령의 은사다. 분별의 은사를 얻은 사람만이 하느님을 향한 여정에서 다른 사람을 인도할 수 있다. 고대 사막 수도 전통에서 영적 사부는 분별의 은사를 얻은 사람이었다. 제자의 마음 속 생각들을 식별해주고 그에 맞는 처방을 내려주었다. 제자는 사부가 준 처방전을 가지고 가서 악한 생각들을 물리쳤다. 이것이 오늘날 우리가 말하는 영적 지도의 기원이다. 그래서 베네딕도는 그리스도의 양 떼를 그리스도께 인도하는 수도공동체 장상에게 분별력을 '덕행의 어머니'라 표현하며 그렇듯 강조하고 있는 것이다.[14]

분별력은 우리 삶 전반에 있어서도 중요한 덕목으로 성규의 또 다른 정신이다. 분별력이 없어 그릇된 결정을 내리고 삶의 중심을 못 잡고 계속 좌충우돌하는 모습을 보는 것은 흔치 않은 일이다. 우리는 성공과 실패의 경험을 통해 점차 분별력을 키워나갈 수 있을 것이다.

3. 개방성

베네딕도는 중용의 정신으로 시대와 장소, 상황과 대상에 따라 적

14　참조: 허성석, 「베네딕도 성인에게 배우는 리더쉽」, 『규칙서』 (코이노니아 선집 4-1), 들숨날숨 2017, 152.

용할 수 있는 많은 가능성을 열어 놓았다. 성규에서 우리는 베네딕도 성인의 이런 개방성(융통성)을 엿볼 수 있다. 그는 시편 낭송 순서를 규정하는 성규 18장에서 시편을 다 배열한 후에 이렇게 말한다. "만일 누가 이 시편 배열을 마음에 들어 하지 않는다면 그가 더 낫다고 판단하는 대로 다르게 배열할 것이다."(18,22) 또 수도자의 의복에 관한 장에서도 이런 개방성이 잘 드러난다. "수도승들은 이 모든 의류의 색상이나 재질에 대해 따지지 말고 거주하는 지역에서 구할 수 있거나 싼 값에 구입할 수 있는 것을 착용할 것이다."(55,7) 의복의 색상이나 재질을 특정하지 않고 하나의 원칙, 즉 쉽게 구할 수 있거나 싼 것으로 착용하라는 원칙만 제시한다. 끝으로 베네딕도의 이런 개방성을 가장 잘 들어내는 것은 성규 마지막 장이다. 그는 지금까지 자신의 규칙을 제정한 다음 끝에 가서는 그것을 상대화시킨다. 자신의 규칙은 초심자를 위한 것이며 여기서 만족해서는 안 되고 거룩한 교부들의 가르침에 따라 더 앞으로 나아가도록 촉구하고 있다(73,1-2 참조). 바로 이런 개방성과 융통성은 성규가 시공의 한계를 뛰어넘어 여러 새로운 상황에 적용할 수 있게 하고 천오백 년 이상 살아 숨 쉬게 한 원동력이었다.

사물과 상황에 늘 열려 있는 것은 중요하다. 사물을 항상 같은 관점에서 바라보고 생각하고 판단하고 결정하는 것은 매우 위험하다. 고착화된 관점과 폐쇄된 사고는 변화하는 새로운 상황을 파악하지 못하게 한다.[15] 이런 의미에서 열려 있는 자세, 즉 개방성은 우리가 성규에서 배울 수 있는 지혜로운 삶의 중요한 자세가 아닐 수 없다.

---

15 참조: 「베네딕도 성인에게 배우는 리더쉽」, 위의 책, 156-7.

4. 경청

성규의 또 다른 정신은 경청이다. 경청은 상대방을 존중하는 마음으로 그의 말을 귀 기울여 듣는 것이다. "베네딕도는 규칙에서 특별히 '경청'(audire, obscultare)을 강조한다. 아빠스에게 '형제들의 의견을 경청'(3,2; 65,15)하라 하며, 형제들에게도 스승의 계명(머리말 1), 하느님의 목소리(머리말 9.10.11.12.16.24.33.39; 64,21; 5,6.15), 교부들의 말씀(42,3-5; 73,4) 등을 경청하라고 권고한다. 하느님을 찾는 구원 여정은 하느님 말씀을 '들음'으로 시작해서 그 말씀 안에 담긴 그분의 뜻을 실천함으로써 완성된다. 이것이 곧 순종이고, 순종은 우리를 하느님께 되돌아가게 해주는 유일무이한 무기다(머리말 2.3). 하느님은 다양한 경로로, 즉 장상과 형제들, 자연이나 사건들, 우리 양심 등을 통해서 당신 뜻을 우리에게 계시하신다. 따라서 타인의 말을 귀 기울여 듣는 경청은 하느님 뜻 식별을 위한 가장 중요한 자세다."[16]

베네딕도는 자신의 규칙을 시작하면서 이렇게 말하고 있다. "들어라 아들아, 네 마음의 귀를 기울여 스승의 계명을 (경청하고) 어진 아버지의 권고를 기꺼이 받아들여 그것을 충실히 실행하여라."(머리말 1) 성규 첫 마디가 '듣다'(obscultare)라는 동사고 마지막 말마디는 '도달하다'(pervenire)라는 동사다(73,9 참조). 이는 우리 영적 여정이 들음으로 시작해서 영원한 생명에 도달한다는 것을 말해주고 있다.[17]

16　허성석, 「베네딕도 규칙과 시노달리타스」, 『코이노니아』 48집 (한국 베네딕도회 협의회, 2023), 24-5.
17　참조: 『중용의 사부, 베네딕도의 영성』, 앞의 책, 16.

성규 3장은 아빠스가 형제들의 의견을 듣는 것에 관한 내용이다. 이 장에서도 우리는 경청의 중요성에 대한 성인의 강조를 볼 수 있다. 베네딕도는 공동체 안에서 어떤 중요한 문제를 다루어야 할 때마다 아빠스는 전 공동체를 소집하여 형제들의 의견을 경청한 후 심사숙고하여 더 유익하다고 판단하는 것을 행하라고 권고한다(3,1-2). 심지어 어린 사람의 의견까지도 경청하라(3,3 참조)고 한다. 고대에 어린 사람은 인격으로 제대로 대접받지 못했던 점을 생각하면, 이는 시대를 앞서간 상당히 획기적인 생각이 아닐 수 없다. 이런 면에서 베네딕도는 정말 열려 있었고 시대를 앞서간 분이었던 것 같다.

듣는 것은 중요하다. 현대인에게 가장 취약한 점은 듣지 못한다는 것이다. 대부분 자기표현이나 자기 말을 잘하지만 남의 말을 경청하는 데는 익숙하지 않다. 그러다 보니 모두 자기 말만 한다. 오늘날 우리에게 필요한 가장 시급한 자세는 경청의 자세가 아닐까 한다. 수도자는 듣는 자이다. 이는 제자임을 뜻한다. 우리는 그리스도의 제자들이다. 그래서 늘 듣는 자로 남아 있어야 한다. 또한 세상의 소리에, 세상 사람들의 소리에 귀 기울일 필요가 있다.

5. 배려

베네딕도는 인간에 대한 감각과 각 개인의 차이점에 대한 감각을 지니고 있었다. 그는 인간 본성의 나약함을 잘 알고 있다. 성규는 여러 곳에서 인간 본성을 언급한다. 특히 병자와 노인과 어린이에 대한 세심한 관심과 배려에서 인간에 대한 깊은 이해가 잘 드러난다. 인간

에 대한 배려는 성규의 또 다른 정신으로 성규 곳곳에 스며들어 있다.[18]

먼저 베네딕도는 공동체 안에 누구도 근심하지 않도록 배려하고 있다. 다음 구절이 대표적이다. "하느님의 집에서 아무도 근심하거나 상심하지 않게 할 것이다."(31,19) 성규를 보면 베네딕도는 마치 형제들이 근심하거나 상심하는 것을 못 참아 노심초사 하고 있는 것처럼 보인다.[19] 그래서 공동체의 평화를 위해 각 사람의 상태와 상황에 맞게 배려하고 있다. 특히 주방 봉사자(35,3), 병자(36장)와 노인과 어린이(37장)에 대해서는 더욱 세심한 배려를 기울이고 있다. 심지어 잘못한 형제(27장)에 대해서도 온갖 염려를 다 해 돌보라(27,1)고 배려하고 있다. 그가 과도한 슬픔에 빠지지 않도록 성숙하고 지혜로운 형제를 보내서 남모르게 그를 위로하게 한다(27,2-3 참조). 참으로 아름답고 지혜로운 가르침이 아닐 수 없다. 이 외에도 당가(31장), 문지기(66장), 병실 담당자(36장), 손님집 담당자(58장)와 같이 힘든 소임을 맡은 형제들도 근심하지 않도록 보조자들을 배려하고 있다.

또한 베네딕도는 당시의 상황에 맞게 어떤 고대의 규정들을 완화하였다. 이는 바로 인간의 나약함에 대한 그의 깊은 이해와 인식에 기인한다. 예를 들면, 성무일도의 간결함, 상황에 따른 유동적인 일과시

---

18 참조: P. E. HAMMETT, 「성 베네딕도 규칙에서 개인에 대한 배려」, 최 안젤라 옮김, 『규칙서』(코이노니아 선집 4), 성 베네딕도회 왜관수도원 2004, 718-729.
19 참조: 『성규』 31,6.7.19; 27,3; 34,3; 35,3; 36,4; 48,7; 54,4; 마리안 라르먼, 「성규 안에서 CONTRISTARE와 TRISTITIA: 공동체와 사기에 대한 언급」, 허성석 옮김, 『규칙서』(코이노니아 선집 4-1), 들숨날숨 2017, 317-337.

간, 단식 규정, 음식과 음료의 분량 등에서다. 이처럼 인간에 대한 배려는 인간 본위의 자세와 인간의 나약함에 대한 깊은 이해에서 나오는 성규의 중요한 정신이 아닐 수 없다.

6. 환대

끝으로 성규의 정신 중 빼놓을 수 없는 것이 환대(hospitalitas)다. 베네딕도는 하느님과의 일치와 친교를 위한 봉쇄를 강조하지만 동시에 세상과 인간에 대해 긍정적이고 열린 마음을 가지고 있었다. 베네딕도가 경계하는 것은 죄로 물든 세상과 세속적 가치이지 결코 하느님이 창조하신 피조물로서의 세상이 아니다. 베네딕도는 성규 52장까지 공동체 내부 조직을 위한 규정들을 마치고 성규 53장부터 57장까지 세상을 향해 문을 활짝 열고 있다. 특히 성규 53장은 손님 환대에 대한 장으로 세상에 대한 개방을 드러내는 대표적인 장이다.

베네딕도는 성규 53장을 이렇게 시작하고 있다. "방문하는 모든 손님을 그리스도처럼 맞이할 것이다."(53,1) 이것이 환대의 기본원칙이다. 그러면서 즉시 마태오복음 "너희는 내가 나그네였을 때에 따뜻이 맞아주었다."(25,35)를 인용하며 환대에 그리스도론적 동기를 부여한다. 손님들 안에 그리스도께서 현존하신다는 생각은 복음에 토대를 두고 있으며, 이는 베네딕도에게 매우 중요한 개념이다.[20] 그리스도께서 손님을 통해서 공동체를 방문하시기에 손님을 그리스도

---

20   참조: 『베네딕도 규칙: 번역 주해』, 위의 책, 362.

처럼 맞이하라는 것이다. 특히 같은 신앙을 고백하는 사람들과 순례자들(53,2), 가난한 이와 이방인들(53,16)에게 각별한 관심과 배려를 기울이도록 권고한다.[21] 이 역시 마태오복음 25장에 토대를 두고 있다.

결국 "환대는 그리스도 안에서 공동체와 손님 간에 이루어지는 하나의 상호운동이다. 공동체 쪽에서 환대는 수도승 생활의 이상이요 목적인 그리스도와의 만남을 위한 주된 수단이다. 동시에 공동체가 보여 주는 환대를 통하여 다시 손님에게 그리스도를 증거하는 하나의 선교 자체이다. 그리고 손님 쪽에서 볼 때 그는 그리스도를 공동체에 가져오고 다시 그리스도를 만난다. 따라서 그리스도를 교환하는 하나의 상호운동이 형성된다. … 베네딕도는 환대에 그리스도론적 동기를 부여하고 환대를 그리스도와의 만남을 위한 주된 수단으로 제시한다. … 그는 그리스도께서 단지 공동체와 전례 안에만 현존하시지 않고 우리의 구체적 삶 안에 현존하시며, 다양한 방법으로, 특별히 손님들, 가난하고 약한 이들 안에서 우리에게 다가오신다는 점을 간파하였다."[22]

---

21 참조: 같은 책, 362-3; 368-9.
22 같은 책, 372-373.

제3장

성규의 시대적 의미

 서두에 언급했듯이 '성규의 시대적 의미'라는 말뜻은 다소 모호하다. 그것도 교회사와 수도 생활 역사, 그리고 영성사 차원에서 시대적 의미를 논한다는 것은 너무 광범위하다. 이는 각 차원의 역사를 훑어보아야 하는 일인 데다가, 구체적으로 역사의 특정 시점의 의미를 말하는 것도 아니기 때문이다. 따라서 이 장에서는 성규의 확산과 영향, 그리고 우리 시대의 의미를 살펴볼 것이다. 즉 성규의 시대적 의미를 성규가 역사 안에서 어떻게 확산하였으며, 주로 수도 생활과 교회 생활에 어떤 영향을 미쳤는지에 초점을 맞추어 이야기하고자 한다. 그리고 끝으로 성규가 우리 시대에 어떤 의미를 지니고 있는지 개인적 견해를 피력하고자 한다.

1. 성규의 확산

 서방에서 성규의 확산은 매우 더디었다. 성규는 편집 당시 단지 도처에서 다소 모호하게 가르쳤던 바를 성문화한 것처럼 나타났을 뿐이었다. 그래서 성규의 확산은 느렸고 매우 불투명한 발전과정을 거쳤다. 게다가 몬테카시노는 랑고바르드족의 침입(577년)으로 무력화

되어 성규 확산에 기여할 수 없는 상황이었다.²³ 성규가 써진 6세기에는 이미 여러 수도 규칙이 존재했다. 당시는 하나의 규칙이 다른 규칙들과 함께 준수되고 어떤 규칙도 구속력 있는 가치를 지니지 않았던 혼합 규칙(regula mixta) 시대였다. 따라서 9세기 초까지 성규는 다른 여러 수도 규칙 중 하나에 불과했을 뿐이었다.

"여러 다양한 요인으로 인해 성규는 점차 선호되어 그 첫 자리를 차지하게 되었다. 무엇보다도 『대화집』 제2권에서 그레고리우스 1세가 베네딕도를 찬양한 것이 큰 영향을 미쳤다. 그다음은 공적으로 선언된 성인에 대한 공경과 당시 몬테카시노의 파괴로 인해 프랑스 플뢰뤼Fleury 수도원이 베네딕도 수도승 생활의 중심이 됨에 따라 성규 확산에 영향을 미쳤다. 끝으로 카롤링거 황제와 영주들의 영향을 들 수 있겠다. 그들은 로마에서 온 모든 것을 존중했을 뿐 아니라 수도승회를 참사회에서 구분하면서 제국 내 모든 수도원에 동일한 규정을 부여하고자 했다. 이런 이유로 그들은 성규를 장려했다."²⁴ 성규 확산의 결정적 계기가 된 것은 9세기 초 아니앤의 베네딕도(Benedict of Aniane, 750-821)에 의해서다. 그는 샤를마뉴 황제와 그의 아들 루드빅 황제의 전폭적 지원으로 프랑크 제국 내의 모든 수도원에 성규 채택과 준수를 의무로 부과했다. "수도승 생활 제도의 쇠퇴로 인해 원천으로의 회귀가 요구되었을 때, 전全 서방에 베네딕도 규칙을 부과하기로 결정하게 된 이유는 바로 모든 전통을 대변하는 이 규칙의 가

---

23   참조: 플라시드 드세유, 『사막에서 피어난 복음』, 허성석 옮김, 분도출판사 2019, 123-4.
24   『베네딕도 규칙: 번역 주해』, 위의 책, 56-7.

치와 또 공동생활 제도와 가르침에 대한 비교적 폭넓고 짜임새 있는 제시 때문이었다. 이 요소들로 베네딕도 규칙의 탁월성이 입증되었다."[25] 이렇게 하여 성규는 점차 서방 수도 생활을 지배해 나갔고, 13세기 탁발수도회가 태동하기 이전까지 서방 수도 생활의 역사는 베네딕도회의 역사라 해도 과언이 아니다.

2. 성규의 영향

2.1 수도회 법규 안에서

세기가 흐르면서 성규가 어떻게 준수되었으며 어떤 요소들이 거부되었는지 알기 위해 수도승 법규 역사 전체를 추적하지 않고 단지 몇 가지 사항만 언급하고자 한다. 즉 카르투시오회는 성규와는 다른 수도승 생활의 형태를 이루고 있다. 그렁몽Grandmont 수도회는 예수 그리스도와 복음만을 유일한 규칙으로 인정한다. 이는 『바실리우스 규칙』, 『아우구스티누스 규칙』, 『베네딕도 규칙』 모두 복음이라는 이 유일한 규칙에서 파생된 것이기 때문이다. 끝으로 은수자들 역시 비非 베네딕도회 수도승으로 간주할 수 있다. 그러나 수도승 법규 안에 예외들도 있다. 즉 폰테 아벨라나Fonte Avellana, 카말돌리Camaldoli, 발롬브로사Vallombrosa 같은 반半 은수자회들은 베네딕도회에 속해 있다. 11-12세기부터 시작하여 성규는 '수도승들의 규칙'으로 이야기될 수 있을 것이다. 무엇보다도 수도승회가 정의되는 것은 성규에 대한 언급 안

---

25 『사막에서 피어난 복음』, 123.

에서다. 타 수도회들은 마치 그들 창설자가 성규를 알고 거기서 영감을 받은 것처럼 성규에서 결정적 요소와 형태들을 취했다.

새 수도회를 설립할 경우 이미 승인된 규칙 중 하나를 채택하도록 부과하고 있는 제4차 라테란공의회(1215년)와 더불어 성규는 새로운 수도 단체들을 위한 교회법적 보증 역할을 하게 되었다. 그러나 새 수도회들은 성규를 바탕으로 나름대로 고유한 삶을 도입하고자 했다. 시토회 아빠스들은 타 수도회의 규칙이나 회헌 편집에 기여하면서 거기에 베네딕도회적 성격을 부여하곤 했다. 예를 들면, 성전 수호회, 개혁 시토회(트라피스트회), 첼레스틴회, 성규를 준수하는 마리안힐 선교사들, 멜키탄회나 아르메니아 베네딕도회 같은 수도회들 역시 성규에서 영향을 받았다.

15세기에 와서 성규에서 여러 요소를 차용하는 일이 보다 빈번해진다. 이는 아마도 다음 두 가지 요인에서 오는 것 같다. 즉 '일상생활의 세부사항도 규정하려는 걱정'과 '인쇄할 규범들의 증가'다. 일반적으로 보다 자주 인용된 부분은 장상 평의회(성규 3장)와 수련자의 받아들임(성규 58장)과 관련된 부분들이다. 그다음으로 아빠스(성규 2장; 64장), 십인장(성규 21장), 당가(성규 31장), 그 외 침묵(성규 6장), 노동(성규 48장) 등 다양한 규정이 인용되고 있다.[26]

2.2 교회 법규 안에서

성규는 현행 교회법에도 영향을 미쳤다. 수도회들 법규 안에서

26　참조: 『베네딕도 규칙: 번역 주해』, 위의 책, 58-9.

의 인용 외에도 성규는 일반 교회법전 안에서도 인용되고 있음을 볼 수 있다. 교회법전 안에 수도승이나 일반 수도자와 관련된 조항들 안에서 인용되고 있다. 베네딕도의 가장 독창적 제도라 할 수 있는 '수도원 안에 정주'는 '수도회나 연합회 안에 정주' 형태로 수도회 공통법 속으로 들어왔다. 다른 베네딕도회적 요소들은 역사의 과정 중에 변경되었다. 예를 들어 아빠스 선거를 위해 예견된 '더욱 건전한 일부'(sanior pars: 성규 64,1)는 도미니코회의 영향으로 '과반수'(maior pars)로 대체되었다. 또한 수련기와 수도서원과 관련해서도 영향을 미쳤다. 베네딕도는 수련자를 위한 별도의 장소(성규 58,5)를 요구하는데, 현행 교회법 역시 그러하다.[27] 성규와 교회법(제555조 2항) 모두 만 일년간의 수련기를 요구한다. 수련장에게 요구되는 자질(교회법 제559조)에서도 성규의 흔적이 나타난다(성규 58,6 이하). 베네딕도가 서원 행위를 법적으로 규정하는 방식도 교회법(제576조 2항)에 담겨 있다. 수도원을 떠난 사람을 다시 받아들이는 규정 역시 성규와 교회법은 일치하고 있다. 공동체 모임에 담겨 있는 연대 책임(성규 3,3)은 교회법(제516조 1항)에서 언급되는 장상 모임에서 일반 규정이 된다.[28]

끝으로 성무일도 총지침 105항에도 다음의 유명한 성규 구절이 인용되어 있다. "*Ergo consideremus qualiter oporteat in conspectu diuinitatis et angelorum eius esse, et sic stemus ad psallendum ut mens nostra concordet uoce nostrae.*"(따라서 하느님과 그분의 천사들 앞에서 어떻게 처신해야 할지 생각하도록 하자. 그리고 우리 정신이 우리 목소리와 조화되도록 그렇게 시편을 낭송할 준비를 갖추도록 하자: 19,6-7)

27　교회법 제554조: 새 공동체 설립을 위한 조건으로서의 고유 수련소.
28　참조: 『베네딕도 규칙: 번역 주해』, 위의 책, 59-60.

결론적으로 성규는 수도회 법규에 특별한 영감을 불어넣었다. 특히 수도승회 법규의 발전 과정 안에서 성규가 차지했던 중심 역할을 통해 그 영향력을 가늠해 볼 수 있게 된다. 성규는 12세기 말까지 유럽의 복음화와 그리스도교 문화 형성에 크게 공헌했다. 19세기와 20세기 전반부에는 가톨릭 전례 부흥에 지대한 영향을 미쳤고, 오늘날에도 교부적 형태를 띤 가톨릭 문화 부흥에 공헌하고 있다. 이처럼 성규는 아주 오래된 특정 공동체를 위해서 쓰였지만, 그 복음적 신앙과 인간적 지혜는 그렇듯 심오하여 세기를 통해 수많은 그리스도인을 양육시켜왔다.

3. 우리 시대의 의미

성규는 오늘날에도 계속 살아 숨 쉬고 있는 아주 드문 고대 규칙 중 하나다. 살아 숨 쉬고 있다는 것은 여전히 의미가 있다는 뜻이다. 성규가 우리 시대에 어떤 의미를 지니고 있는지 다음과 같이 정리해 볼 수 있겠다.

3.1 균형 있는 삶의 모델

성규의 정신 가운데 한쪽으로 치우치지 않는 중용과 절제, 옳음과 그름을 가리는 분별력은 사회 모든 분야에서 극단으로 나뉘어 대립과 갈등의 늪을 헤어 나오지 못하고 있는 우리 사회와, 거짓이 판치는 세상을 살아가는 균형 있는 삶을 위한 훌륭한 가르침이 될 수 있다. 또 세상과 인간에 대한 긍정적 이해, 인간, 특히 약자에 대한 존중과 배려의 정신 역시 극한 경쟁으로 내몰고 있는 삭막한 세상에 위로와 온기를 가져다주는 삶의 자세를 갖는 데 도움이 될 수 있다. 그리고 '기도하고 일하라'(Ora et labora)는 베네딕도회 모토처럼 균형과 질서를 갖춘 조화로운 생활 리듬도 편향되고 무질서한 현대인의 삶에 좋은 모델이 될 수 있을 것이다.

3.2 공동체 생활의 지침

성규는 공동체 생활을 규정하는 문헌이다. 즉 함께 하느님을 찾는 삶의 지침이다. 따라서 그 안에는 함께 평화롭고 조화롭게 사는 지혜로운 영적 기술이 담겨 있다.[29] 이는 비단 수도 생활뿐 아니라 모든 그리스도인 삶을 위해서도 유익한 가르침이 된다.[30] 따라서 개인의 개성과 고유성이 과도하게 강조되어 공동체성이 약화하고 공동체가 붕괴하고 있는 우리 시대에 공동체성 회복과 공동체 건설을 위한 촉진제 역할을 할 수 있을 것이다. 아울러 "평화를 찾고 추구하여라."(머리말 17) 또 "거짓 평화를 주지 말라."(4,25)며 평화를 강조하고 촉구하는 베네딕도의 평화(Pax Benedictina)는 분열과 대립, 갈등과 증오로 치닫는 우리 사회를 화해와 일치의 길로 이끄는 치유제가 될 수 있을 것이다.

3.3 이상적 리더십의 모델

"베네딕도회 공동체는 장상 혼자 일방적으로 끌고 가는 공동체가 아니다. 장상을 중심으로 전 구성원이 '함께' 건설해가는 공동체다. '권한의 분여'와 '공동체 회의'라는 공동체 운영 방식이 이에 대한 좋

---

29 참조: 허성석, 「공동체 생활, 걸림돌인가 디딤돌인가?: 공동체 생활을 위한 기술」, 『규칙서』 (코이노니아 선집 4-1), 들숨날숨 2017, 100-112.
30 참조: 『베네딕도 규칙: 번역 주해』, 앞의 책, 23-4.

은 예다."³¹ 성규는 한 단체를 이끌어가는 지도자의 자질과 이상적 리더십의 형태를 제시한다.³² 곧 수평적 리더십, 중용의 리더십, 신뢰의 리더십, 인간 본위의 리더십, 본질 지향의 리더십, 그리고 솔선수범의 리더십이다. 이는 참된 지도자의 모습이 아쉬운 요즘 우리 사회에 나름의 영감을 제공해 줄 수 있을 것이다.

3.4 시노달리타스 모델

성규는 시노달리타스의 모델이 될 수 있다. 성규에는 시노달리타스 정신을 반영하는 여러 요소가 담겨 있다. 예컨대, 합의체적인 공동체 운영, 구성원 간의 인격적 만남과 소통을 통한 친교와 일치를 위한 노력, 하느님의 뜻을 찾고 실천하려는 모습, 겸손한 자세와 열린 마음으로 귀 기울여 듣는 경청에 대한 강조 등이 그 예라 할 수 있겠다. 이처럼 성규의 가르침은 철저히 시노달리타스 정신을 담고 있다. 따라서 성인의 가르침을 충실히 살아갈 때 베네딕도회 공동체는 시노달리타스의 훌륭한 모델이 될 수 있을 것이다. 이는 분열과 대립, 갈등과 증오로 앓고 있는 우리 시대에 요구되는 베네딕도회의 역할이기도 하다.³³

3.5 종교 간 대화와 일치의 매개

성규는 또한 종교 간 대화와 그리스도교 일치를 위한 매개 역할

---

31 「베네딕도 규칙과 시노달리타스」, 위의 책, 21.
32 참조: 「베네딕도 성인에게 배우는 리더쉽」, 위의 책, 150-165.
33 참조: 「베네딕도 규칙과 시노달리타스」, 위의 책, 31.

을 할 수 있다. 성규는 고대 규칙 중 하나로 이천 년 교회 역사 가운데 3/4에 해당하는 천오백 년 동안 그 명맥을 유지해 오고 있다. 성규는 11세기(동·서방교회의 분열)와 16세기(프로테스탄트 종교 분열로 인한 신·구교로 분열) 두 차례에 걸친 결정적 교회 분열 이전에 쓰였다. 따라서 교회 일치를 위한 매개체로 작용할 수 있다. 실제로 성규는 종교 간 대화와 그리스도교 일치를 위한 여러 가능한 요소를 제공해 준다. 수도 생활 운동은 교회 분열 이전에 태동하였기 때문에 베네딕도회 수도원들은 교회 일치 운동과 종교 간 대화를 위한 이상적인 장소로 여겨졌고 오늘날도 이러한 장소의 역할을 계속하고 있다.[34]

---

34 참조: 『베네딕도 규칙: 번역 주해』, 앞의 책, 24.

맺음말

　지금까지 '성규의 정신과 시대적 의미'란 주제로 성규에서 뽑아볼 수 있는 여섯 가지 정신, 성규의 확산 과정과 교회와 수도 생활에 미친 영향, 그리고 우리 시대에 줄 수 있는 다섯 가지 의미를 살펴보았다. 결국 성규의 핵심 정신은 중용, 분별력, 개방성, 경청, 배려, 환대라 할 수 있겠다. 성규의 이러한 정신은 역사를 통해 교회와 수도 생활에 많은 영향을 미쳤고, 우리 시대에도 여전히 의미를 지닌다. 즉 성규는 균형 있는 삶, 이상적 리더십, 시노달리타스의 모델, 공동체 생활의 지침을 제시할 수 있고, 종교 간 대화와 일치의 매개 역할을 할 수 있음을 보았다.
　성규의 정신과 시대적 의미를 통해 서방 수도 생활과 수도회들의 제도적, 정신적, 역사적 바탕에 대한 이해에 작은 도움이 되었기를 바란다. 아울러 13세기 수도 생활 개혁 운동의 중심 역할을 한 탁발수도회 태동의 시발점이 된 프란치스코 성인, 그분이 쓰신 규칙이 인준된 지 800주년을 맞아 진심으로 축하드리고 기쁨을 함께하고 싶다. 프란치스코회원들이 사부의 정신을 충실히 계승하여 혼탁하고 어두운 이 시대에 빛을 비추어주기를 소망해 본다.

참고문헌

그레고리오 대종, 『베네딕도 전기』, 이형우 역주, 분도출판사 1999.

플라시드 드세유, 『사막에서 피어난 복음』, 허성석 옮김, 분도출판사 2019.

허성석, 『베네딕도 규칙: 번역·주해』, 들숨날숨 2011.

———, 『중용의 사부, 베네딕도의 영성』, 분도출판사 2015.

———, 「공동체 생활, 걸림돌인가 디딤돌인가?: 공동체 생활을 위한 기술」, 『규칙서』 (코이노니아 선집 4-1), 들숨날숨 2017, 100-112.

———, 「베네딕도 규칙과 시노달리타스」, 『코이노니아』 48집 (한국 베네딕도회 협의회, 2023), 20-32.

———, 「베네딕도 성인에게 배우는 리더쉽」, 『규칙서』 (코이노니아 선집 4-1), 들숨날숨 2017, 150-165.

마리안 라르먼, 「성규 안에서 Contristare와 Tristitia: 공동체와 사기에 대한 언급」, 허성석 옮김, 『규칙서』 (코이노니아 선집 4-1), 들숨날숨 2017, 317-337.

P. E. Hammett, 「성 베네딕도 규칙에서 개인에 대한 배려」, 최 안젤라 옮김, 『규칙서』 (코이노니아 선집 4), 성 베네딕도회 왜관수도원 2004, 718-729.

논평

첫째날

'베네딕도 규칙의 정신과 시대적 의미'(허성석)에 대한 논평

윤지형 프란치스코
(꼰벤뚜알 프란치스코 수도회 · 신부)

허성석 로무알도 신부님의 발제문을 처음 받아보았을 때, 성 베네딕도 수도 규칙의 주요 정신을 중용, 분별력, 개방성, 경청, 배려, 환대로 설명하시는 것을 보고, 허 신부님께서 성규 전체를 아우르는 포괄적이고 핵심적인 내용은 놓치고 너무 지엽적인 것만 언급하신 것이 아닌가 하는 생각을 했다. 이것이 솔직한 첫인상이었다.

그도 그럴 것이 프란치스코 회칙은 총 12장에 불과한 짧은 회칙인데도 회칙을 시작하면서 "작은 형제들의 수도 규칙과 생활은 이러합니다. 즉, 순종 안에, 소유 없이, 정결 안에 살면서 우리 주 예수 그리스도의 거룩한 복음을 실행하는 것입니다."(1,1)라고 밝히고 있고, 또 회칙 맨 마지막에도 "형제들은 [...] 가톨릭 믿음의 기초 위에 굳건히 서서 우리가 굳게 서약한 가난과 겸손과 우리 주 예수 그리스도의 거룩한 복음을 실행할 것입니다."(12,4)라고 말하면서, 복음이야말로 회칙의 가장 중요한 기둥이고 핵심임을 명시하고 있다. 즉, 회칙의 시작도 복음, 회칙의 마침도 복음이라는 것이다. 그리고 이 같은 이중의 기둥 사이에 작은 형제들의 구체적인 생활양식들이 마치 삽입된 것과 같은 구조로 회칙이 이뤄져 있다.

이런 상황에서 허 신부님께서 성 베네딕도 수도 규칙의 주요 정신을 앞에서 언급한 여섯 가지 요소(중용, 분별력, 개방성, 경청, 배려, 환대)로 제시하시는 것을 보고 처음에는 다소 의구심이 들었던 것이 사실이다.

하지만 허 신부님은 로마에 있는 성 안셀모 교황청립 대학에서 수도승 신학을 전공하신 분이실 뿐만 아니라, '참고문헌' 목록에서 보다시피, 이 발제문을 위해 성 베네딕도 수도 규칙과 관련된 적지 않은 전문 서적들을 참고하셨다. 그러니 이 발제문에서 밝힌 신부님의 생각들은 결코 한 개인의 사적인 견해가 아니라 학적인 근거를 지닌 주장들임을 알 수 있다.

게다가 이번 '프란치스칸 영성 학술 발표회'를 계기로 성 베네딕도 수도 규칙을 직접 읽어보니 이 수도 규칙이 프란치스코 회칙과 사뭇 다르다는 것을 깨닫게 되었을 뿐 아니라, 허 신부님께서 하신 말씀이 충분히 납득 가능한 말씀이었구나, 그리고 이 수도 규칙의 중요한 핵심을 제대로 잘 짚으셨구나 하는 결론에 도달했다.

그럼 어떤 이유에서 중용, 분별력, 개방성, 경청, 배려, 환대가 성 베네딕도 수도 규칙의 바탕을 이루는 기본 정신인가? 이를 깨닫기 위해서는 무엇보다 베네딕도 성인께서 규칙서를 쓰고자 했던 '의도'가 무엇인가를 파악해야 하는데, 이는 성규 1장 '수도승들의 종류'를 다루는 부분에서 이미 엿볼 수 있다.

사실 베네딕도 성인께서 성규를 쓰실 당시에는 이미 다양한 종류의 수도 규칙들이 존재해 왔고 수도승들의 종류 또한 꽤나 다양했었다. 그런데 문제는 그들 가운데 좋은 수도승들만 있었던 것이 아니라, 악하고 나쁜 수도승들도 많이 있었다는 것이다. 예를 들면, 베네딕도 성인께서 자신의 수도 규칙에서 언급하고 계신 '기로바쿠스'라고 불리는 수도승들은 한 곳에 정주하지 않고 계속 떠돌아다니는 수도승들이었고, '사라바이타'라고 불리는 이들은 몇 명씩 무리를 지어 다니며 제멋대로 사는 수도승들이었다.

이처럼 성인께서 수도 규칙을 쓰실 당시에는 수도 생활이라는 이름 하에 소위 '극단'을 달리는 사람들이 많이 있었던 것이다. 그 때문에 성인께서는 처음부터 수도자들이 너무 극단으로 가지 말고 중용과 균형을 지킬 것을 강조하고자 하셨던 것이다. 그리하여 성인께서는 홀로 사는 독수자 형태의 수도 생활도 아니고 떠돌아다니는 삶도 아닌, 공동체라는 울타리 안에서 정주 생활을 하는 수도 생활 방식을 성규에 집어넣으신 것이다. 바로 여기서부터 우리는 성규의 으뜸 정신이라 할 수 있는 중용과 균형의 원칙을 볼 수 있는 것이다.

그런데 분도 성인의 이 같은 중용과 균형의 정신은 아빠스와 회원들 사이의 관계를 규정한 부분에서도 잘 드러난다. 실제로 성인은 장상과 형제들 사이의 관계가 단지 일방적인 명령과 순종의 관계가 아니라, 상호 간에 겸손한 자세와 열린 마음으로 귀 기울여 듣는 경청을 바탕으로 한 관계이기를 바라셨다. 그리하여 베네딕도 수도 공동체는 장상 혼자 일방적으로 끌고 가는 공동체가 아니라 장상을 중심으로 공동체 회의의 도움을 받아 가며 전 구성원이 함께 건설해 가는 공동체를 지향하였던 것이다.

그뿐 아니라 '기도하고 일하라'는 베네딕도회의 모토에서도 잘 볼 수 있는 것처럼, 분도회의 수도 생활은 기도만 일방적으로 강조하고 일은 간과해 버리거나, 반면에 일만 강조하면서 기도는 뒷전에 두는 삶이 아니라, 기도와 일이 어느 한쪽으로도 치우치지 않고 균형과 조화를 이루는 것을 목표로 삼아왔다. 그리하여 베네딕도 수도승들은 오늘날까지도 기도와 성독(공부)과 일이라는 세 요소를 조화롭고도 균형 있게 실현하여 왔던 것이다.

그런데 성규에 나타난 중용과 균형 정신은 비단 여기서만 그치는 것이 아니다. 손님에 대한 환대와 배려를 통해서도 잘 드러난다. 분도 수도승들이 손님을 소중히 여기고 환대한다는 것은 베네딕도 수도 생활에 대해서 조금이라도 아는 사람이라면 누구나 알만한 특징인데, 그럼 어떤 의미에서 이 아름다운 전통도 분도 수도 규칙의 기저에 깔려 있는 중용과 균형 정신의 한 표현일 수 있을까?

우리가 잘 아는 것처럼, 분도회 수도 생활이라고 하는 것은 프란치스칸들처럼 세상으로 나아가는 삶이 아니라 세상으로부터 물러난 삶이고 수도 여정 안에서 하느님만 추구하는 삶이다. 하지만 그런 와 중에도 분도 성인께서는 성규 53장에서 수도원을 방문하는 모든 사람을 그리스도처럼 맞이하라고 당부하고 계신다. 즉, 손님을 환대하라는 것이다.

이 말씀인즉슨, 비록 분도 수도자들이 세상을 뒤로 한 채 수도원의 봉쇄 안에서 하느님만 찾는 삶을 살지라도 너무 한쪽으로만 치우치지 말고 세상과 인간에 대해서도 항상 열린 마음을 지녀라, 수도 여정 안에서 비록 하느님만 바라보고 가겠지만 자신들을 찾아오는 모든 사람에게 이웃 사랑도 잊지 말고 실천하라는 의미인 것이다. 이처럼 성규는 중용의 정신 안에서 하느님과 인간, 기도와 일, 정주와 선교 활동 등이 모두 균형을 이루며 나아가도록 이끌고 있다.

그런데 이뿐만이 아니다. 성인께서는 수도 규칙을 다 저술한 다음 마지막 73장에 가서 자신의 규칙서를 두고, '초심자를 위한 최소한의 규칙'에 불과할 뿐이라고 말씀하고 계신다. 그러면서 자신의 규칙서 안에 모든 것이 다 규정된 것이 아닌 만큼, 얼마든지 신구약 성경과 교부들의 저서와 심지어 성 바실리오의 수도 규칙까지 활용할 수 있다고 여지를 남겨두고 계신다. 실제로 성인께서는 자신이 규칙서에서 정한 것들조차 결코 절대화하지 않으시고, 언제든지 중용과 올바른 분별력 안에서 시대와 장소, 대상에 따라 유연하게 적용할 가능성을 열어두고 계신다.

이처럼 성규 전체는 중용의 정신에 초점이 맞춰져 있고, 공동체라는 울타리 안에서 구성원들이 극단으로 가지 않도록 배려하고 있다. 왜냐하면 수도 공동체 전체가 중용과 균형을 이루지 않고 분별없이 나아가다가는 수도원의 생활 방식에 문제가 생길 수 있음을 성인께서는 잘 알고 계셨기 때문이다.

대 교황 그레고리오 성인께서는 '대화집' 2권에서 베네딕도 성인의 규칙서를 평하시면서, "탁월한 분별력으로 저술하였다."라고 말씀하셨는데, 이는 성규의 기조를 이루는 중용과 균형의 정신을 두고 한 말씀임에 틀림이 없을 것이다.

한편, 허 신부님께서 발제문 3장 성규의 '시대적 의미'에서 밝히신 것처럼, 분도 수도 규칙은 성인 사후 점차 서방 수도 생활을 지배해 나갔고, 13세기 탁발수도회가 태동하기 전까지 서방 수도 생활의 역사는 베네딕도회의 역사라 해도 과언이 아닐 정도로 큰 영향력을 발휘하였다.

게다가 분도 수도 규칙은 탁발수도회 이후의 많은 수도회에도 영향을 미쳤고, 적지 않은 수도회들이 성 베네딕도의 수도 규칙에서 법규정을 차용할 만큼 성규는 여러 수도회의 법규에 특별한 영감을 불어넣었다.

또한 분도 수도 규칙은 19세기와 20세기 전반에 일어났던 가톨릭 전례 부흥뿐 아니라, 현행 교회법에도 지대한 영향을 미치면서 오늘날에도 여전히 그 효력을 발휘하고 있고 많은 사람으로부터 그 가치를 인정받고 있다.

그만큼 분도 수도 규칙은 교회와 세상의 폭넓은 영역을 아우를 수 있는 중용의 가치를 지녔으며 비록 천오백 년이라는 세월이 흐른 고대의 수도 규칙 가운데 하나임에도 결코 낡고 시대에 뒤떨어진 수도 규칙이 아니라는 것을 현시대에도 증명하고 있다.

제 생각에 분도 수도 규칙에 면면히 흐르고 있는 중용과 균형의 정신은 오늘날 저희 프란치스코 수도자들에게도 큰 가르침을 주고 있다고 본다. 실제로 저희의 모습을 보면 '프란치스칸 소명은 사도적 삶이다' 또는 '프란치스코회는 활동 수도회다'는 평계와 미명하에 한쪽으로만 쏠린 삶, 즉 기도와 관상은 뒤로 한 채 늘 밖으로만 뛰쳐나

가는 삶을 살 때가 많은데, 분도 성인께서는 이런 저희를 향해서도 경종을 울리는 말씀을 하고 계신 것 같다. "너희들도 중용과 균형을 지켜라!"

많은 이들이, 작은형제회의 창설자이신 프란치스코 성인은 세상을 돌아다니며 복음을 선포하는 일만 하셨다고 여긴다. 그런데 프란치스코 성인은 활동만 하신 분이 결코 아니다. 비록 성녀 클라라와 실베스텔 형제의 식별에 따라 세상으로 나아가는 삶을 선택하긴 하셨지만, 사부님 스스로 "나는 설교보다 기도하는 재능을 선물로 받았소."(대전기 12,1)라고 고백할 만큼 항상 관상 생활에 이끌렸다. 더 나아가 사부님은 '은둔소를 위한 수도 규칙'을 남기면서 작은 형제들의 삶 속에 관상적 차원도 통합하셨다.

로마에 있는 안토니오 교황청립 대학의 교수였고 프란치스코 성인의 '글' 전문가로 국제적으로 명망이 높은 카푸친 작은형제회의 레만(L. Lehmann) 신부도 자신의 책 '기도의 스승 프란치스코'에서 사부님을 두고 '한시적 은수자'라는 표현을 쓰고 계신다. 그만큼 사부님은 활동뿐 아니라 관상과 기도에도 전념하셨던 분이셨다.

한편, 우리가 분도 수도 규칙의 여섯 가지 기본 정신을 살펴보면서 잊지 말아야 할 중요한 점은, 이들이 결코 따로 떨어져 있는 것이 아니라, 중용에서부터 분별, 개방성, 경청, 배려, 환대에 이르기까지 하나의 맥 안에 서로 연결되어 있다는 것이다.

실제로 중용은 분별력에서 나온다. 그리고 올바른 분별력은 하느님의 뜻을 읽는 기도뿐 아니라, 주변 사람의 목소리에 귀를 기울이는 경청과 개방된 마음 없이는 불가능하다. 그리고 개방성은 환대로까지 이어지게 마련이다. 이처럼 성규의 기본 정신 여섯 가지는 서로 연결된다.

발제문의 마지막에서 허 신부님께서는 성규가 우리 시대에 던져주는 의미로서 '균형 있는 삶의 모델', '공동체 생활의 지침', '이상적 리더십의 모델', '시노달리타스의 모델', '종교 간 대화와 일치의 매개'를 말씀하셨다.

저 역시 신부님의 이 같은 생각에 깊이 공감하며 특히 이 가운데 이상적 리더십과 관련하여, 오늘날 교회와 수도 공동체를 이끌어가는 지도자급 인사들에게 성규의 기본 정신은 더더욱 필요한 부분이 아닐까 생각한다. 왜냐하면 지도자란 중용과 분별력을 갖추고, 타인의 의견을 청취할 줄 알고 열려 있으며, 상대를 배려하고 환대할 줄 아는 사람이어야 하기 때문이다.

논평을 마무리하면서 마지막으로 강조하고 싶은 점은 오늘날에도 여전히 많은 이들이 베네딕도 성인을 존경하고 사랑한다는 것이다. 저 역시 프란치스칸이지만 몬테카시노 수도원을 방문한 적이 있고 분도 성인을 몹시 존경하고 있다. 그렇다면 저희 사부님과 다른 베네딕도 성인의 매력은 무엇일까?

사실 저희 프란치스코 사부님은 지나칠 정도로 극과 극을 달리면서 매우 드라마틱한 방식으로 수도 여정을 실현하셨던 분이시다. 반면에 베네딕도 성인은 그 같은 극적인 요소 없이 비교적 평탄하고 완만한 성장 곡선을 그리면서 하느님을 향한 여정을 늘 변함없이 걸어 나가셨다. 그런데 이것이 실은 더 어려운 것이다. 그만큼 베네딕도 성인은 수도 생활을 하기에 참으로 좋은 영적 자질과 바탕을 지녔던 분이셨던 것 같다.

이상으로 저의 논평을 마치며 허 신부님의 훌륭한 발제에 감사를 드린다.

첫째날

프란치스코 수도규칙의
새로움과 정신

기경호 프란치스코

(작은형제회)

차례

들어가는 말

I. 프란치스칸 운동의 새로움
    1. 프란치스칸 새로움
    2. 사회체제의 변화에 대한 대응
    3. 새로운 생활양식
    4. 프란치스코 수도규칙의 새로움

II. 프란치스코 수도규칙과 이전 수도규칙들과의 비교
    1. 수도회 명칭
    2. 수도회에 받아들임
    3. 복장
    4. 일
    5. 잘못한 형제들에 대한 조처
    6. 행정 구조와 형제 관계
    7. 설교
    8. 해외선교

III. 프란치스코 수도규칙의 정신
    1. 가난과 작음
    2. 자유
    3. 평등
    4. 형제애

나가는 말 - 프란치스코 수도규칙의 의의

참고 문헌

들어가는 말

「프란치스코 수도규칙」은 프란치스코 가족 모두의 가장 중요하고 기본적인 근간이 되는 생활지침이다. 「프란치스코 수도규칙」의 '새로움'과 거기에 담긴 정신은 13세기 아씨시 프란치스코의 등장 이래 교회의 영성 생활과 수도 생활뿐 아니라 유럽의 사상, 정치, 사회, 경제, 문화, 예술에도 큰 영향을 미쳤다.[1] 아씨시의 프란치스코가 시작한 삶은 한 개인의 모험이 아니라 엄청난 영향력을 지닌 운동이었다. 나아가 이 운동은 단지 기존의 삶을 개혁한 것이 아니라 독창적이고 새로운 방식으로 교회와 세상을 바꾼 혁명이었다.[2] 프란치스코는 복음에 순응하여

---

1 프랑스 학파의 마지막 위대한 대표자인 자크 르 고프(JACQUES LE GOFF, 1924-2014)는 유럽의 탄생을 중세 후기로 본다. 작은형제회는 유럽이 탄생하기 전에 공동선의 경제를 정교하게 만들고 실험했다. 그뿐만 아니라 이성과 경험의 차원에서 오늘날에도 유럽 경제-사회 모델의 기초를 형성하는 세 가지 구성 가치, 곧 자유, 일, 공동체를 강화함으로써 그리스도교 국가의 유럽을 탄생시키는 데 이바지했다. 작은형제회가 유럽의 문화, 예술 등에 미친 영향에 관하여는 A. POMPEI, FRANCESCO D'ASSISI. INTERNAZIONALITÀ TEOLOGICO-PASTORALE DELLE FONTI FRANCESCANE, COLLANA ≪I MAESTRI FRANCESCANI≫ 2, ROMA, MISCELLANEA FRANCESCANA, 1994, 371-389쪽 참조.

2 참조 : LEO L. DUBOIS는 프란치스코가 제안한 변화를 조율하는 방식을 보아 그를 '혁명가'라 할 수 없고 '개혁가'라고 한다. 그가 선택한 철저한 가난은 개인적인 선택이었고 자신처럼 살기로 선택하지 않은 이들을 절대 비난하지 않았고, 교회나 국가의 권력 앞에 비폭력적인 방식으로 그들에 대한 깊은 사랑과 내부로부터 그들을 정화하려는 자발성이 있었기에 '개혁가'라는 것이다(권숙애 편역, '프란치스칸 사회개혁', 177-179쪽). 그러나 우리는 개혁의 차원을 넘어 여태까지 보인 적이 없는 새로운 것을 계획하고 실천함으로써 교회와 사회의 혁명적인 변화를 일으킨 그를 '혁명가' 또는 '반란자'(IL RIBELLE)로 본다.(참조: ENZO FORTUNATO, FRANCESCO IL RIBELLE, MONDADORI, 2018; J. F. GODET-CALOGERAS, 'LE MOUVEMENT FRANCISCAIN: UNE RÉVOLUTION ÉVANGÉLIQUE', EN ÉVANGILE AUJOURD'HUI, N.220 (2008) 28-34. TR. ESPAÑOL, TERESA PUJAL, IN SELFRAN 114/XXXVIII (2009) 428쪽; L. BOFF, 정 그리고 힘, 149쪽; MARINA MOTTA, CARISMATICA EUROPA COME I SANTI HANNO RIVOLUZIONATO LA STORIA

불의하고 불평등과 차별이 지배하는 사회 체제에 맞선 '복음의 반란자'였다. 우리는 프란치스코와 그가 일으킨 운동의 긴밀한 관계 속에서 프란치스칸 운동의 직관으로서의 새로움과 그것을 구체적이고 공식적인 제도의 그릇에 담아내는 과정과 그 의미를 살펴볼 필요가 있다. 이렇게 함으로써 프란치스코와 프란치스칸 운동의 새로움과 그 참신함을 생활양식으로 담아낸 「프란치스코 수도규칙」의 정신을 올바로 이해할 수 있을 것이다.

먼저 프란치스칸 운동의 새로움에 대해 살펴보고, 다른 수도규칙들과의 비교를 통해 「프란치스코 수도규칙」의 새로움과 정신을 자세히 살펴보겠다. 끝으로 프란치스코의 수도규칙이 지닌 의미를 간략히 정리해보려고 한다.

DELL'OCCIDENTE, CITTÀ NUOVA, 2015.)

I. 프란치스칸 운동의 새로움

1. 프란치스칸 새로움

프란치스코와 초기 형제들의 새로움과 독창성은 복장이나 제도 등 외적인 그 무엇으로부터 온 것이 아니었다. 그들의 새로움은 복음의 원천으로 돌아가 복음에서 시작하여 복음을 생활양식으로 삼아 살았다는 바로 그 점에 있다.[3] 프란치스코의 삶을 보면 그가 직관을 구체적인 삶의 선택으로 바꾸는 방법을 아는 즉각성, 급진성과 자발성에 놀라지 않을 수 없다. 프란치스코가 교회로부터 수도규칙을 인준받기 이전, 곧 회개 생활 시초부터 그의 복음적 생활은 교회 안팎에 참신하고 강렬한 인상을 주었다. "프란치스코 시대의 많은 이의 눈에 프란치스코는 당대의 범주에 쉽게 분류되지 않는 새로운 종류의 그리스도인으로 보였다. 프란치스코는 1200년대 초기에 선택할 수 있었던 이미 잘 확립된 그리스도인 삶의 형태를 받아들이는 대신, 새로운 '삶의 형태'를 창조하며 더 어려운 삶의 양식을 택하였다. 이 삶은 당시 널리 퍼져 있던 대수도원적-교회법적 삶의 형태가 아니었다. 이렇게 무엇인가 새로운 것을 창조하도록 이끈 힘은 '주 예수 그리스도' 친히 그를 인도한다는 깊은 확신이었다."[4]

---

3   참조: Sebastián López, ¿Un San Francisco distinto?, in SelFran 1, n.1 (1972), 13-14쪽.
4   William J. Short, 김일득 옮김, 가난과 기쁨. 프란치스칸 전통, 프란치스코출판사, 2018, 27쪽.

프란치스코는 그리스도의 신성(神性)을 강조하고 거기에 집중해 있던 중세에 나병 환자와의 만남을 통한 하느님 체험을 통해 그리스도의 인성(人性)에 집중하게 되었다. 그 결과 하느님 육화의 겸손과 수난의 사랑은 그의 삶의 뿌리가 되었다. "육화는 매우 중심적이어서 최초의 창조, 계속되는 창조, 그리고 부활한 삶이라 부르는 미래와 관계된다. 수난 또는 고통은 예수님의 십자가에 못 박히심뿐 아니라 사회 변두리에서 학대받는 사람들의 고통으로 확산한다."[5] 이 근원적인 관점의 변화가 그가 만난 사회와 인간과 교회를 혁명적으로 바꾸게 된 바탕이요 원동력이었다. 그가 일으킨 '복음의 혁명, 사회운동, 교회 안에서 순종하는 반란자로서의 모습' 등 모든 '새로움'이 여기서 비롯되었다고 할 수 있다.[6] 그는 인간과 친교를 맺으려고 자신을 비우고 낮추시어 가난해진 예수 그리스도의 눈으로 하느님과 인간, 세상과 피조물을 바라보았다. 그는 자신을 하느님의 것으로 내놓음으로써 복음적 자유 안에서 복음으로 변모되어 예수 그리스도의 발자취를 따라 복음을 실행하기로 하였다. 이러한 새로움은 이전의 수도승 생활이나 수도규칙들의 영향을 받아 시작했다가 서서히 일어난 일련의 변화가 아니었다. 오히려 시초부터 철저히 수도승 전통을 거부함으로써 그와는 관계없는 전혀 다른 새로운 생활양식을 살았다.

먼저 프란치스칸 운동의 새로움을 초기사료들과 프란치스코의 글을

---

[5] 케난 오스본, 김지완 옮김, 프란치스칸 사상의 학문적 전통, 프란치스코출판사, 2018, 84쪽.
[6] 프란치스칸 연구사에서 '프란치스칸 새로움'(NOVITAS FRANCISCANA)이란 용어가 고유 용어로 자리를 잡은 지 오래되었다. 'NOVITAS FRANCISCANA'에 관한 상세한 연구는 A. BONI, LA NOVITAS FRANCISCANA NEL SUO ESSERE E NEL SUO DIVENIRE (CC 578/631), PONTIFICIUM ATHENAEUM ANTONIANUM, ROMA, 1998 참조.

통해 살펴본다.

초기사료들은 프란치스코와 초기 형제들의 '새로움'에 관하여 거의 일관된 증언을 한다. 야고보 비트리(Jacobo de Vitry) 추기경은 1216년 편지에서 다음과 같이 전한다. "부유한 남녀 평신도들이 그리스도 때문에 모든 재산을 버리고 세속을 떠난 것을 보았다. (…) 작은 형제들은 현세적인 어떤 것에도 마음을 두지 않고 오히려 열성적인 소망과 열심한 노력으로 멸망의 위험에 있는 영혼들을 세속의 허영심에서 구제하며 자기들 대열에 끌어들이려고 날마다 노력한다."(8항)

그는 또 「동방역사」(Historia Orientalis, 1219-1221)에서 이렇게 증언한다. "작은 형제들은 목마른 듯이 복음의 샘에서 흘러나오는 그 깨끗한 물을 영적인 열성으로 빨아들임으로써 초기 교회의 종교와 가난과 겸손을 스스로 재현하려고 열성적으로 노력하는바, 사도적 생활을 좀 더 가까이 본받으려고 복음의 명령만이 아니라, 복음의 권고까지 실행하려고 최선을 다한다. 모든 재산을 버리고 자기 자신을 버리며 십자가를 지고 헐벗으신 분을 헐벗은 몸으로 따른다."(2권 32장 5항).

"설교만이 아니라 무엇보다도 거룩한 생활과 완전한 수도 생활의 모범을 통해, 신분이 낮은 사람들뿐만 아니라 부자와 귀족들을 포함해서 모든 이에게 세속을 멸시하도록 초대한다. 이래서 많은 부자와 귀족들은 자기들의 도시와 성과 넓은 땅을 버리고 값진 교환을 하듯 지상의 재화를 영적인 재화로 바꾸며 작은 형제들의 수도복을 입는다. (…) 이들은 자신들은 매우 깨끗한 거울처럼 세속적 허영심에 대한 멸시의 영상을 반영하고 산다."(10항)

"그리스도의 이 가난한 자들은 길을 떠날 때 자루도 빵도 지니지 않으며 돈주머니도 지니지 않고 금이나 은도 없으며 신발도 신지 않는다. 실은 이 수도회의 형제 누구에게도 소유는 그 어떤 것도 허용되지 않는다. 이 형제들은 수도원이나 성당, 밭이나 포도원이나 동물, 집이나 어떤 재산도 가지고 있지 않고, 머리 기댈 곳조차 없다."(7항)

이렇듯 야고보 비트리는 세상에 속한 것들과의 유대를 끊고 그 어떤 소유도 허용하지 않으면서, 온전히 그리스도를 따르며 복음을 실행하려고 최선을 다하는 작은 형제들의 근원적인 새로움을 생생하게 전한다.

또한 볼로냐 대학의 수사학자 본콤파뇨(Boncompagno da Signa)는 1220년경에 쓴 「고대 수사학」(Rhetorica antica)에서 프란치스코가 시작한 '새로운 운동'의 양면성을 지적한다.[7] 그는 초기 프란치스칸의 복음적 참회의 실천을 강조하면서, 다른 한편으로 그들의 금욕주의가 특히 젊은이들과 관련하여 비인간적일 정도로 가혹하며 위험하다고 보았다. 그는 작은 형제들이 프란치스코를 따라 회개 생활을 했음을 이렇게 적었다. "작은 형제들은 세속적 욕망을 멸시하고 육신을 고행과 고통에 맡기며, 맨발에 굵은 베옷을 입고 그리스도를 따르므로 마땅히 주님의 제자들 가운데 들 수 있다. 작은 형제들 일부는 젊은이요 소년들이기에 연약한 나이에 변덕스럽고 약하다. 그러나 그들은 이미 광기의 극단에 이르렀다. 왜냐하면 그들은 도시와 마을과 한적한 곳을 제멋대로 돌아다니며 끔찍하고 비인간적인 고통을 견디기 때문이다."(1-2절)

이 밖에도 아우구스티노회 사제인 기스번(Walter Gisburn), 영국 성 알바노(Albano) 대수도원의 로저 웬도버(Roger Wendover)와 매튜 패리스(Matthew Paris)가 쓴 「연대기」들, 토마스 투스쿠스(Thomas Tuscus) 등도 프란치스코를 따라 세속적인 것을 철저히 끊고 복음을 살려고 회개 생활을 한 작은

---

7 FONTI FRANCESCANE, N.2239-2240.

형제들의 새로움을 전하고 있다.⁸ 이들의 증언은 세속을 떠나 단순히 기존 수도회에 들어가는 것 이상으로 '참으로 철저히 세상을 떠나 새로운 생활양식에 통합되는 근본적인 새로움'에 관한 것이다.

교황 호노리오 3세는 작은 형제들에 관한 칙서들에서 이러한 사실을 다음과 같이 좀 더 간명하게 전한다. 곧 작은 형제들은 "이 세상의 허영을 거부한다."(abjectis vanitatibus huius Mundi.)⁹ "작은형제회에 들어가는 이는 세속을 떠났고 그것을 완전히 포기했다. 그는 세상을 떠나 다른 사람으로 변했고, 더는 이전의 사람이라고 말할 수 없다."(eorundum Fratrum Religionem ingressus reliquerit seculum, & penitus abdicarit; non est jam dicendus ille, qui fuit; cum separatus a Mundo in virum alterum sit mutatus.)¹⁰

지금까지 살펴본 초기사료들의 증언은 프란치스코의 글을 통해서도 확인된다. 여기서 '프란치스칸 새로움'을 단순히 프란치스코의 글에 사용된 빈도수에 따라 가려내는 것은 피해야 한다. 왜냐하면 중세 시대에 서유럽은 그리스도교와 동일시되었고 그 결과 그리스도교의 종교 어휘는 매우 중요했으며 정치적 의미도 지녔다는 사실을 지나쳐서는 안 되기 때문이다. 다시 말해 사용된 빈도수 이상으로 각 단어의 함의가 중요한 의미가 있다.

프란치스코는 「유언」에서 다음과 같이 말한다. "주님께서 나 프란치스코 형제에게 이렇게 회개를 시작하도록 해 주셨습니다."(Dominus ita dedit michi fratri Francisco incipere faciendi penitentiam) 여기서 사용된 'penitentia'(참회, 회

---

8 참조 : K. Esser, La Orden Franciscana. Origenes e Ideales, (tr. J. Luis Albizu), Ananzazu 1976, 36-37쪽.
9 Honorius III, Cum dilecti filii (1219.6.11), in BF., 2쪽.
10 Honorius III, In eo, quod audivimus (1225.10.4), in BF., 23쪽.

개)는 그리스어 'μετανοια'(메타노이아)를 떠올리게 하는 단어이다. 이는 '근본적이고 철저한 정신의 변화'를 뜻하는 종교 용어이다. 프란치스코가 '참회를 시작하도록 해주셨다'라고 할 때, 그것은 '전인적이고 급진적인 변화를 원하며 전 존재를 다 해 투신하도록 초대해 주셨다'라는 의미이다.

「유언」 3절에서는 "내가 그들에게서 떠나올 무렵에는 나에게 쓴맛이었던 바로 그것이 도리어 몸과 마음의 단맛으로 변했습니다."(Recedente me ab ipsis, id quod videbatur michi amarum conversum fuit michi in dulcedinem animi et corporis)라고 한다. 여기서 사용한 동사 'convertere'(converto)는 '전환하다'라는 뜻 이상으로 '뒤집다, 갈아엎다, 거꾸로 하다.' 등과 같은 훨씬 강하고 급진적이며 역동적인 의미가 있다.

프란치스코가 사용한 이 단어들만 보더라도, 그는 수용 가능한 새로운 형태를 부여하는 '개혁'(reformare)에서 한 걸음 더 나아가 근본적인 상황의 변화, 곧 혁명을 추구했음을 알 수 있다. 혁명은 아래 있던 것이 위로 올라가고, 위에 있던 것이 내려가며, 안쪽에 있던 것이 밖으로 나오고 바깥쪽에 있던 것이 안으로 들어오는 급진적인 변화를 의미한다.[11] 이러한 '뿌리에서부터 뒤집히는 변화와 전환'은 개인뿐 아니라 그룹에도 적용되었고 그 안에서 실현되었다. 프란치스코의 회심은 하느님께로 급진적으로 돌아가는 것이었고, 그 자연스러운 결과로서 재물 소유에서 완전히 이탈하였다. 이로써 프란치스코와 초기 형제들은 당시 사회의 가치와는 근본적으로 다른 것을 원했다. 그들은 단순히 새로운 모

---

11 참조: J. F. GODET-CALOGERAS, 'LE MOUVEMENT FRANCISCAIN: UNE RÉVOLUTION ÉVANGÉLIQUE', 428쪽.

습이나 더 나은 모습, 정화가 아니라 전혀 다른 시스템을 원했다.

프란치스코는 복음에서 시작하여 돈과의 결별, 나병 환자 가운데로 가서 봉사하는 것, 아버지의 유산을 포기하는 것, 교회와 사회의 모든 신분을 포기하는 것, 수평적 봉사조직과 관계의 선택, 알몸으로 시작하여 알몸으로 죽음을 맞은 것 등을 통해 자유와 평등, 연대를 통한 형제애를 살아냈다. 따라서 프란치스칸 운동은 '복음주의 혁명', 곧 복음에 기초한 급진적인 변화라 할 수 있다. 이러한 프란치스칸 운동의 '새로움'은 수도규칙에 생활양식으로 구체적으로 제시되었다.

2. 사회 체제의 변화에 대한 대응

작은형제회는 중앙집권적 조직, 국제적 모집, 형제들의 이동성이 보편성을 띤 그리스도교 영성과 문화의 혁신적 요소와 얽혀서 그들의 참신성을 결정하고 빠른 확산과 성공을 이끌었다.[12] 복음적 혁명이라 할 수 있는 '프란치스칸 새로움'(Novitas Franciscana)은 프란치스코 자신에게서 자생한 것일까? 그렇지 않다. '프란치스칸 새로움'은 근본적으로는 그리스도의 인성(人性)에 집중하여 복음으로 돌아가 복음을 살았다는 데 뿌리를 두지만, 당시 사회와 교회에서 일어났던 근본적인 변화와 깊은 관계가 있다. '프란치스칸 새로움'이 생겨나고 일어난 사회 배경과 그에 따른 대응을 살펴본다.

---

12 참조: ANTONIO RIGON, FRATI MINORI E SOCIETÀ LOCALI, IN AA.VV., FRANCESCO D'ASSISI E IL PRIMO SECOLO DI STORIA FRANCESCANA, TORINO, BIBLIOTECA EINAUDI 1997, 259쪽.

1) 사회 체제의 변화

사회가 봉건제도에서 코뮌(Comune) 체제로 변화되고 있었다는 사실이 매우 중요하다. 봉건제도 아래서는 봉건 지주인 영주들이 막강한 권력을 가졌고 불평등을 특징으로 했다. 그러나 새로운 코뮌 시대에는 화폐를 소유한 신흥 상인들이 권력을 잡았다. 권력의 원천과 중심이 토지에서 돈으로 뒤바뀐 것이다.[13] 이러한 변화는 갈등과 충돌을 일으키며 단계적으로 이루어졌다.

아씨시에서는 봉건 지주들이 쉽게 권력을 포기하지 않았다. 10년이 넘게 무력 충돌과 협상을 하다가 귀족계급과 새 계급인 코뮌의 시민들은 협정을 맺었다.[14] 그들은 협력하고 부와 새로운 이익을 공유하기로 합의했다. 아씨시 헌장(1210년)에서처럼 마요레스(maiores)는 옛 귀족계급인 지주를, 미노레스(minores)는 신흥계급인 상인을 뜻하기도 했다.[15] 13세기 초 아씨시에서 일어난 일은 이탈리아 중부 전역에서 일어났고, 이후 서유럽 전역으로 퍼져나가 상거래와 돈이 지배적인 모든 곳에서 일어

---

13 참조: J. F. GODET-CALOGERAS, 'LE MOUVEMENT FRANCISCAIN: UNE RÉVOLUTION ÉVANGÉLIQUE', 428쪽.
14 1203년 11월 6일 아씨시 시민과 귀족 사이, 그리고 아씨시와 페루자 두 도시 사이에 평화협정(CARTA PACIS)이 체결되었으나, 두 도시 사이의 적대감은 1210년까지도 지속하였다. 1210년 11월 9일에야 미노레스(MINORES)와 마요레스(MAIORES) 사이에 평화협정이 체결되었다.
15 13~14세기의 귀족들은 오랜 변화 과정에도 중세 전반기의 귀족들이 가지고 있던 몇 가지 특징을 유지했다. 첫 번째는 토지를 재산의 핵심으로 간주하고 토지 소득을 삶의 근거로 여긴 것이었다. 두 번째는 11~12세기에 귀족의 이력을 바꾼 활력적 요인이 이념적 정당성이었던 것과 달리 군사적 성향을 지니게 되었다. 이로써 중세 전반기 지배층의 특징은 더는 찾아볼 수 없게 되었다. 다른 한편으로 귀족과 토지의 결속에서 모든 것이 연속적인 흐름을 보이지는 않았다.[참조: UMBERTO ECO(EDITED BY), 김정하 옮김, 중세 III, 시공사, 2018, 230-231쪽.]

났다. 상인들이 사업을 하는 모든 곳에서는 봉건제가 와해하고 점차 새로운 코뮌(Comune)으로 대체되어갔다.

프란치스코와 초기 프란치스칸 운동에 참여한 이들은 평화, 조화, 이해, 자유, 행복을 강조하였다. 코뮌의 구성원들도 이러한 삶을 원했다. 그러나 문제는 이것이 도시 성벽 안에 있는 사람들에게만 적용되었다는 사실이다. 새로운 시스템은 도시에 속한 시민들에게만 작동하며, 성벽 밖에 있는 사람들에게는 작동하지 않았다. 영지, 시골, 도시 외곽에서 온 사람들은 코뮌의 부에서 제외되었고, 실제로 성벽 안쪽 사람들의 이익을 위해 많은 일을 할 수밖에 없었다. 복음에서 영감을 받고 소명을 느낀 프란치스코는 이런 현실로 눈을 돌려 고유한 대응 방식을 찾으려 했다.

2) 나환자들을 섬김

프란치스칸 운동 최초의 형제들은 아씨시 외곽에 머물던 나환자들과 매우 가까웠고 그들을 기꺼이 돌보았다. 작은 형제들은 소외된 이들을 위해 헌신했다. 토마스 첼라노는 다음과 같이 전한다. "완전한 겸손을 사랑한 거룩한 그는 나환자들에게 가서 하느님을 위해 성의를 다하여 시중들면서 함께 살았다. 온갖 썩은 곳을 씻어 주며 상처와 고름도 깨끗이 닦아 주었으니, 자신의 유언에서 말한 대로였다."(1생애 17항) 포르치운쿨라의 작은 형제들은 나병 요양원에서 봉사하였으나 자주 나환자들을 성 마리아 성당에 데려오기까지 하며 그들을 돌보았다(아씨시 편집본 22항 참조). 복된 프란치스코는 나환자들을 "형제 그리스도인들"(같은 22항)이라 불렀다.

프란치스코가 관상 생활의 장소로 여기던 포르치운쿨라에서, 나환자들을 철저히 격리하고 차별했던 당시의 사회 질서와 벽을 허물고 그들을 섬기는 삶을 동시에 살았다는 점은 당시 수도 생활에서는 상상조차 할 수 없는 일이었다.[16] "나환자들의 거처는 형제들의 만남의 장소요 숙소였다. (...) 형제들의 모임, 형제들의 기도 장소, 형제들의 생활공간 등 그 모든 것이 그들의 '형제 그리스도인'인 나환자들과 함께하는 것이었다. (...) 그러나 형제들의 생활이 나병 요양소에서 일하고 살아가던 형태에서 커다란 도시 성당의 형태로 대치되자, 형제회 초기 체험은 공경할 만하지만, 반드시 꼭 그대로 실행할 필요는 없는 영성적인 영웅담의 사례로 점차 변하였다."[17]

나환자들은 인간의 존엄성을 부정당하고, 따라서 사회에 소속되고 참여할 수 없는 인간들이 있다는 거대한 상징이었다. 이런 점에서 나환자들은 프란치스코 운동의 상징이기도 하다. 이러한 상징성 때문에 토마스 첼라노와 보나벤투라 등 전기 작가들은 나환자와의 입맞춤 에피소드를 서술하였다. 토마스 첼라노는 프란치스코가 나환자에게 다가가 입맞춤하려 하였으나 나환자가 두 손을 내밀자 입맞춤과 더불어 그의 손에 돈이 쥐어졌고 나환자는 사라졌다고 한다(2첼라노 9항). 보나벤투라는 한 걸음 더 나아가 사라진 나환자가 예수님 자신이었다고 해석한다(대전기 1,5). 이러한 에피소드는 하나의 상징으로서 교훈적이긴 하지만 역사적 현실과는 거리가 멀다. 나환자와 만남을 기적적인 사건으로 묘사한 것은 프란치스코 사후에 작은 형제들의 삶에서 나환자들을 돌보는 일이 더는 주된 일이 아니었고 중요하지 않게 되었기 때문이다.

---

16 참조: WILLIAM J. SHORT, 김일득 옮김, 가난과 기쁨. 프란치스칸 전통, 123-124쪽.
17 WILLIAM J. SHORT, 같은 책, 124-126쪽.

"나환자와의 입맞춤보다 더 중요한 것은 나환자들이 아씨시 성벽 안의 사람들이 소통할 수 없고 소통을 원하지 않는 절대적인 버림받은 존재, 분리되고 거부된 인간, 존재가 거부되고 부정된 인간이라는 사실을 인식하는 것이었다. 주민들은 나환자들을 보고 싶어 하지 않았다. 이것이 프란치스코가 이해한 것이다."[18] 프란치스코는 처음에는 나병 환자들을 보는 것이 쓰디쓴 일이었으나 주님의 이끄심으로 그들과 함께 지내면서 그들을 섬겼다(유언 1-2절). 이렇게 함으로써 그는 나환자들을 인간의 생활 범주에 다시 통합하였다. '주변으로 나아가 주변인을 삶의 중심으로 통합하는' 프란치스코의 몸짓은 당시의 사회 체제를 무너뜨리는 '복음의 혁명'이었다. 이런 관점에서 장 프랑스와 고데도 프란치스코 운동 초기에 매우 중요한 나환자들을 당시의 사회적 맥락에서 보아야 한다고 주장한다.[19]

"프란치스코 운동에서 나환자들은 새로운 대안을 시작하고, 누구도 배제되지 않는 완전히 다른 사회, 모두가 속한 사회를 건설하기 위해 가야 할 극한 지점을 상징한다."[20] 초기 프란치스칸 삶은 모든 사람을 평등과 자유 안에서 아우르고 살아나게 하는 사회가 되도록 아래에서 위로, 밖에서 안으로 움직여갔다. 초기 프란치스칸 운동이 태동하던 사회는 모두를 이롭게 하고 모두에게 공평한 시스템이 작동하지 않았다. 프란치스코와 초기 형제들은 아씨시의 새로운 코뮌이 부당하다고 생각하여 거부했다. 그들은 코뮌을 떠나 도시를 떠나 성벽 바깥으로 나갔다.

---

18 J. F. GODET-CALOGERAS, 'LE MOUVEMENT FRANCISCAIN: UNE RÉVOLUTION ÉVANGÉLIQUE', 430쪽.
19 참조: J. F. GODET-CALOGERAS, 같은 글, 429-430쪽.
20 J. F. GODET-CALOGERAS, 같은 글, 430쪽.

그들은 아씨시 외곽의 시골 사람들, 노동자들, 가난한 사람들과 함께 어울렸다. 이렇게 그들은 복음과 복음이 주는 영감에 따라 모두를 이롭게 하는 새로운 시스템과 생활양식을 열렬히 추구하였다.

3) 돈에 대한 거부를 통한 통합

프란치스칸 운동은 모든 사람을 위해 작동하지 않는 모든 제도와 활동을 거부하고 그에 협력하지 않는다. 이에 대한 강력한 저항의 전망과 원천은 복음 자체였다. 돈에 대한 거의 절대적인 거부와 거리 두기는 이러한 저항의 구체적인 표현이었다. 프란치스코는 모든 사람이 돈에 쉽게 접근하고 공평하게 사용할 수 없는 체제를 철저히 거부하였다. 프란치스코 시대에 돈은 부와 권력의 상징이었고, 가난한 이들에게는 사치품이나 마찬가지였다. 돈 있는 사람은 권력을 잡고, 모든 문이 열려 있었다. 그 시대에 "재산을 소유한 이들은 이미 가지고 있던 것에 더 많은 것을 더하기를 바랐다. 따라서 1210년 아씨시 「시 헌장」(Carta Comunale)에서 그들은 아씨시의 성장과 부, 영광을 위해 모든 사람이 정직한 시민으로 일할 것을 촉구했다. 사실, 이것은 노동자들이 임금이 허용하는 한, 약간의 운과 기업 연대를 통해 계속 노력해야 함을 의미했다.

아씨시에는 대부분의 화폐 문제를 통제하는 두 가지 통화, 곧 파비아 동전(moneta di Pavia)과 루카 동전(moneta di Lucca)이 있었다. 전자는 부자들 사이에서 유통되거나 금고에 보관되는 특권 화폐였고, 후자는 일상생활에 필요한 용도로 사용되는 가난한 사람들의 화폐였다.[21] 말하자

---

21 DAVID FLOOD, 'LA LIBERTÀ DAL DENARO', IN AAVV., LA REGOLA DI SAN FRANCESCO. EREDITÀ E SFIDA, 337-338쪽.

면 파비아 동전은 소수의 특권층만이 소유할 수 있었고, 대중은 그들의 결정에 따라 가치가 오르거나 내려가는 취약한 화폐를 사용해야만 했다. 이런 화폐 구조는 결국 돈의 가치에 따라 사회를 둘로 나누고, 부유한 이들이 특권 화폐는 물론 서민 화폐까지도 점유하는 사회 경제적 불평등을 초래하였다.

이처럼 당시에 돈은 형제들이 복음적 청빈을 사는 데 장애가 될 뿐 아니라, 가난한 이들을 착취하고 차별을 조장하는 도구였다. 사람들은 노동의 결실을 통제할 수조차 없었다. 프란치스코는 이러한 현실을 직시하면서, 돈을 갖지 못하거나 가치가 낮은 돈을 사용할 수밖에 없는 가난하고 차별을 겪으며 사는 이들과 연대하도록 돈과 금품을 받지 말라고 한 것이다. 코뮌 제도에서 벗어난 최초의 프란치스칸들은 다른 사회, 정의롭고 포용적인 사회를 건설하려고 노력했다. 그들은 복음, 곧 예수님의 가르침과 행적에 의지했다. 그들은 불의하다고 생각하는 것을 볼 때 예수님의 말씀과 모범에서 영감을 얻어 해독제를 찾으려 했다.[22]

프란치스코와 초기 형제들은 정치적, 사회적, 경제적으로 행동할 때 하느님의 말씀에서 영감을 받았다. 그들은 복음이 모든 인간이 살아 숨 쉬고 살아가는 '지금 여기'를 위한 것임을 알았다. 그들은 바로 이 점을 직관하여 즉각적이고 전인적으로 '새로운 복음의 혁명'을 일으킨 것이다. 아씨시 코뮌을 떠난 초기 형제들은 주님의 영감을 받아 복음의 새로운 시스템을 선택한 결과 시민권을 잃게 되었다. 하느님과 서로에게

---

22 J. F. GODET-CALOGERAS, 'LE MOUVEMENT FRANCISCAIN: UNE RÉVOLUTION ÉVANGÉLIQUE', 431쪽.

'참회하는 과정'에 있는 참회자들이었던 그들은 행복했지만, 수많은 사람을 버린 기존체제에 반기를 든 진정한 반체제 인물들이었던 셈이다.

프란치스코와 초기 형제들은 코뮌 체제에 근본적으로 동의하지 않고 소극적으로 비판하는 데 머물지 않았다. 그들은 문제점을 파악하고 능동적으로 대안을 제시했다. "코뮌이 사물, 물질에 기반을 두었다면 프란치스칸 운동은 존재, 사람, 곧 모든 것이 중요하고 모든 것이 필요하다는 데 기반을 두었다. 코뮌이 물질의 축적과 소유를 목표로 삼았다면 프란치스코 운동은 물질은 하느님의 것이기 때문에 우리가 그것을 재화라고 부를 수 있다고 말하며 공유하기로 했다. 코뮌이 배제를 낳았다면 프란치스코 운동은 아래로부터, 가장 작은 것부터, 진짜 작은 것부터 시작하여 통합을 발전시켰다."[23]

4) 복음 정신에 따른 경제생활

프란치스칸 운동은 다른 사회, 다른 사회 조직을 제안하였다. 이 운동의 목표는 모든 사람이 먹고살며 행복할 수 있는 더 공정하고 더 나은 세상, 하느님의 세상으로 변화시키는 것이었다. 모든 시스템이 경제에 의존하기 때문에 프란치스코의 대안은 경제, 곧 복음주의 경제도 발전시켰다. 불공정한 관행에서 공평한 사회를 기대할 수는 없다. 초기 프란치스칸 형제들은 복음 정신으로 섬김을 위한 경제를 추구하였다. 그들은 공동선, 형제애, 무상 증여와 같은 개념과 범주를 개발함으로써 공정한 거래와 분배, 돈의 정당한 사용 등 구체적인 변화를 일으켰다.

---

23 J. F. GODET-CALOGERAS, 같은 글, 432쪽.

한편 일을 하느님의 은총으로 받아들이면서 사랑의 섬김과 사회적 연대의 계기로 삼았다. 그들은 전유(專有), 축적, 자본주의 경제와 달리 봉사로서의 노동을 추구하였다. 그들은 일의 목적이 봉사요 사랑일 때는 늘 모두에게 충분한 일을 주며, 하느님의 선이 모든 사람 안에서 이루어짐을 통찰하였고 통찰한 바를 실행하였다. 그뿐만 아니라 수도규칙은 "봉사하는 집에서 주관하지 않고, 모든 이들보다 더 낮은 사람이 되고 아랫사람이 되어야 한다."(비인준 규칙 7,1-2)고 한다. 곧 작은 형제들에게 있어 일은 생계유지나 주어진 사목활동이 아니라 오히려 사회적 연대를 이루는 계기였다. 이렇듯 초기 형제들은 복음을 형제적 삶의 원천으로 삼고, 자유와 평등 안에서 연대하고 나눔으로써 경제생활에서도 '프란치스칸 새로움'의 길을 실현해 갔다.

3. 새로운 생활양식

프란치스코의 복음적, 영적 전망은 사고방식의 변화, 곧 사회, 정치, 경제를 이해하는 새로운 방식을 선호했다. 작은 형제들은 사람들 사이에서 일하면서 사람들의 원의, 일, 일상의 관심사를 나누면서 사목활동을 공동선의 실현과 결합했다. 그들은 "현세의 모든 것은 기도와 헌신의 정신에 이바지해야 한다."(인준 규칙 5,2)라는 지침대로 '일하며 기도하고, 기도하면서 일하라'를 신조로 삼았다. 그들은 수도규칙에 표현된 새로운 복음적 생활양식을 통해 계급 분열과 차별을 단호하게 부인하고 비판하였다.

작은 형제들의 수도규칙과 생활은 시작도 마침도 "우리 주 예수 그리스도의 거룩한 복음을 실행하는 것"(인준 규칙 1,1; 12,4)이다. 프란치스코가 받아들여 추구한 '거룩한 복음의 양식'은 전통적인 수도승 운동이나 은수자 운동이 아닌 평신도 영성 운동들과 연결되는 특징이 있다. 프란치스코의 독창적인 '생활지침'(propositum)은 '생활' 자체를 내포하면서 프란치스칸 형제체를 견지하는 기초로서 본질에서 복음적이다. 프란치스코는 경쟁과 지배, 차별과 소외가 인간의 존엄을 훼손하는 사회 상황에서 형제애에 관한 복음 이상을 충만히 살려고 새로운 생활양식을 받아들였다.

복음적 생활은 11세기 말과 12세기부터 신앙생활의 강조점이 복음을 세상 안으로 끌어들이는 것으로 변하면서 발전하였다.[24] 이러한 변화는 급속도로 확산하였다. 복음으로 돌아간다는 것은 복음과 세상의 새로운 만남을 의미하였다. 새로운 복음의 추종자들은 복음적 가난, 손노동과 동냥 등의 실천을 통하여, 그리고 계명들을 글자 그대로 지키면서 하느님과 이웃을 사랑함으로써 그리스도와 사도들을 본받으려 했다. 중세기에 특히 발전된 복음적 생활은 일상의 체험 가운데서 하느님을 만나 볼 수 있게 되어 복음과 세속의 통합(영성의 세속화)으로 나아갔다. 이는 수도승 전통을 전적으로 거부하는 것을 의미하였다.

복음적 생활에 대한 새로운 자각으로 그리스도 인성(人性)이 강조되었고, 이는 평신도 영성의 탄생으로 이어졌다. 교부시대와 달리 12세기부터 중세 말까지는 그리스도의 인성, 특히 그분의 가난과 겸손

---

24 참조: Ilia Delio, 김정훈 역, '오늘날의 복음적 생활: 생태적 그리스도를 살아가기', 프란치스칸 삶과 사상 제50호(2020년 봄), 119-121쪽.

을 강조했다. 그리스도를 형제와 벗, 정배요 어머니와 동일시하여 그리스도와의 친밀한 개인적 관계를 맺으려 했다. 발도파와 후밀리아티 등 평신도 그룹은 그리스도를 따름에 있어 개인적인 접근을 중시한 결과 성직자의 권위를 무시하여 교회로부터 축출되었다. 특히 지방어로 하는 순회 설교 관행은 자신의 신앙과 이를 실천해 온 방식을 개인적으로 증명하려는 욕구에서 생겨났다. 이러한 새로운 복음적 생활의 활기찬 환경 안에서 복된 프란치스코가 나타났다.

프란치스코는 「아우구스티노 수도규칙」이나 「베네딕토 수도규칙」 등 다른 수도규칙에 따라 살 것을 거부하였다.[25] 수도승적 이상은 사회 안의 다른 삶의 양식들과 다른 열망들과 일치하며, 본질에서 농촌 배경에 적합한 정주(定住, stabilitas loci)를 특징으로 하는 것이었다.[26] 베네딕토 수도원 원장(Abbas)은 그들의 생계를 유지할 수 있게 해주는 땅과 토지와 밀접한 관계를 맺고 있었다. 왜냐하면 그것은 그들이 봉건 체제에 쉽게 자리를 잡을 수 있는 형태였으며, 봉건적 사회관계에 적합했기 때문이었다. 수도원장은 존경받는 인물이었고 영주가 되었다. 그는 영적인 직무와 함께 실질적으로 세속적인 권위도 발휘했다. 그는 자기 수도승들만이 아니라 수도원장의 땅에서 거주하며 일하는 모든 농촌 가정도 다스렸다. 훗날 전 지역으로 확장되어 간 이러한 다스림은 봉건적 형태를 취하고

---

25   참조: JACOBO DE VITRY, HISTORIA ORIENTALIS, 32,1; OPERA OMNIA, T. VIII, AD CLARAS AQUAS (QUARACCHI) 1898, 393쪽.
26   '정주'(STABILITAS)란 용어는 베네딕토 수도규칙에 다섯 번 나온다(4,78; 58,9.17; 60,9; 61,5). 그중 4장 78절은 정주의 종합이라 할 수 있다. 여기서 정주란 "같은 장소 곧 수도원이 필요하며, 그 안에서 항구하게 살아가는 자세가 요구되며 마지막으로 함께 사는 수도승들과 공동체와의 관계에서 성실함이 요구된다. 그러기에 정주는 장소적이고 시간적이며 사회적이라고 할 수 있다."(한국 베네딕토회 협의회 엮음, 베네딕토회, 코이노니아 선집 3-1, 왜관: 분도출판사, 2017, 103쪽)

있었다. 그것은 영주와 신하라는 위계적 관계를 다시금 생각나게 했다.

한편 아씨시의 프란치스코가 살고 있었던 사회는 주어진 재산에 얽매여 있지 않았다. 당시 사회는 더는 군주에 종속되어 있지 않은 자유민들 간의 연대적 상호 결속으로 이루어졌던 도시 사회, 상인들의 사회였다. 이러한 새로운 사회적 배경으로부터 프란치스코는 수도승 생활양식이 특정한 인간적, 복음적 가치들을 경계함을 자연스레 깨달았다. 하지만 복음은 그 시대의 새로운 사회적 열망에 조화를 이룰 것을 요청하였다. 복음과 역사의 이러한 만남으로부터 이제까지 시도된 적이 없었던 새로운 생활양식이 탄생하였다.[27] 이렇게 프란치스코는 '수도승적 생활'(vita monastica)이나 '사도적 생활'(vita apostolica) 양식과는 달리 당시 시대 상황에 매우 적절한 '복음적 생활'(vita evangelica)을 살기 시작하였다.

'수도승적 생활'에서는 수도공동체가 바치는 공식적인 기도가 으뜸 요소이므로 성체성사, 시간 전례, 공동 기도가 중요시된다. 이 생활은 질서, 일과, 규칙성, 계획성 등을 강조한다. 공동체 일원으로서 더불어 기도하고, 말씀을 듣고, 먹고, 잠자고, 여가를 선용하는 것 등이 중요시된다. 이들의 삶은 정주(定住)와 독거(獨居)를 통해 세상으로부터의 적절한 물러남, 고요와 평화를 특징으로 한다. 한편 '사도적 생활'은 초대 교회의 삶, 사도들과 함께하던 교회의 시작 때부터 형성되고, 또 그것을 모델로 하는 생활양식이다. 사도들은 수행해야 할 임무, 곧 구원의 기쁜 소식을 선포하고, 새로운 그리스도인들의 공동체를 설립하고 조직하는 임무를 부여받은 이들이다. 그들에게는 사명이 중요하고, 근본적이며,

---

27 참조: E. Leclerc, Francisco de Asís, El retorno al Evangelio, 74쪽.

교회는 사도들을 필요로 한다. 그들은 사도적 생활을 따라 생활해 왔고, 또 앞으로도 그러할 것이다. 물론 복음이 그들 삶의 지침이다. 그들은 복음을 선포하고, 복음적 공동체를 설립하고 조직해야 하는 이들이기 때문이다.

프란치스코가 추구하였던 '복음적 생활'(vita evangelica)은 앞의 두 생활양식과 전혀 다르다. "프란치스코 이전 신심 깊은 창설자 가운데 단 한 명도 복음에 근거를 둔 수도규칙의 준수를 명확히 추종자들에게 의무로 준 적이 없었다. 동방의 바실리오와 파코미오 그리고 서방의 서유럽과 아일랜드 수도자들도 그들의 제자들에게 이런 목표를 주지 않았다. 13세기 초에 널리 사용된 「베네딕토 수도규칙」과 「아우구스티노 수도규칙」은 어디에서도 수도회가 복음을 기초에 두고 있고, 각각의 수도자가 복음의 준수와 사도적 삶의 방식을 본받기 위하여 서원으로 묶여 있음을 언급하지 않는다."[28]

'거룩한 복음의 실행'(1,1)은 최초의 「프란치스코 수도규칙」의 신성한 출발점이었다. 거기에 규칙들을 끼워 넣은 목적은 형제들을 삶의 새로운 방식으로 이끌어 세상을 복음화하려는 것이었다. "프란치스코의 이상은 '복음을 따르고', '복음의 방식을 따르며', '복음의 완성을 따르는' 삶이다." 프란치스코의 바람은 자신과 형제들이 복음을 기초로 생활하는 것이었다. 그에게 그리스도교 생활의 실현은 그리스도의 발자취를 따라 성부께로 순례하는 역동적인 방식으로 이해되었다.[29] 복음은 이처

---

28 H. FELDER, THE IDEALS OF ST. FRANCIS OF ASSISI, 14쪽.
29 J. MICÓ, 'EL CARISMA DE FRANCISCO DE ASÍS', IN SELFRAN 75(1996), 395쪽; 참조: O. VAN

럼 추종의 잣대를 가리키는 규범적 표지가 된다. 프란치스코는 복음을 삶의 첫 자리와 중심에 두었다.

"복음을 따라" 생활하는 것은 그 당시 열심히 한 많은 그리스도교 신자와 복음적 청빈 운동을 하던 이들의 이상이었다.[30] 복음을 따르는 생활은, 노동하면서 먹을 것을 얻고 부족하면 동냥하여 먹는 가난한 생활로 표현되었다. 그리고 그러한 이상을 추구하는 이들은 검소한 옷을 입고 주어진 것으로 만족하였다. 이들은 하느님 나라의 확장을 위해 설교도 하였고, 이들 중에 순례 생활을 하는 이들도 많았다. 프란치스코의 삶은 복음 생활, 가난, 노동, 설교 등 여러 면에서 외적으로 그들과 닮은 점이 많았다. 그러나 내적으로 보면, 근본적으로 달랐다. 프란치스코는 복음을 이론적으로 추구한 것이 아니라 예수 그리스도의 삶, 곧 우리 주 예수 그리스도의 말씀과 행적을 철저히 따랐다. 복음적 청빈 운동을 하던 이들이 복음을 이론적으로 추구하였으나 실제로는 초대 교회 공동체의 이상을 따르는 수준에 머물렀던 것과 다른 점이었다. 그의 고유한 점은 복음을 실행했다는 점이 아니라 복음을 이해하고 실행하는 방식에 있었다. 그는 육화의 겸손 곧 하느님의 가난을 체험하고 철저한 가난을 통하여 복음을 실행하였다. 이는 수도규칙에서 규정하는 철저한 가난을 선택한 동기이기도 하였다(참조: 비인준 규칙 9장; 인준 규칙 6장). 가

ASSELDONK, 'LAS CARTAS DE SAN PEDRO EN LOS ESCRITOS DE SAN FRANCISCO', IN SELFRAN 25-26(1980), 112쪽 이하; M. STEINER, 'SEGUIR LAS HUELLAS DE LA HUMILDAD DE CRISTO', IN SELFRAN 20(1978), 193-209쪽.

30 12세기에 프레몽트레회(CANONICI REGOLARI PREMONSTRATENSI)와 그랑몽(GRANDMONT) 공동체에서는 수도규칙과 서약문에서 복음 준수의 약속에 대해 분명하게 언급했다.(참조: F. URIBE, LA REGLA DE SAN FRANCESCO DE ASÍS, PUBLICACIONES INSTITUTO TEOLÓGICO DE MURCIA OFM., TEXTOS 3, EDITORIAL ESPIGAS, 2006, 58쪽 각주 31.)

난과 겸손, 단순함은 그가 따르려 했던 예수님의 삶이었다. 또한 프란치스코는 교회에 대한 태도에서도 그들과 달랐다. 그는 그리스도 친히 사도들을 기초 삼아 교회를 세우셨으므로 교회를 통해서 확인되지 않는 삶이란 곧 그리스도로부터 인정받지 못한 삶이라 생각했다. 그는 교회 안에서 교회와 더불어 복음을 실행하려 했다.

'복음적 생활'은 아씨시 성 프란치스코의 특징적 생활양식이다. "복음적 생활은 예수 그리스도를 따르고, 그리스도를 세상에 살아 계시도록 만드는 데 중심을 두는 생활이다. (…) 이 생활의 중심점은 활동이나 기도가 아니라 사람이다. 복음적 생활은 하느님의 계시로서 사람에게 주의를 기울이는 것이다. 그러니 육화가 곧 생활이다."[31] '복음적 생활'의 모델은 사도행전에 나오는 사도들의 삶이 아니라 복음에서 예수님의 제자들이 일상에서 예수님과 함께한 삶이다. "프란치스코는 우선 교회의 봉사를 위해 어떤 종류의 외적인 활동을 생각하거나, 형제회의 첫째가는 원칙으로 어떤 종류의 덕행 성취도 염두에 두지 않았고 또한 어떤 종류의 '이상들'을 이루려는 의도도 없었다. 그는 오직 한 가지 삶, 곧 전능하신 하느님께서 계시하시고 교황이 승인한 삶인 복음의 생활양식을 사는 것을 목적으로 삼았다."[32] 프란치스코는 주님의 인격과 복음에 따라 살았고, 복음으로 세상과 인간을 바라보고 이해하며, 거기서 삶의 모든 답을 찾았다. 그는 복음을 근거로 하느님 아버지를 중심으로 모두가 평등한 형제가 되기를 바랐다. 그에게 있어 복음적 생활은 자유와 평등과 형제애로 나아가는 지름길이었다.

---

31 Ilia Delio, '오늘날의 복음적 생활: 생태적 그리스도를 살아가기', 118-119쪽.
32 K. Esser, La Orden Franciscana. Origenes e Ideales, 285-288쪽.

"프란치스칸 복음적 생활은 일이나 활동의 문제가 아니라 어떻게 타자와의 관계가 창조된 실재 안에서 하느님의 선이 빛나도록 할 것이냐 하는 것이다. 복음적 생활의 중심은 말씀이 사람이 되심 안에서 하느님의 겸손이 드러난 육화이다."[33] 복음적 생활은 모든 이에게 길이요, 진리요, 생명이신 그리스도를 보여 주는 것이다. 프란치스코는 그리스도가 실천하신 가난과 복음을 실행하고자(observare) 했다. 프란치스코는 모든 이에게 복음의 인간, 하느님 말씀의 사람으로 되어간다는 전망을 가져다준 '복음의 인간'(homo evangelicus)이었다.[34] 디치(Dino Dizzi)가 잘 설명했듯이 프란치스코의 복음적 삶은 복음에 따른 삶, 복음의 생활, 예수 그리스도의 삶이라는 세 가지 근본적이고 상호 보완적인 의미를 함축한다.[35] 복음적 생활이란 '복음에서 영감을 받아 예수 그리스도의 복음을 따르는 삶'이요, 그 결과이자 그것을 보완하는 '복음의 생활'이기도 하다. 그뿐만 아니라 형제들의 삶은 복음에 따른 삶이며 복음의 삶이므로 그 안에 예수 그리스도가 살아 계시는 예수 그리스도의 삶이다.

프란치스코는 "이 세상에서 '순례자나 나그네처럼'(tanquam peregrini et advenae) 가난과 겸손 안에서 주님을 섬기"라고 권고한다(인준 규칙 6,2).[36] 이것이 바로 프란치스칸 은사의 핵심이다. 그는 늘 불안정과 불확실성 가운데서 '순례자'와 '나그네'로서 세상을 다니는 것이야말로 복음적 가난을 실천하기에 가장 적합한 것으로 이해하였다. 그는 자신의 형제들

---

33 Ilia Delio, '오늘날의 복음적 생활: 생태적 그리스도를 살아가기', 160쪽.
34 참조: Johannes B. Freyer, 김일득·권웅용 옮김, 프란치스칸 인간학, 프란치스칸사상연구소 학술발표 모음 9, 2018, 25쪽.
35 참조: Dino Dizzi, 'La Regola per la vita', in AA.VV., La regola di frate Francesco. P. Maranesi, F. Accrocca(a cura di), Eredità e Sfida, Padova 2012, 218-225쪽.
36 참조: J. Micó, 'El Carisma de Francisco de Asís', in SelFran n.80(1998), 214쪽.

과 함께 형제체를 이루도록 불렸기에 자신의 삶이 '세상 안에서' 그리고 '사람들 사이에서' 실현되어야 함을 알고 있었다. 세상을 다닌다는 것은 주님을 선포하고, 복음을 증거하는 것을 의미한다. 수도원 안에 정주(定住)하지 않는 작은 형제들은 사랑 때문에 복음을 안고 세상을 순례한다. 따라서 세상 안에서 그들이 보이는 태도는 곧 복음 선포와 긴밀한 관계를 갖기에 매우 중요하다.

이상에서 살펴본 것처럼 프란치스코는 복음적 생활양식을 통해 세상을 바라보는 시각, 관계를 맺는 방식과 태도, 공동선의 추구, 생명에 대한 해석, 하느님을 체험하는 참신하고 독창적인 길을 보여 주었다. "그것은 삶, 아니 생활 전반이 파괴의 수순을 밟고 있는 현대인들에게 엄청난 귀감이 될 수 있을 뿐 아니라 올바른 삶을 위한 생철학으로 새롭게 자리매김할 수 있는 것이다."[37]

4. 프란치스코 수도규칙의 새로움

프란치스코의 수도규칙은 13세기 교회에서 가장 중요하고 높이 평가받는 수도규칙이며, 제4차 라테라노 공의회 이전에 교회가 공인한 4대 수도규칙의 하나다. '수도승 생활양식'은 평수도자들을 중심으로 정주 생활을 통한 초대 교회 공동체의 이상을 실현하려는 이상을 갖고 있었다. 「아우구스티노 수도규칙」은 의전사제들이 초대 교회의 공동체

37　김현태, 성 프란치스코와 프란치스칸 학파의 인간학, 프란치스코출판사, 2015, 25. 27쪽.

적 이상을 그 모델로 삼아 가난과 공동생활을 영위하고, 다양한 활동을 통해 하늘나라를 건설하도록 안내하였다. 이와는 달리 「프란치스코 수도규칙」은 성직자, 수도자, 평신도를 포함한 하느님 백성 모두가 주체가 되어 예수님과 사도들의 '복음적 삶'을 살도록 해주었다. 이는 코뮌(Comune)의 발달로 새롭게 형성된 상공업사회에 적합한 순례자의 생활양식으로서 복음을 철저히 사는 데 초점을 두었다. 복음을 기초로 복음을 삶의 목표로 삼은 수도규칙은 그 이전에 없었다. 그의 수도규칙은 '규칙 생활'을 위해 만들어진 것이 아니라 주님 친히 프란치스코에게 계시해주신 '복음적 생활양식'(유언 14절 참조)을 구체화한 것이다.

「프란치스코 수도규칙」은 작은형제회의 수도규칙이기 전에 사도적 수도회 제도의 제도적 규칙이며, 프란치스코 수도규칙에 의해 제도화된 '사도적 수도회'는 1215년 제4차 라테란 공의회에서 공식화되었다.[38] 그러나 이 수도규칙은 「베네딕토 수도규칙」을 거의 다 받아들인 13세기 초의 후밀리아티 규칙이나 「아우구스티노 수도규칙」을 받아들인 설교자들의 회나 마리아의 종들의 회와는 전혀 다른 과정을 겪었다. "프란치스코의 수도규칙들은 아래에서, 삶에서, 경험에서 발현된 것이며, 훗날 법률이라는 옷을 입게 되었다."[39] 프란치스코는 초기에 수도승적 삶과 규범을 적용하여 살다가 다른 생활양식을 취한 것이 절대 아니다. 「프란치스코 수도규칙」은 시초부터 수도승 생활을 포함한 그때까지의

---

38 참조: M. Conti, Il codice di comunione dei Frati Minori. Introduzione e commento alla Regola, Roma 1999, 9쪽; A. Boni, La novitas franciscana nel suo essere e nel suo divenire(cc. 578/631), 612쪽.
39 S. Ceccobao, 황정민 옮김, '수도규칙: 프란치스칸 여정의 정체성', 프란치스칸 삶과 사상 제55호(2023년 봄), 29쪽.

다른 생활양식들과 전혀 다른 '복음적 생활양식'(vita evangelica)을 공적으로 인정한 중요한 문서이다. 이는 봉건사회의 정주성(定住性, stabilitas)에 기초한 수도승 생활과는 달리 상업과 도시의 발달에 따른 이동성(移動性, mobilitas)에 바탕을 둔 복음적 생활양식이다.

이러한 근본적인 차이점으로부터 '순례자요 나그네로서 세상을 돌아다니는' 고유한 삶의 특징이 생활양식 전체에 걸쳐 나타나고 있다. 이 수도규칙은 순종, 가난, 정결의 세 복음적 권고와 더불어 교회 역사상 최초로 교황에 대한 순종을 명문화했다. 또 교회 역사상 최초로 설교와 해외 선교에 관해 규정하였다. 중세는 수직적인 위계질서가 뚜렷하고, 제도와 규범이 신앙생활에 큰 영향을 미치던 때였다. 그런 상황에서 「프란치스코 수도규칙」이 가난과 작음, 평등성, 형제애, 복음적 자유, 고유한 인격의 존중 등을 생활양식으로 제시했다는 것은 매우 놀라운 일이다.

「프란치스코 수도규칙」의 다음과 같은 혁신 요소들은 교회 보편법에 들어가게 되었다.[40]
먼저 교회의 법질서에서 사도적 생활을 하는 수도사제들과 평수사들도 설교할 수 있는 권리와 의무를 갖게 되었다. 다음으로, 사도적 생활을 하는 형제회의 총봉사자가 소속 회원이 성직자이든 평형제이든 관계없이 온 세상에 가서 설교하도록 "설교직에 임명"(missio canonica ad praedicandum)할 수 있게 되었다. 이때 수도자의 설교에 대한 평가에 따라

---

40 A. BONI, LA NOVITAS FRANCISCANA NEL SUO ESSERE E NEL SUO DIVENIRE(CC. 578/631), PONTIFICIUM ATHENAEUM ANTONIANUM, ROMA, 1998, 253쪽.

수도자들의 설교를 받아들이거나 거부할 교구장 주교의 권리는 결정적이지 않다. 셋째로, 교구의 지역 경계를 벗어나 중앙집권적 통치의 사도적 형제체로 생활할 수 있게 되었다. 넷째로, 개인적으로나 공동으로 어떤 명목으로든지 재물을 자기 것으로 삼지 않으면서 순례자와 나그네로 이 세상을 살아가는 사도적 남성 형제체 생활의 가능성이 교회의 법질서 안에 받아들여지게 되었다. 다섯째로, 로마 교황에게 직속되면서 사도적 생활을 하는 수도사제들과 사도적 평수사들이 사도적 형제체의 통치에 동등한 권리와 의무를 갖고 살아갈 가능성이 교회의 법질서 안에 받아들여지게 되었다. 여섯째로, 탁발수도자들이 성품을 받을 수 있게 되었다. 이러한 혁신으로 교회는 빵조각을 동냥하는 사제들을 보는 모욕을 받아들였다. 이는 그 시대에 전례가 없는 일이었다. 끝으로 로마 주교의 사제단에 속할 필요가 있게 됨으로써 어떤 교구장 주교에게도 속하지 않은 사도적 생활을 하는 성직자를 인정하게 되었다. 이 또한 신학적으로 전례가 없는 일이었다.

이상에서 살펴본 바와 같이 '프란치스칸 새로움'(Novitas Franciscana)은 프란치스칸 운동의 시초부터 고유함과 독창성을 드러내었다. "'프란치스칸 새로움'의 영적 가치는 성 프란치스코가 그리스도의 신성(神性)과 인성(人性)을 만난 데서 비롯된다. 이 만남은 프란치스코가 그리스도의 삶 안으로 들어가고 그리스도가 프란치스코의 삶 안으로 들어오는, 매우 인격화된 배우자 동맹 협약으로 표현되었다."[41] 겸손과 가난, 십자가에 못 박히신 그리스도의 삶을 따르고자 하는 프란치스코의 열망은 '프란치스칸 새로움'의 영적 차원을 구성하는 가장 중요한 기준이 된다. 그

---

41 A. BONI, LA NOVITAS FRANCISCANA NEL SUO ESSERE E NEL SUO DIVENIRE(CC. 578/631), 165쪽.

러나 '프란치스칸 새로움'의 영적 가치에도 불구하고 '혁신'이 너무 많았기 때문에 '수도회'로 제도화하는 과정에서 충분히 이해되지 못했고, 프란치스코와 합류한 동료들 사이에서도 만장일치의 지향은 없었다. 형제들의 '프란치스칸 새로움'의 혁신적인 역동성에 대한 이해 부족은 나중에 수도회 내에서 발아한 제도적 확산에서 표현되었다.[42] 그러한 변화는 종종 초기의 새로움을 상실하거나 변질시키는 결과를 초래하고 형제들 사이의 갈등 요인이 되기도 하였다.

---

[42] 참조: A. BONI, LA NOVITAS FRANCISCANA NEL SUO ESSERE E NEL SUO DIVENIRE(CC. 578/631), 612쪽.

II. 프란치스코 수도규칙과 이전 수도규칙들과의 비교

이제 이전 수도규칙들과의 비교를 통하여 「프란치스코 수도규칙」의 새로움과 고유한 특성을 좀 더 상세히 고찰해 보도록 하겠다. 유의할 것은 여기서 「베네딕토 수도규칙」은 비교의 기준점이나 중요한 대조점이 될 수 없다는 사실이다. 왜냐하면 「베네딕토 수도규칙」은 서방 수도 생활에 적지 않은 영향을 미친 것이 사실이지만, 그것은 수도 생활 역사에서 제3세대 또는 4세대에 속하는 수도규칙이며, 「프란치스코 수도규칙」에 영향을 준 점도 거의 없기 때문이다. 「베네딕토 수도규칙」은 중용과 조화를 추구했다는 점에서 정당한 평가를 받아야 하지만, 독창적인 새로운 수도규칙이 아니라 파코미오 수도규칙, 바실리오 수도규칙, 아우구스티노 수도규칙, 요한 카시아노의 담화집과 제도집, 스승의 규칙서 등 이전의 수도승 규칙들과 문헌들의 지대한 영향 아래 있음을 상기할 필요가 있다.[43] 여기서는 이전의 여러 수도규칙과의 비교

---

43 참조: 후대의 수도 생활 규범과 교회법에 영향을 주었다고 언급되는 베네딕토 규칙의 여러 규범도 대부분 이전 문헌들에 있던 것들이다. 예컨대, 장상(파코미오 수도규칙, 네 교부의 규칙 5-8, 스승의 규칙서), 평의회(스승의 규칙서 2,41-47), 당가(파코미오 수도규칙 8), 십인장(스승의 규칙서 11장), 노동(네 교부의 규칙 10-12; 스승의 규칙서 50장 등), 침묵(교부들의 제2규칙 6. 15. 21; 스승의 규칙서 8-9장) 등. 권한 분담은 파코미오의 규칙서(8. 16-17), 계명과 법령집(5-6. 13)이 이미 규정한 것이다. 다수결 원칙은 로마 공화정의 민회에서 시행되던 것이 교회에 들어온 것이다. 수련장(카시아노 제도집 4,7-8), 1년의 수련기(스승의 규칙서 90,82; 카시아노 제도집 47 등), 착복식(카시아노 제도집 4,5-6), 수도서원(스승의 규칙서 58-59장, 90,79-83). 재입회(네 교부의 규칙 13, 스승의 규칙서 64장) 등 거의 모든 규범이 이전 규칙들에서 유래한다. 정주(定住) 생활방식도 이미 파코미오 수도규칙, 스승의 규칙서 등에서 유래한다.

를 통해 「프란치스코 수도규칙」의 새로움과 고유한 정신을 상세히 고찰해 보려고 한다.[44]

1. 수도회 명칭

「프란치스코 수도규칙」은 수도회 명칭에서도 이전의 수도규칙에서는 찾아볼 수 없는 새로움을 보여 준다. 자신의 수도회에 'fraternitas'라는 용어를 보존하고자 했던 프란치스코는 평신도 단체들과의 공통 기원을 드러내었다.[45] '우리는 아씨시 출신의 회개자들입니다.'(익명의 페루자 19)라는 표현을 통해 그 유사성이 확인되었다.[46] 초기에 형제들의 그룹은 자신들을 '회'(ordo)가 아니라 '형제체'(fraternitas)로 조직화하기 시작하였다. 그 조직화는 '수직적'이 아니라 '수평적'이었다. 이 형제체는 동등한 권리와 완전한 권리에 기초한 삶의 친교를 중시했고 어떠한 구별이나 차별이 없었다. '형제체'란 용어에는 프란치스코가 복음에 바탕을 두고 추구하고 선호하였던 형제회 조직과 형제 관계에서의 '수평적 지평'이 뚜렷이 나타나 있다. 'Fraternitas'는 그리스도교적 사랑의 전형인

44　베네딕토 수도규칙과 프란치스코의 글에 따른 수도 생활의 구조와 특이성에 관하여는 다음을 참조. F. URIBE ESCOBAR, STRUTTURE E SPECIFICITÀ DELLA VITA RELIGIOSA SECONDO LA REGOLA DI S. BENEDETTO E GLI OPUSCOLI DI S. FRANCESCO D'ASSISI, STUDIA ANTONIANA CURA PONTIFICII ATHENAEI ANTONIANI EDIT N.24, ROMA, 1979.
45　참조: I. RODRÍGUEZ HERRARA & A. ORTEGA CARMONA, LOS ESCRITOS DE SAN FRANCISCO DE ASÍS, 588쪽. 형제단(FRATERNITAS)이라는 용어는 4세기부터 수도승들의 회나 종교단체들에 적용되기 시작하였다. 그런데 13세기에 'FRATERNITAS'라는 용어는 수도자들의 그룹에 적용되었던 'ORDO'와 'RELIGIO'라는 용어와 달리 평신도들과 회개자들 종교단체들의 고유한 용어이다.
46　J. MICÓ, 'EL CARISMA DE FRANCISCO DE ASÍS', IN SELFRAN N.75(1996), 391쪽.

애정과 선의라는 차원이 아니라 삶의 차원에서 진정한 형제들로서 성취를 키워가는 복음적 형제체인 인격적이고 인격화된 실재를 뜻한다.[47]

'작은형제회'라는 명칭은 상류층 사람들(maiores)과 하층민들(minores) 사이에서 하층민들 편에 서려는 정치적 또는 사회적인 동기가 아니라 복음적 동기(마태 25,40; 루카 7,16 등)에서 겸손과 형제애라는 영적인 기초 위에 터 잡고 있음을 말해준다.[48] 중세에 살아야 할 주체와 삶의 내용을 공식적으로 언급하면서 수도규칙을 시작하는 것은 드문 일이었다. '작은형제회'(Ordo fratrum minorum)라는 수도회 명칭은 프란치스코의 원의에 따른 것으로서(1첼라노 38) 수도 생활 역사상 새로운 것이었다.

당시에는 수도자를 구분할 때 수도복의 색깔이나 수도회가 창설된 모원(母院)이 있는 곳의 지명, 또는 활동 등 외적인 것을 기준으로 삼았다. 이와 달리 프란치스코는 삶의 고유한 영성적 차원인 '작은'과 '형제'라는 내용을 수도회 이름으로 삼아 예수 그리스도의 가난과 겸손, 형제애가 회의 근본 소명임을 표현하였다(비인준 규칙 9,1 참조). 그에 의해 시작된 형제회는 '형제애'(fraternitas)에 바탕을 둔 가정적 형제체이며[49] '작은형제회'이다. '작은형제회'라는 명칭은 일종의 영성 프로그램의 성격을 표현한 것이다.[50] '작은 형제들'과 '작은형제회'라는 명칭은 형제들과 수도회의 정체성을 함축하는 말이다. 이는 프란치스코가 추구하고자

47　참조: T. Desbonnets, 'Dalla Fraternita all' Ordine', in AA.VV. Lettura delle Fonti franciscane, Temi di vita franciscana-La Fraternita, Roma 1983, 70쪽 이하.
48　F. Uribe, La Regla de San Francisco, 52쪽; K. Esser, La Orden Franciscana. Origenes e Ideales, 56-59쪽; 참조: 동방역사 32,3; 1첼라노 38; 토마스 첼라노가 쓴 성무일도용 전기 5항.
49　참조: 비인준 규칙 제9장; 인준 규칙 제6장; 2첼라노 148. 180; 은수처 규칙.
50　참조: J. Garrido, La forma de vida, Ayer y Hoy, colección Hermano Francisco n.15, Aranzazu 1985, 138쪽.

했던 이상과 삶의 본질의 총체라 할 수 있다. 그 두 축은 가난을 사는 태도로서의 작음과 형제애이다. 작음과 형제애는 인간과 세상에 대한 새로운 시각과 인본주의적 사고의 지평을 여는 근본 토대가 되었다. 프란치스코는 늘 더 작아지는 삶을 통해 고통 받는 동료 인간에게로 눈길을 돌려 타자를 존중하였다. 그 결과 신학을 참 인간학이 되도록 하였고, 사람들 안에 계시는 하느님의 아픔과 약함에 공감할 수 있었다. 그는 수직과 초월의 세계에 계신다고 믿었던 하느님을 사람들 안에서 생생하게 보고 만났다. 그는 스스로 낮아지고 아낌없이 내어줌으로써 모든 피조물을 동등한 형제로 맞아들였다.

2. 수도회에 받아들임

'프란치스칸 새로움'은 형제들이 이 생활을 받아들이는 데에서도 뚜렷이 드러났다. "'프란치스칸 새로움'은 무엇보다도 하느님이신 그리스도와 인격적으로 맺은 우정의 계약이라는 제도적 정체성을 수도 서약에서 회복하는 데서 표현된다. 미래의 작은형제회 형제들은 수도회에 입회하기 전부터 그리스도와 맺은 이 우정의 계약을 깨닫고, 모든 가족 재산을 팔아 그 매각 대금을 수도회가 아닌 가난한 이들에게 나누어 줌으로써 이 계약을 복음적으로 분명히 한다(인준 규칙 2장)."[51]

'수도승 규칙'들은 수도 생활을 원하는 이들을 받아들이는 것을 '합류하다'(aggregare, 파코미오 계명집 49; 동방규칙 27)나 '입회'(ingressus, 파코미오 규칙 머리

51　A. BONI, LA NOVITAS FRANCISCANA NEL SUO ESSERE E NEL SUO DIVENIRE(CC 578/631), PONTIFICIUM ATHENAEUM ANTONIANUM, ROMA, 1998, 612쪽.

말 3; 아우구스티노 규칙 1,4; 베네딕토 규칙 제58장)라고 한다. 이러한 표현은 이 생활을 하려는 사람 쪽에서의 선택을 수도 생활의 시작점에 두고, 이어지는 절차에서 부르심을 식별하는 여러 단계를 거쳐 수도원에 입회할 수 있음을 말해준다.[52]

그런데 「프란치스코 수도규칙」은 "이 생활을 받아들이려고"(hanc vitam accipere)로 표현한다. 수도원이나 수도회라는 공동체에 들어가는 것과 지망자가 형제체에서의 삶과 살아야 할 삶을 받아들이는 것은 본질에서 큰 차이가 있다. 나아가 프란치스코는 이전 수도승 규칙들에서와는 달리 수도 생활을 시작하려는 이의 선택에 앞선 하느님의 부르심을 강조한다. 「인준받은 수도규칙」은 "누가 이 생활을 받아들이려고 우리 형제들을 찾아오는 것"(2,1)을 근원적인 하느님의 부르심으로 본다. 왜냐하면 복음적이고 가톨릭적인 이 생활에 대한 갈망을 불러일으켜 주시는 분은 하느님이시기 때문이다. 「인준받지 않은 수도규칙」에서 말하는 '하느님의 영감을 받아'(2,1 divina ispiratione)라는 표현은 형제들을 받아들임에 대한 프란치스코의 관점을 잘 말해준다. 곧 프란치스코는 이 생활을 하고자 하는 자를 받아들일 주도권이 하느님께 있음을 분명히 한다. 어떤 사람이 하느님의 영감을 받아 온 것이 사실이라면, 하느님의 부르심에 따라 하느님을 품고 찾아오는 것이기에, 그를 하느님의 선물이자 하느님의 현존을 알아차리도록 도와주는 도구로서 친절하게 받아

---

52   참조: 「파코미오 규칙」: 입회 전 시험을 거쳐 부모와 재산을 포기한 다음 교육하고 입회하여 착복하고 자리를 배정받음. 요한 카시아노 「제도집」: 푸대접, 인내와 겸손을 통한 시험을 거쳐 입회하여 재산을 양도하고, 두 달간 객실 생활을 함. 「스승의 규칙서」: 어려움을 미리 말해주고, 규칙서를 읽어준 다음 입회한 뒤 재산을 양도하고 두 달간 객실 생활 후 약속함. 「베네딕토 수도규칙」: 푸대접을 통한 시험을 거쳐 입회한 뒤 두 달간 객실 생활을 하고 규칙서를 읽어준 다음 약속하고, 6-4개월의 수련기를 보내고 약속함.

들이라고 하는 것이다. 주목할 것은 프란치스코가 형제들을 받아들일 때 사회적, 문화적, 교회적 조건에 따른 계층 의식을 철저히 거부했다는 점이다. 그는 복음으로부터 영감을 받아 전 생애에 걸쳐 형제들을 받아들임에서 그 어떠한 차별도 없이 누구나 받아들였다.[53] 하느님의 영감을 받아 누가 이 생활을 받아들이려고 우리 형제들을 찾아오면 모두 받아들였다.[54]

「바실리오 수도규칙」은 지원자의 지망 전 생활과 입회 동기를 시험하고, 참으로 겸손하며 하느님의 일을 열망하는지 살펴보라고 하며, 입회 예식을 언급하지 않고 파기되어서는 안 되는 서원에 대해 규정한다(6-7). 「아우구스티노 수도규칙」에는 후보자를 받아들임에 관한 규정이 없고, 질서 있는 공동생활을 보장하기 위해 재산을 공유하는 것으로부터 삶을 시작하도록 한다.[55] 「스승의 규칙서」는 입회를 쉽게 허락하지 않는다. 「베네딕토 수도규칙」(58장)은 파코미오 「계명집」 49항과 「스승의 규칙서」의 기본 노선을 따르며, 수도원 문간에서 푸대접하여 시험하는 것은 요한 카시아노의 「제도집」을 따른다. 물론 수련장과 수련실을 따로 둔 것은 새로운 점이며(58,3-6 참조), 「스승의 규칙서」의 긴 훈시와 세상과 수도원 사이의 이원론적 표현을 삭제하였다.

아무튼 「베네딕토 수도규칙」은 이 모든 것을 참조하여 지망자의 입

---

53 「파코미오 수도규칙」은 "입회할 뜻을 품고 수도원 문간에 찾아오면"(계명집 49항)이라 하는데, 이는 "하느님의 영감"보다는 자기 뜻에 초점을 둔 것이다.
54 비인준 규칙 2,1; 인준 규칙 2,1; 유언 16.
55 참조: 아우구스티노 수도규칙 I,4: "세속에서 재산을 갖고 있던 자는 수도원에 입회할 때 그 재산을 공동 소유할 것을 기꺼이 원해야 한다."

회에 관하여 구체적으로 규정한다. 곧 "누가 수도 생활을 하고자 처음으로 찾아오면 그에게 쉽게 입회를 허락하지 말고 사도께서 말씀하신 바와 같이 '그의 정신이 하느님한테서 왔는지 시험해 볼 것이다.' 그러므로 만일 그 찾아온 사람이 항구하게 문을 두드리고 자기가 당하는 푸대접과 입회의 어려움을 4~5일까지 참아 견디며 청원이 꾸준해 보이거든 그에게 입회를 허락하고 며칠 동안 객실에 있게 할 것이다. 그 후에 수련자들의 방에 있게 하여 거기서 공부하고 먹고 잠자게 할 것이다. 그리고 영혼들을 얻기에 합당한 노숙한 형제를 그들에게 보내어 온갖 주의를 다하여 그들을 돌보게 할 것이다. 그리고 그는 수련자가 참으로 하느님을 찾는지, 하느님의 일과 순명과 모욕을 참아 받는 데 열성을 다하는지 살필 것이다."(58,1-7)[56]

「베네딕토 수도규칙」은 입회할 때 인간 편에서 푸대접하면서 시험하고 식별하는 데 초점을 둔다. 그러나 「프란치스코 수도규칙」은 '가톨릭 신앙과 교회의 성사들'을 시험하되 지망자가 모든 것을 믿고 충실히 고백하며 끝날까지 굳게 지키기를 원하면 받아들이라고 한다(2,2-3). 곧 인간적 기준이나 인간이 부여하는 어려움을 통한 식별이 아니라 하느님께 대한 믿음과 당사자의 원의를 중시한다. 프란치스코는 지망자를 일단 친절하게 맞이하고, 시험을 거치고 나서 가진 재산을 다 팔아 가난한 이들에게 나누어 준 다음 이 생활에 받아들이라고 한다(비인준 규칙 2,1-12; 인준 규칙 2,1-11). 이와는 달리 「베네딕토 수도규칙」은 지망자를 친

---

56 이에 앞서 파코미오도 비슷한 요청을 했었다. "누가 세속을 떠나 형제들의 공동체에 입회할 뜻을 품고 수도원 문간에 찾아오면, (...) 그는 며칠간 수도원 정문의 문간에 머물러 있어야 하며, 그동안 그에게 주님의 기도문과 그가 배울 수 있는 만큼의 시편들을 가르치고, 그를 주의 깊게 시험해 볼 것이다."(계명집 49)

절하게 맞이하기보다는 시험과 준비에 더 초점을 두고 있다(58,1-14). 곧 「베네딕토 수도규칙」이 끝부분에서 입회하려는 이를 '온갖 주의를 다하여 돌보고, 열성을 다하여 살피는 것'을, 「프란치스코 수도규칙」은 거꾸로 첫머리에 배치하고 훨씬 더 긍정적인 방식으로 접근한다.[57] 프란치스코는 지망자가 "이 생활을 기꺼이 받아들일 것"을 강조하며, 또한 지망자를 "친절하게 맞이할 것"(비인준 규칙 2,1)을 규정한다. 맨 먼저 지망자를 하느님의 선물로 받아들이는 것은 형제들 자신이지만, 받아들이는 권한은 관구봉사자에게 있다(비인준 규칙 2,2-3; 인준 규칙 2,1).

"누가 이 생활을 받아들이려고"라는 구절을 보면, 형제회에 대한 프란치스코의 생각을 알 수 있다. 곧 형제회는 조직적인 단체나 장소의 개념이 아니라 형제들이 서로의 인격을 존중하며 평등하게 사는 형제체(fraternitas)이다. 공동생활 형태의 수도승 생활에서는 정주 생활을 하는 봉쇄된 장소 중심으로서의 수도승원(Monasterium)이 중요하다. 탁발수도회에서는 '콘벤투스'(Conventus)라 부르기도 했으나 이 명칭은 프란치스코의 글에서 형제들의 거처로서 단 한 번도 언급되지 않았다. 이는 형제회 초기에도 사용하지 않던 것으로 후대에 형제회가 조직화, 대수도원화하면서 사용되기 시작하였다.[58]

한편 수도승들은 입회할 때 재산을 가난한 이들에게 나눠주든가 수도원에 맡겼다(베네딕토 규칙 58,24). 그 결과 수도회에 많은 재산을 맡긴 사

57　참조: L. LEHMANN, 'UN PERCORSO DI INIZIAZIONE', IN AA.VV., LA REGOLA DI FRATE FRANCESCO. P. MARANESI, F. ACCROCCA(A CURA DI), EREDITÀ E SFIDA, PADOVA 2012, 241쪽.
58　이에 관하여는 필자의 글, '수도원' 항목 참조(한국교회사연구소편, 한국가톨릭대사전 제8권, 5076-5082쪽).

람들의 교만한 태도가 드러나고,[59] 퇴회하게 되는 경우 재산을 되돌려 주어야 하는 문제 등 여러 문제가 발생하였다. 따라서 결국 이러한 방식은 금지되었다. 「아우구스티노 수도규칙」의 경우 "세속에서 재산을 가진 자는 수도원에 입회할 때 그 재산을 공동소유로 할 것을 기꺼이 원해야 한다."(I,4)라고 규정한다. 「네 교부의 규칙」(VII,29-34), 「스승의 규칙서」(87,1-24)와 「베네딕토 수도규칙」(58,24-25)은 입회할 때 본인이 가난한 사람들에게 재산을 주든가 수도원에 바치든가 선택하도록 하였다. 한편 도미니코 수도회 「관습서」(Liber consuetudinum)도 이와 비슷하게 "수련자들은 서약 전에 채무에 관여하지 않도록 할 것이며, 그 밖의 것들을 완전히 원장의 발 앞에 놓을 것이다."라고 규정한다.

이 점에서 프란치스칸과 비슷한 이전의 수도승 입법은 아마 7세기 중반의 성 프룩투오소(Fructuosus)의 「공통 수도규칙」(Regula Communis)이다. 그에 따르면, 그리스도의 가난한 이들 외에는 아무에게도 그리고 교회 자체에도 더는 재산을 남겨두어서는 안 된다.[60] 프란치스코는 「베네딕토 수도규칙」에서 규정하는 "법적 증서를 작성하여 수도원에 기증"(58,24)하는 경우는 아예 상정하지 않는다. 이는 '복음적 생활양식'을 살아가는 프란치스코에게 매우 중요한 점이었다. 곧 그는 지망자가 수도회에 재산을 기증함으로써 수도회와 그 사람 사이가 재물로 이어지는 것 자체를 거부함으로써 개인 차원에서뿐만 아니라 공동체 차원에서도 복음적 가난을 철저히 살려고 한 것이었다. 재산 포기와 관련하여 프란

---

59 「아우구스티노 수도규칙」은 "자기 재산의 일부를 공동체의 생활을 위해 기증했다고 해서 교만해서는 안 되며, 세속에 남아 재산을 향유하며 살았을 경우보다 그 재산을 수도원에 기부했기 때문에 더 교만해지는 일이 없어야 한다."(I,7)라고 규정한다.
60 참조: F. URIBE, LA REGLA DE SAN FRANCISCO, 95-96쪽.

치스코의 관심은 형제들의 가난 생활을 보호하고, 소유하려는 욕망에서 벗어나 다른 이들과 연대하고 사랑을 실천하는 데 있었다.

나아가 형제들을 받아들임은 사회적 차원에서 중요한 의미를 지닌다. 곧 복음을 실행하는 삶을 살려고 모인 다양한 계층과 신분의 형제들을 일치시킨 목적은 사회적 목적이 아니었다. 프란치스칸 형제단의 최초 목적은 출신이 매우 다른 사람들 사이에 사랑의 유대를 확립하는 것이었다. 다양한 계층과 신분의 사람들이 이루는 사랑의 유대는 사회적 투쟁 때문에 10년 이상 분리되어 있던 도시를 화해 수준에서 사랑의 수준으로 진전시키는 역할도 하였다.[61]

3. 복장

작은 형제들은 복음(마태 10,9; 마르 6,8 참조) 정신을 따르고 그 당시 회개자들의 복장을 택하였다. 새로운 형제들의 수도복은 제자들에게 주어진 복음의 지침과 완전히 일치한 형태를 띠었다.[62] 평이하고도 단순한 그 수도복은 처음에는 다른 가난한 이들의 의복과 거의 같았으나, 얼마 가지 않아 작은 형제들의 "구별 표지"가 되었다. 형제회 초기부터 형제들은 특정 복장에 의해 외부에 알려졌고, 이를 통해 공통 소명을 받았음을 사람들에게 증명하였다. 교황 호노리오 3세의 칙서에 따르면, 수도복은 작은 형제들의 특수한 표지이고, 형제들은 언제나 어디서나 항상

---

61 참조: T. Desbonnets, Dalla Intuizione alla Istituzione, 32-33쪽.
62 참조: K. Esser, La Orden Franciscana. Origenes e Ideales, 159-171쪽.

그들의 수도복을 입어야 했다.⁶³ 거친 수도복과 띠를 받고 맨발이 된다는 것은 새로운 공동체에 받아들여졌다는 외적 표지이다. 이 공통된 수도복 안에서 세상 안에 넓게 퍼진 형제들이 함께하면서 하나 되는 새로운 형제체 일치의 강력한 유대를 볼 수 있다. 형제회 초기부터 수도복은 매우 중요시되었고, 형제들 일치의 끈이 되었음이 분명하다(비인준 규칙 13장 참조). 시련기가 도입된 후 수련자들은 그들이 형제회에 입회함으로써 세상과 결별했다는 것뿐만 아니라 이 새로운 생활양식에 따른 과도기를 잘 보내도록 형제들과 구별되는 복장을 받았다.

나아가 프란치스코가 자신을 위해 선택한 복장은 분명히 그의 복음적 계획에 따라 만들어진 '자신의 물건'이면서 동시에 농민이나 가난한 사람들의 물건과 비슷한 '다른 사람들의 물건'이었다. 그렇지 않고는 그가 망토, 두건, 심지어 투니카를 가난한 사람에게 그렇게 여러 번 줄 수 있었던 방법을 설명할 길이 없다.⁶⁴ 작은 형제들이 입은 옷은 다른 사람에게도 유용했다. 프란치스코는 의복을 통해서도 세상 사람들과 연대하며 사회적 우애를 살았다. 이전의 수도승 규칙들에 비해 「프란치스코 수도규칙」은 가난한 이들의 복장을 선택했고 복장의 수수함에 관하여 매우 간략히 규정한다. 이는 가난한 이들과의 연대와 가난의 증거 차원을 더 염두에 두었음을 말해준다.⁶⁵ 사실 수도규칙에 제시된 복장

---

63 Ex parte vestra (1226.3.17), in BF., I, 26쪽.
64 성 프란치스코의 유품 중 수도복(투니카)이 가장 많다. 수도복 유품은 아씨시 성 프란치스코 대성당, 성녀 글라라 대성당, 코르토나의 성 프란치스코 성당, 라 베르나 성당, 피렌체 산타 크로체 성당 등에 보존되어 있다.
65 예컨대 카시아노의 「제도집」(Institutiones) 첫 권은 모두 '수도승 의복'(De habitu monachorum)에 관하여 할애한다. 또 「베네딕토 수도규칙」 55장은 '형제들의 의복과 신발에 대하여'라는 제목으로 수도승 의복을 상세히 다룬다.

형식은 성인이 자기 삶을 확정적으로 방향 지웠던 파견에 관한 복음적 권고들의 해석이었음을 상기할 필요가 있다(1첼라노 21; 세 동료 25 참조).

형제들의 몸에 걸치는 옷이나 신발은 "수도규칙대로 우리가 서약한 가난에 맞는"(유언 14,24) 것이어야 한다. 형제들의 복장은 세상 사람들이나 다른 성직자나 수도자들보다도 더 검소하고 가난해야 한다. 형제들은 한 벌 옷으로 충분하지 않으나, 두 벌 옷을 원하지 않을 때 그 옷을 프란치스코가 여우 털을 대었듯이 굵은 천을 덧대어 꿰매 입을 수 있다. 여기서 프란치스코는 추위 때문에나 옷이 해어져 천 등을 덧대어 입는 소박한 옷차림을 강조한다. 결국 형제들의 복장은 가난하고 소박한 차림이어야 하는데, 그 기준은 획일적으로 정할 수는 없고 지역적인 여건에 따라 달랐을 것이 틀림없다. 프란치스코는 의복과 관련하여 "하느님의 뜻에 맞는다고 생각되면"(인준 규칙 2,10)과 "어쩔 수 없는 경우"(2,15), 이 두 표현에서 알 수 있듯이 신중함과 지혜로 의복을 달리 정할 수 있는 자유를 부여했다. 이러한 개방성과 자유는 이전의 수도승 규칙들에 비할 수 없을 만큼 유연하고 폭넓은 것이었다. 그 바탕에서 작은 형제들의 복장은 프란치스코의 뜻대로 복음의 해석이자, 표지가 되어야 할 것이다.

4. 일

「베네딕토 수도규칙」은 일에 관한 수도승 전통을 잘 말해준다.[66] 노

---

66 참조: 마이클 케이시, 채진영 옮김, '베네딕토 규칙서와 그 전통 안에서 본 육체노동',

동은 수도승 생활에서 특별한 위치를 차지하였다. 수도승에게 있어 가장 우선적인 일은 기도이며, 노동은 더 근본적인 기도에 도움이 되려는 것이다.[67] 원칙적으로 한가함은 영성 생활에 해로우니 피해야 하며, 노동과 독서가 균형 있게 배정되도록 주의를 기울여야 한다(48,1). 일을 선택하기 위한 주된 기준은 필요(48,3)와 순종(48,11)이다. 수도승들은 자신에게 맡겨진 다양한 일을 직접 했지만, 덕행의 모범이 되어야 했기에 일종의 고용된 노동자에 의해 이루어지는 것이 더 일상적이었다. 수도승들은 아주 힘든 노동에는 익숙하지 않았다. 일은 공동체의 유익을 위해 필요하며, 그 일을 하는 형제의 수도 정신에 해가 되지 않아야 한다고 생각했기에 자기가 선택하는 것이 아니라 주어졌다(7,40; 25,3; 31,15; 48,11 등). 그리고 노동은 기도와 덕행의 삶에 유익할 수 있을 때 비로소 의미가 있다고 보았다(7,63). 또한 노동은 공동체에서 연대감을 이루는 하나의 방법으로 여겨졌기에 혼자 일하는 벌을 받으면, 일보다는 공동체로부터 제외되는 것을 뜻했다(25,3).

베네딕토 성인 이후 변화된 환경에 따라 후대 수도승들의 노동에 있어 많은 변화가 일어났다.[68] 수도승들이 교육과 사목 그리고 선교 활동에 더 많이 관여하게 되고 육체노동에 종사하는 수도승 수는 적어졌다.

[원문: TJURUNGA, 78(2010), 38-63쪽], IN 한국베네딕토회 협의회 엮음, 수도생활, 코이노니아 선집 1-1, 들숨날숨, 2017, 70-78쪽; 수도승 규칙들은 다음과 같이 규정한다. "각 사람은 자기 일과 묵상에 전념하고 계속 주님을 생각할 것이다."(교부들의 제2규칙 2) "힘든 일을 싫어하지 말고, 한가함을 찾으려 하지도 말 것이다."(마카리우스 규칙 8항)

67 'ORA ET LABORA'는 성 베네딕토에게서 온 것이 아니다. 이는 19세기까지의 고전적인 수도원 자료들 어디에도 나오지 않으며, 1880년 보이론(BEURON) 수도원 아빠스 마우루스 볼터(MAURUS WOLTER)의 저서에서 처음 인용되었다. 이 문구는 보이론과 연결된 베네딕토 연합회들의 법적 본문에 포함되었고, 1899년에 이르러 규칙에 대한 사우터(SAUTER) 아빠스 주석에 인용되었다.(참조: 마이클 케이시, 앞의 글, 67-69쪽.)

68 참조: 마이클 케이시, '베네딕토 규칙서와 그 전통 안에서 본 육체노동', 83쪽.

수도승들은 사제로 서품되어 개인 미사를 집전하게 되면서 높은 사회적 지위를 얻게 되었다. 소수의 수도승만이 건축일과 생계와 수입을 위한 일에 종사하였다. 더 힘든 일은 주로 수도원 밖의 노동자들에게 맡겨지다가 결국에는 평수사들의 몫으로 돌아갔다.

프란치스코도 일의 수덕적, 금욕적인 가치를 부인하지는 않았다. 그러나 그는 일에 관하여 수도승적 삶에서보다 훨씬 더 복음적이고 현대적인 이상을 가지고 있었다.[69] 곧 형제들의 일은 형제애(fraternitas)와 작음(minoritas)의 정신과 깊이 연관되어 있다(비인준 규칙 7장 참조). 그는 자발적으로 가난을 살려고 하였으며, 일과 관련해서도 모든 이에게 순종함으로써(유언 19) 모든 이와 사회적 연대를 이루고 사회적 우애를 실행하였다.[70] 이는 베네딕토 수도규칙이 일을 수덕과 수도공동체와의 연대의 방편으로 본 것과 다른 점이다. 프란치스코에게 있어 일은 생계유지와 한가함을 피하는 방편 그 이상의 것이었다. 그는 일터 한복판으로 들어가 모든 이에게 순종함으로써 평등한 관계 안에서 하느님의 선과 인간의 존엄, 정의와 평화를 드러내고 복음을 선포하였다. 그는 자신의 동료들뿐 아니라 수도자가 아닌 이들까지 포함하여 누구든 '형제'라 부르며 일을 통하여 형제적 관계를 드러내고 형제애를 실천하였다. 프란치스코는 형제들이 손노동과 허드렛일을 중요시하며 땀 흘려 열심히 일하고, 더 작고 낮은 자세로 일하기를 바랐다. 그는 일을 자신과의 관계에서 보았을 뿐 아니라 이웃과의 관계에서 그들을 섬김으로써 복음의 가

---

69 L. Iriarte, 프란치스칸 소명, 167쪽.
70 사랑의 표현으로서의 성 프란치스코의 손노동에 관하여는 Mria Pia Alberzioni, «Et ego manibus meis laborabam» Francesco d'Assisi e il lavoro come espressione di carità, Sémata, Ciencias Sociais e Humanidades, 2014, vol. 26, 47-62쪽 참조.

치를 실현해 나갔다. 프란치스코의 복음적 사명은 가난한 이들과 보잘 것없는 이들을 위해 모든 이를 섬기는 것이었다. "프란치스코는 육체노동 안에서 힘겨운 과제뿐만 아니라 사회적인 차별을 바라보고 있었다. 그리고 그는 가난하게 되고 모든 이의 종이 되는 가운데 그들과 함께하기를 원하였으며 이 점을 자신의 형제들에게도 요청하였다. 육체노동에 종사하는 동안 그는 다른 사람들을 경멸하거나 비판하거나 업신여기지 않았다."[71]

프란치스코와 초기 형제들은 손수 일하였으며 돈 대신 다른 음식 등을 받았고, 부족할 때 동냥을 청하였다. 노동은 형제회 초기부터 사람들을 섬기는 일반적이고 주된 방법이자 사도직 생활의 일부였다. "당시 제단에서 생활할 권리는 성직자들에게만 유보되었다. 그리고 발도파와 같은 일부 평신도 청빈 운동은 성직자와 같은 원천에서 그 존재 의미를 찾음으로써 설교에 종사하려고 손노동을 거부하였다. 그러나 초기 프란치스칸 형제체는 이를 받아들이지 않았으며, 오히려 손노동을 생계의 원천으로 삼았다."[72] 나아가 전통적 대수도원과 당대의 후밀리아티 등의 단체들과 달리 생계를 위해 수도원 안팎에 생산 조직체를 설치하지 않고, 다른 이들을 고용하지 않았으며, 형제들 스스로 일을 찾았다.[73]

프란치스코는 모든 것을 은총으로 받아들였다(봉사자 편지 2 참조). 그는 노동을 원죄의 고통스런 결과로 여기지 않고, 인간을 위한 은총이요 선

---

71 J. A. Merino, 프란치스칸 휴머니즘과 현대사상, 329쪽.
72 J. Micó, 'El Carisma de Francisco de Asís', in SelFran n.79(1998), 27쪽 각주 235.
73 참조: L. Iriarte, 프란치스칸 소명, 168쪽.

물로 봄으로써 그 긍정적, 영성적 가치를 분명히 하였다. 그는 사회적으로 차별을 받는 가장 보잘것없는 이들의 차지였던 육체노동 또한 '하느님의 은총'으로 재평가한 것이다. 그는 소외되고 차별받는 이들을 위해 그들 가운데 끼어들어 그들과 함께 살면서 차별을 극복하려 하였고 하느님의 선(善)을 드러내고자 하였다. 아울러 일할 수 있는 능력도 주님으로부터 받은 은총으로 보았다.

프란치스코는 파코미오처럼 일의 두 가지 측면, 곧 수덕과 생계유지를 함께 고려하면서도 더 나아가 어떤 일을 어떻게 할 것인가를 매우 중요시한다. 일에서 또 하나의 관점은 영혼의 원수인 한가함을 피하는 동시에 땀 흘려 올바른 일을 하라는 것이다.[74] 형제들에게 일은 생계유지의 수단으로서만이 아니라 영혼을 돌보는 길이기도 했다. 프란치스코에 따르면, 일의 가치는 모범을 보여 주는 데 있다. 형제들은 사람들 가운데에서 일하면서 세상 사람들에게 완전한 그리스도교적 사랑을 증명하였다. 형제들은 일을 통하여 지나치게 일이나 물질만을 아는 사람들에게 하느님의 사랑을 알려주었다.

프란치스코는 노동을 노동하는 인간과 깊이 연관된 가치로 보았다(비인준 규칙 7장). 그의 이러한 관점은 "노동이 인간을 위해 있는 것이지 인간이 노동을 위해 있는 것이 아니며, … 어떤 노동이든 인간이 하는 것이라면, 노동의 목적은 항상 인간이다."(노동 현장, 6항)라는 사회교리의 중요한 점을 미리 알려준 셈이다. 그는 노동의 종교적인 가치를 중시하

---

74 베네딕토 수도규칙 48,1: "한가함은 영혼의 원수이다(OTIOSITAS INIMICA EST ANIMAE). 그러므로 형제들은 정해진 시간에 육체노동을 하고 또 정해진 시간에 성독(聖讀)을 할 것이다."

면서 모든 일을 하느님의 부르심에 대한 봉사로 보았다. 수도규칙의 다음 구절은 작은 형제들이 일을 사회적 연대를 이루는 중요한 계기로 삼았음을 말해준다. "모든 형제는 남의 집에서 일하기 위하여 어느 곳에서든지 감독관이나 관리인이 되지 말아야 하며, 봉사하는 집에서 주관해서는 안 됩니다. (...) 같은 집에 있는 모든 이보다 더 낮은 사람이 되고 아랫사람이 되어야 합니다."(비인준 규칙 7,1-2). "모든 일터에서 '모든 이에게 순종'한다는 원칙과 태도는 인간적인 권력과 재력이 지배하는 경제 질서가 아닌, 하느님의 선, 인간 기본권, 사회 정의 및 평화를 추구하는 하나의 대안 경제를 건설한다는 말과 크게 다르지 않다."[75]

5. 잘못한 형제들에 대한 조처

수도자가 규칙을 위반했을 때 부과되는 책벌이나 참회에 관한 당대 수도 생활의 법률적 맥락에 비춰보면 프란치스코의 강조점과 참신성을 명확히 알 수 있다.[76] 수도승 규칙 가운데 대표적인 본문은 「스승의 규칙서」 12-15장의 맥락을 따르는 「베네딕토 수도규칙」 23-28장이다. '형벌 법전'(codex penalis) 또는 '속죄 법전'(codex penitentialis)으로 불리는 제23장은 "잘못한 파문에 대하여" 규정한다. 이에 따르면 형제가 "반항하거나 불순종하거나 교만하거나 불평하는" 경우와 규칙을 위반하거나 장로의 명령을 무시하는 경우 등 교정이 필요한 몇 가지 죄가 나열되어 있다.

---

75 김일득, 프란치스칸 경제, 프란치스코출판사 2016, 100쪽.
76 참조: Cesare Vaiani, 'La misericordia della correzione', in AAVV., La regola di san Francesco. Eredità e Sfida, a cura di Pietro Maranesi e Felice Accorocca, Padova, Editrice Francescane, 2012, 404-406쪽.

베네딕토는 복음(마태 18,15-17)에서 영감을 받아 형제적 교정의 실천을 제안한다. 첫 번째와 두 번째는 비밀리에 훈계하고, 아무런 결과가 없으면 공개적 책벌로 넘어간다. 이렇게 해서도 고치지 않으면 이들에게 예상되는 책벌은 파문인데 베네딕토는 다음 장(24-25장)에서 두 단계로 제안한다. "가벼운 잘못"의 경우 공동 식탁에서 제외되고 혼자서 식사하지만, 공동 기도에는 참여하며, "큰 잘못"의 경우 식탁과 기도 모두에서 제외된다. 그러나 파문까지 당하고도 고치지 않는다면, 매로 때리는 벌(verberum vindicta)을 주고 이렇게 해도 고치지 않거나 교만에 들떠 변명하려 들거든 "태형"(plagarum virgae, 곧 체벌 vindicta corporalis)을 받을 수 있다고 규정한다(28장).

이 모든 처벌 이후 가장 큰 책벌은 수도원에서 내보내는 것이다. 내보내진 사람이 회개하면 최대 세 번까지 다시 받아들여질 수 있으며 그 이상은 허용되지 않는다(28-29장). 아빠스만이 이러한 책벌을 내릴 책임이 있으며, 파문당한 형제들을 아빠스 자신 또는 참회자를 위로하는 다른 형제들을 통해 따뜻하게 돌보아 책벌이 좋은 약효를 발휘할 수 있도록 해야 한다(27장). 파문은 수도원 내에서 일종의 분리에 해당하는 것으로, 그 정도에 따라 심각도가 달랐으며, 가장 높은 정도는 곧 다소 가혹한 수도원 '감옥'으로 보내졌다. 베네딕토 규칙의 이분법적 분류("가벼운" 또는 "더 심각한" 잘못)에서 나온 네 가지 종류의 잘못과 처벌에 대한 분류는 중세 전반에 걸쳐 발견된다.[77] 이는 '가볍고', '심각하고', '더 심각하고',

---

77 당대의 도미니코회 초기 회헌(《LIBER CONSUETUDINUM》 o 《CONSUETUDINARIUS》, 1228) XX-XXII, XXIV도 가벼운 잘못 41개, 중대한 잘못 16개, 더 중대한 잘못 6개, 가장 중대한 잘못(교정할 수 없어 내보내야 하는 경우)을 상세히 규정하고 그에 따라 책벌하도록 명시한다. 그 이전의 골롬반 공동규칙(613년)은 참회해야 할 죄 12가지, 대죄 25가지, 속죄해야 할 소죄 5가지로 구분했다.

'매우 심각한' 잘못일 수 있다.

클뤼니(Cluny) 수도원은 「베네딕토 수도규칙」의 규정을 문자 그대로 따랐다. 시토회는 다음과 같은 경우 파문할 수 있다고 규정하였다. 곧, 음모, 방화, 절도, 가난에 대한 가벼운 죄, 일상생활에서 도망한 사람 또는 종교를 저버린 사람, 시토 정신에 반하는 특권을 요구하는 사람, 수도회 외부에서 소송을 제기하는 자, 총회 시찰자나 대표를 반대하는 자, 정기적인 교정과 참회를 위해 외부 당국에 호소하는 자, 수도회가 임명하지 않은 고해 사제에게 고해성사를 보는 자, 명예를 훼손하는 비방을 유포하는 이 등.

프란치스코 시대와 그 이후 수 세기 동안 수도자에 관한 형벌 제재는 크게 두 부류의 법규에 따라 이루어졌다. 하나는 모든 수도자에게 공통으로 적용되는 공의회 또는 교황의 다양한 개입에서 비롯된 교회 법규이고, 다른 하나는 개별 수도회의 고유법 규정들이다. 일부 수도승 규칙들은 잘못을 저지른 수도자를 책벌하면서 복음 정신을 고려하면서도 잘못의 상세한 목록을 제시하고 그 경중을 나누며 그에 따라 책벌한다. 그러나 「인준받은 수도규칙」 7장은 엄격한 비례 원칙에 따라 책벌하고, 죄와 책벌을 상세히 제시하였던 수도승 규칙들[78]과 후밀리아티나

---

78 참고: 파코미오 「계명과 제도집」, "형제 중에 누가 다투는 어떤 짓을 하거나 장상의 명령에 반항하면, 잘못의 정도에 따라 그를 책벌할 것이다."(9항) "(…) 잘못의 정도와 성질에 따라 그를 책벌할 것이다."(10항); 「네 교부의 규칙」 XV, "잘못의 중대함에 따라 파문할 것이다."; 「마카리우스 규칙」 XII, "(…) 장로의 판단과 잘못의 정도에 따라 그에게 적절한 벌을 주고 잘못을 고치는 데 필요한 기간만큼 그를 (공동체에서) 파문시킬 것이다."; 「동방규칙」 XV, "성서의 가르침과 수도원의 규율에 반하는 모든 것을 행했다면, 아빠스가 이에 대해 들었을 때 그는 그 잘못의 정도와 결과에 따라 그 형제를 책벌할 것이다."; 「베네딕토 수도규칙」 24장, "잘못의 비중에 따라 파문이나 징계의 정도가 정해질 것이며, 이 잘못의 비중을 판단하는 것은 아빠스에게 달려있다."

당시 탄생한 설교자들의 회나 마리아의 종들의 회의 처벌방식과 달리 복음적 사랑으로 영혼을 돌보는 데 초점을 맞추고 있음에 주목할 필요가 있다.

「프란치스코 수도규칙」은 다음과 같이 규정했다. "봉사자가 사제라면 죄지은 형제에게 직접 자비롭게 보속을 줄 것이고, 사제가 아니라면 우리 수도회의 다른 사제를 통해서 하느님 앞에서 더 낫다고 판단되는 대로 그들에게 보속을 주게 할 것입니다."(7,2) 이처럼 프란치스코는 죄의 문제에 관하여 죄의 경중에 따른 책벌이 아니라 영혼을 돌보고 상호간 형제적 순종의 맥락에서 접근하였다.[79] '자비롭게'와 '하느님 앞에서 더 낫다고 판단되는 대로', 바로 이 점이 프란치스코의 새로움이요 독창적인 점이다. 물론 오늘날 베네딕토회에서도 잘못에 대한 책벌, 체벌, 파문 등은 거의 사라졌지만, 시초에 수도승적 맥락에서 「프란치스코 수도규칙」과 전혀 달랐다는 점은 상기할 필요가 있다.

6. 행정 구조와 형제 관계

프란치스코 이전의 대부분의 수도규칙들은 견고한 수직적인 패러다임을 취했다. 베네딕토 수도규칙은 수직적인 패러다임 안에서 장상의 권한 행사방식을 좀 더 유연하게 하고 권한 분담의 범위를 넓힘으로써 조화와 균형을 찾으려 했다. 이처럼 이전의 수도규칙들이 규정하는 행정 구조와 형제 관계의 기본 패러다임은 수직적이었다. 그러나 프란치스코는 "아무도 장상이라고 부르지 말고, 모두가 똑같이 작은 형제들이

---

79 참조: S. Ceccobao, '수도규칙 : 프란치스칸 여정의 정체성', 74-75쪽.

라고 부를 것입니다."(비인준 규칙 6,3)라고 말한다. 그는 형제 관계와 수도회 행정조직에서 철저히 수평적인 패러다임을 취했다. 이 점이 독창적이고 새로운 점이었다.

1) 총봉사자와 총회

프란치스코는 은수자나 수도승이나 의전수도자를 위한 복음적 생활 계획을 의도하지 않았다. 그의 계획의 독특함은 조직이나 법의 측면이 최소한으로 줄어든, 특수하고 꼭 필요한 구조로 출발하였다는 데 있다. 형제회 장상직은 수도승원의 개별 수도원 장상직과 비슷하다. 그러나 그 직무와 역할은 본질에서 달랐고, 새롭게 탄생한 그 형제체의 독특한 복음 정신으로 배어있고 고취되어 있었다.

"프란치스칸 형제체의 정신과 그 구조는 형제체의 본질적 특색들 안에서 형제체 구성원들 사이에 형제애가 성장하도록 자극했고, 형제회를 실제로 구성하는 '작은 형제들'의 진실성을 반영한 것이었다. 사실 '작은 형제들'로 산다는 것은 그리스도교적 사랑, 존경, 봉사, 상호 순종과 복종으로 가장 높은 수준의 가족 정신을 구체화하고, 형제공동체의 신학적, 법적 모든 차원에서의 평등성을 구체화하려는 끊임없는 도전이 된다."[80]

(1) 총봉사자

「프란치스코 수도규칙」은 형제들이 그들의 으뜸으로 "형제회의 총봉사자요 종"을 늘 가질 것이라고 규정한다(인준 규칙 8,1). 프란치스코는

---

80 같은 글, 20-21쪽.

총봉사자뿐 아니라 모든 장상을 '봉사자'라 불렀으며, "봉사자들은 당연히 모든 형제의 종이 되어야 합니다."(인준 규칙 10,6)라고 하였다. 장상을 '봉사자요 종'으로 부른 예는 옛 수도회에서는 찾아볼 수 없는 새로운 요소이다.[81] 「베네딕토 수도규칙」은 「스승의 규칙서」의 사상을 받아들여 아빠스를 '그리스도의 대리자요 으뜸'(베네딕토 규칙 2,1)으로 여긴다. 이 규칙은 아빠스직을 주교와 같은 교계적인 직책으로 보는 「스승의 규칙서」와 달리 수도공동체의 동등한 회원들 가운데 앞자리를 차지하는 기능을 부각시켰다. "제64장에서 아빠스는 '하느님의 집'을 지혜와 분별력으로 다스리는 '합당한 관리자'로 나타난다."[82] 이런 점에서 베네딕토 규칙은 이전의 수도승 규칙들보다 한 걸음 더 나아간 규칙임이 분명하다.

그러나 「프란치스코 수도규칙」은 시초부터 그와 철저히 다른 수평적인 패러다임을 취했다. 프란치스코는 '아무도 장상이라고 부르지 말 것'(비인준 규칙 6,3)이며 봉사직을 맡은 형제를 '모든 형제의 봉사자요 종'(인준 규칙 8,1; 10,1)으로 여겼다. 작은형제회의 봉사자는 형제들의 앞자리를 차지하는 사람이 아니라, 형제들에게 봉사하도록 그들의 '아래에' '더 낮은 곳에' '곁에서' 함께 하는 '봉사자요 종'이다. '총'이라는 형용사는 봉사의 범위가 '전체적임'을 가리키며, 지위를 차지하는 군대 위

---

[81] 공주(共住) 또는 공동생활 형태의 수도 생활이 시작되면서 제도화한 수도 장상은 아빠스(ABBAS), 원장(PRIOR), 장상(SUPERIOR) 등 여러 이름으로 불리었다. 초기에 수도 장상은 '사랑의 봉사를 위한 권위와 영적 길잡이'를 뜻했으나 차츰 권한을 지님으로써 우월성을 갖게 되었다.
[82] 진토마스 옮김, '바실리오의 규칙서와 베네딕도의 규칙서에 나타난 공동체 사상', IN ESTHER DE WAAL 외, 백순희 외 편역, 규칙서, 코이노니아 선집 4, 성 베네딕도 왜관수도원, 2004, 376쪽.

계적인 의미는 지니지 않으며, 특히 프란치스칸 안에서는 직책 이름이 아니라 봉사를 가리킨다.[83] 여기서 총봉사자가 부여받는 것과 같은 광범위한 권한을 갖는 봉사직책이 설정된 것은 수도 생활 역사에서 최초였다.

수도승원 안에서 아빠스는 힘이 있었는데,[84] 그들 가운데 어떤 아빠스는 자치권을 상실하지 않은 여러 수도승원도 포함하여 법적인 권한을 지녔다. 그러나 프란치스코의 수도규칙이 있기 전까지는 모든 형제회에 대하여 권한을 지니는 장상을 상정하지 않았다. 당시 수도승원들이 클뤼니 수도원처럼 일종의 연합을 이루는 경우가 있기는 했다. 그러나 모두가 독립된 체제의 자치수도원(sui iuris)이었다는 점에 비추어보면, 작은형제회의 총봉사자직은 새로웠다. 그리고 수도승원에서 한 번 아빠스가 되면 종신 아빠스인 것과는 달리 총봉사자 임기는 종신직이 아니었다(인준 규칙 8,2.4 참조).

프란치스코는 총봉사자는 '봉사자요 종'으로서 형제들을 섬기고, 모든 형제는 그리스도에게 순종하듯이 총봉사자에게 '철저히 순종해야 한다'(teneantur firmiter obedire, 1,3; 8,1)라고 요구한다. 그러나 이 순종은 결코 군대식의 수직적인 권한 행사에 따른 순종이 아니라 '상호 간 사랑의 순종'이다. 상호 간 사랑의 순종을 통하여 형제들은 형제애 안에 머물게 되고, 형제회가 바로 총봉사자를 통해서 교회와 연결된다(인준 규칙 1장 참조).

---

83   참조: F. Uribe, La Regla de San Francisco, 238쪽.
84   참조: "모든 형제는 아빠스가 지도하는 바를 잘 살펴 그의 의견이나 결정 없이는 어떤 것도 하지 말 것이다. 수도원의 필요를 돌봐야 하는 아빠스는 수도원의 모든 일에 대해서 자유롭게 결정할 것이다."(동방규칙 1)

(2) 총회

작은 형제들의 총회는 이전의 수도 생활에서 나타났던 총회 제도와 수도회들이 삼 년에 한 번 총회를 소집해야 한다는 제4차 라테라노 공의회의 결정에 영향을 받기는 했으나,[85] 본질에서 새로운 제도였다. 작은 형제들의 총회는 수도승들의 회의와는 다음과 같은 점에서 달랐다.[86]

먼저, 수도승들의 총회에는 통상 같은 지역의 수도승원들을 관할하는 아빠스나 장상(prior)들만이 참여하였다. 그러나 작은 형제들의 총회에는 적어도 1221년까지는 '모든 형제'가 참여하였다. "수련자들까지 포함해서 모든 형제가 총회에 참석했다는 사실은 작은형제회의 특징적인 새로움이다."(쟈노 연대기 16 참조)

다음으로, 수도승 회의는 소수의 수도승에게 권한이 집중된 과두제(寡頭制)이지만, 작은 형제들의 회의는 형제들의 폭넓은 참여를 통해 권한이 나누어지는 민주적 방식이었다(「봉사자 편지」 참조).

끝으로, 시토회원들은 조직하고 감독하고 인준하려고 모였다. 그러나 작은 형제들은 주님 안에서 기뻐하며 함께 먹고(친교) 중요한 결정을 하며 법규를 제정하고 공포하기 위해서 모였다(야고보 비트리, 1210년 10월의 편지 11항). 작은 형제들의 총회는 형제적 친교, 선교 등 중요한 안건의 처리, 필요한 법 제정 등을 위한 중요한 모임이었다. 총회에서는 초기 계획의 규정들도 변경하였고, 점차 이것이 회의의 가장 본질적인 역할이 되어갔다. 적어도 1223년까지 총회는 집중적인 입법 활동의 장소였다. 무엇보다도 총회를 형제적 친교의 계기로 삼았다는 점이 독특했다.

---

85 참조: CONSTITUTIO 12, MANSI, XXII, COLL. 999-1002.
86 참조: T. DESBONNETS, DALLA INTUIZIONE ALLA ISTITUZIONE, 47-49쪽.

2) 형제 관계

「베네딕토 수도규칙」 제71장은 아빠스의 명령에 순종해야 하는 것뿐 아니라 '모든 수하가 그들의 장로들에게 순종해야 한다'라고 규정하면서 이 순종을 겸손의 첫 단계로 본다. 동시에 위계적 순종이 있는데 이 순종에서는 장상인 아빠스가 늘 특전적 중개자이다.[87] 제71장은 바실리오 규칙의 형제들 사이의 상호 순종을 받아들여 순종의 수직적인 측면을 보완하고 있다.[88] 나아가 "형제들은 서로 섬길 것이다."(35,1), "서로 존경하기를 먼저 하고"(72,4), "서로 다투어 순종하라."(72,6)고 함으로써 횡적인 차원을 보충한다. 그러나 베네딕토 수도규칙은 늘 아빠스나 원장, 선배를 앞자리에 두고, 아빠스나 원장의 명령을 우선시하는 수직적이며 위계적인 순종의 틀 안에 머물러 있다.

"모든 이들은 순명의 미덕(美德)을 아빠스에게 드러낼 뿐 아니라 형제들끼리도 서로 순명할 것이며, 이 순명의 길을 통해서 하느님께 나아가게 되리라는 사실을 알아야 한다. 그러므로 아빠스나 그에게 임명을 받은 원장들의 명령이 우선적이며, 우리는 다른 어떤 개인적 명령을 이보다 앞세우는 것을 허락하지 않으며, 그 밖의 경우에는 모든 후배가 자기 선배들에게 온갖 사랑과 주의를 기울여 순명할 것이다."(71,1-5)

형제 관계에 관하여 「프란치스코 수도규칙」은 「베네딕토 수도규칙」과 근본적으로 다르다. 프란치스코는 "아무도 장상이라고 부르지 말고 모두가 똑같이 작은 형제라 부르라."(비인준 규칙 6,3)고 한다. 나아가 "어떤

---

87 T. DESBONNETS, 같은 책, 72쪽.
88 참조: 진토마스 옮김, '바실리오의 규칙서와 베네딕도의 규칙서에 나타난 공동체 사상', IN ESTHER DE WAAL 외, 백순희 외 편역, 규칙서, 378-379쪽.

형제도 다른 형제에게 악한 짓을 하거나 악한 말을 하지 말 것입니다. 오히려 영(靈)에서 나오는 사랑으로 기꺼이 서로 봉사하고 순종할 것입니다."(비인준 규칙 5,13-14)라고 한다. 이것은 아마 프란치스칸 영성의 가장 근본적이고 매우 독창적인 점 가운데 하나일 것이다. 늘 영의 순종을 말하지만, 순종의 특전적 중개자들은 형제들이며 형제체이다. 프란치스코는 형제들의 앞자리에 있는 장상이나 선후배 관계 자체를 상정하지 않는다.[89] 봉사자와의 관계에서도 베네딕토 규칙처럼 기본적으로 수직의 관계를 설정한 다음 그것을 보완하는 식으로 형제 관계를 제시하지 않는다. 그는 아예 처음부터 철저히, 그리고 근본적으로 '절대적 동등성'의 바탕 위에서 상호 간의 사랑의 순종을 위한 수평적 형제 관계 외에는 그 어떤 것도 상정하지 않는다. 그는 "이 세상에서 아무도 아버지라 부르지 마라."(마태 23,9)는 복음 말씀에 따라 형제들 사이에서도 직책과 관계없이 모두가 서로 '형제'라는 하나의 호칭으로만 부른다. 그렇게 함으로써 그는 형제체 안에서 모두가 똑같이 삼위일체 사랑으로 일치되어 모든 사람과 피조물과 '형제'가 되려고 하였다.

프란치스코가 수도규칙 제10장 전반부(1-6)에서 규정하는 형제적 방문과 봉사자에게 도움을 청하는 것은 형제애의 또 다른 유대를 보여주는 독특하고 새로운 제도이다. 이 두 제도는 전적으로 공동체의 내적 생활에 속하는 것들로서 내적 생활의 측면에서 독특성을 부여받는다.

---

89 참조: 「베네딕토 수도규칙」 제63장에 따르면 공동체 서열은 다음과 같다. 아빠스는 '주님'과 '아빠스'라 부른다. 아빠스가 수도원 입회 순서와 생활의 공적에 따라 공동체 내의 차례를 정하며, 선배는 후배를 '형제'라 부르지만, 후배는 선배를 '논누스(NONNOS, 공경하올 아버지란 뜻)'라 부른다. 후배는 어디서 마주치든, 선배에게 강복을 청하고, 선배가 지나가면 일어서 그에게 자리를 내주어야 한다.

장상들이 자기 형제들이 일하며 살게 된 거처들을 다니며, 그들을 방문한 것은 형제들 상호 간의 일치감을 깊게 하려는 것이었다. 봉사자들은 이러한 방법으로 형제들의 잘못을 고쳐 주고, 형제들이 진정한 형제적 삶의 정신 안에서 굳건해지도록 권고해 주면서, 공동생활과 형제체의 정신을 활기 있게 할 의무가 있었다. 이러한 만남의 기회들이 프란치스코에게는 순종에 대해서 말할 수 있는 구체적인 계기가 되었다. 하지만 봉사자가 모든 형제를 동시에 방문할 수 없었으므로, 그는 어려움 가운데 있을 때는 수하 형제들도 그들의 봉사자에게 찾아갈 의무가 있다고 한다. 이렇듯 봉사자는 행정적 기능이 아니라 '형제들의 영혼을 돌보는 일을 맡은' 현저하게 사목적인 기능을 지닌 사람이다.

1217년 관구 제도가 생기자 관구의 책임을 맡게 된 봉사자들과의 관계에 관해 규정하게 된다. 「인준받지 않은 수도규칙」은 다음과 같이 규정한다. "모든 형제는 영혼의 구원에 관한 일과 우리 생활에 반대되지 않는 일에 있어서, 봉사자들에게 충실히 순종할 것입니다."(4,3) 그러나 "봉사자들 가운데 누가 어떤 형제에게 우리 생활과 반대되거나 영혼에 해가 되는 것을 명한다면 그에게 순종할 의무가 없습니다."(5,2)라고 한다. 그런데 놀라운 것은 봉사자가 아닌 다른 형제들도 봉사자들의 영혼을 돌볼 의무가 있다고 한다. 곧 "봉사자들 가운데 누가 올바른 우리 생활에 비추어 영에 따라 살지 않고 육에 따라 사는 것을 형제들이 발견한다면, 그리고 세 번째 권고 후에도 스스로 고치지 않는다면, 어떠한 장애를 무릅쓰고라도 성령강림 총회 때에 전(全) 형제회의 봉사자요 종에게 알릴 것입니다."(5,4)

이는 그때까지의 다른 어느 수도회 수도규칙에서도 볼 수 없는 점이다. 이처럼 프란치스코는 전통적인 수도승 제도에서의 '순종'과 같은 의미를 부여할 의도가 없었음이 분명하다. 프란치스코가 의도하고 작은 형제들이 지향하였던 순종은 평등, 곧 형제적 동등성의 기초 위에서 '봉사하는 사랑', '상호 간 사랑의 순종', '영혼을 돌보는 순종'을 핵심 본질로 하는 순종이었다. 프란치스코에게 있어 형제성(fraternitas)은 평등을 기초로 한 상호성을 특징으로 한다. 물론 이런 순종 개념과 이상은 형제들의 수가 적을 때에는 적용되었으나 형제들이 급증하자, 그대로 적용하기가 어려워졌다. 결국 1223년 「인준받은 수도규칙」에서는 형제들의 영혼을 돌봐야 할 장상의 의무에 관한 규정이 사라지는 큰 변화가 일어났다. 그런데도 "형제들의 봉사자요 종인 형제들은 형제들의 영혼과 우리 수도규칙에 반대되는 어떤 것도 명하지 말라."(인준 규칙 10,1)고 한다. 이런 변화를 감안하더라도 「프란치스코 수도규칙」이 제시하는 봉사자와 다른 형제들의 관계 설정은 매우 독창적이다.

7. 설교

아씨시 프란치스코가 살던 시대는 '말씀의 시대'라 할 만큼 '말과 말씀'이 교회 안팎을 가득 채웠다. 말씀이 새로운 사회관계를 형성하기 위한 독창적인 소통 구조를 구축하는 데 중심 역할을 하는 공간이 일상화되었다. 상업, 정치, 사회, 교회 어디든 특정 계층이 독점하던 말씀은 이제 '대중어'(volgare)를 쓰며 수평의 질서를 형성하는 데 풍요로운 힘을 재발견하도록 해주었다. '말'은 더는 부자나 권력가들, 성직자들의 전유물이 아니라 평신도들의 순회 설교를 통해 선포되고, 초대교회 형태로 돌아가려는 증거로 받아들여졌다. 이런 시대 환경에서, 프란치스코는 상인의 언어, 광장의 언어, 아씨시 축제의 활성가로서 광대의 언어, 예의의 언어 등 이 모든 언어와 소통하는 사람이었다.[90] 그는 자신의 삶을 변화시킨 말씀에 열정적이었고, 말씀 안에서 만난 하느님의 사랑을 온정 넘치는 형제애, 사회적 우애, 우주적 형제애로 모든 만남 안에서 드러냈다.

이처럼 '대중어'를 과감히 선택하여 민중들과의 수평적 관계를 확장하고 우주적 형제애를 나눈 것은 당시로서는 일종의 반란이었다. 또한 프란치스코가 수도규칙에 설교에 관하여 규정한 것은 수도 생활 역사상 최초의 일이다. 야고보 비트리 추기경은 "이 수도회는 십자가에 못 박히신 예수님을 따르는 참된 가난한 이들의 회이며, 작은 형제들이라고 불리는 설교자들의 회이다."(동방역사 32,3)라고 전한다. 이는 설교가 작은 형제들의 사도적 특성을 드러내 주는 중요한 부분이었다는 증거이다. 「인준받은 수도규칙」(3.6.7.9-11장)도 순회 설교를 포함하는 초기의 떠돌이 생활양식을 전제한다.

수도승 생활은 그 기원에서 순전히 평신도 제도였으므로 그 본성상 기도와 노동을 지향하였고, 회원들이 설교직에 봉사하는 것을 고려하지 않았다.[91] 교황 알렉산데르 3세는 제3차 라테라노 공의회(1179년) 때 평신도들도 신앙을 시험해 본 뒤 사제의 요청이 있으면, 지정된 곳에서

90　참조: L. Bertazzo, 'Il servizio della parola', in AA.VV., La regola di frate Francesco. Maranesi P., Accrocca F.(a cura di), Eredità e Sfida, Padova 2012, 473-474쪽.
91　F. Uribe, La regla de San Francisco de Asís, 256쪽. 수도승들은 자체의 성사 생활의 필요성, 사목 활동에의 참여, 수도원 창설자와 은인들을 위한 연미사를 봉헌할 부속 성당의 설립, 수도 생활을 하려는 성직자 공동체와의 연결 등의 요인으로 성직화 되어갔다. 이런 과정에서 수도승들도 설교하게 되었다.

설교할 수 있도록 하였다. 그런데 1209년 인노첸시오 3세 교황은 프란치스코와 초기 형제들에게 '회개를 설교할'(praedicare penitentiam) 권한을 부여하였다.[92] 교황은 형제들에게 수도규칙을 주었을 뿐 아니라 '어디서든지 설교할 수 있는 허락을 프란치스코에게 주었으며, 프란치스코가 설교 직무를 맡기기를 원하는 다른 형제들에게도 설교할 권한을 주었다.'(익명의 페루자 전기 36항)

프란치스코와 초기 형제들이 1209년 인노첸시오 3세 교황으로부터 얻은 설교 허락은 교회법에 없는 특별 관면에 해당하는 것이었으므로 주교들과 마찰이 있을 수밖에 없었다. 중세 교회법에는 주교들과 교구 사제들만 설교할 수 있었다. 1215년 제4차 라테라노 공의회는 주교가 설교할 수 있는 적합한 사람을 임명할 수 있다고 결정하였다(10항). 그런데 교황의 허락으로 형제들이 설교할 수 있게 된 것은 교회 역사상 혁명적인 사건으로서, 한 수도회가 전적으로 교구 주교가 아닌 교황에게 직접 종속되는 새로운 체제를 발생시킨 것이었다. 이는 형제회의 성직화를 재촉하는 계기가 되기도 했다.

8. 해외 선교

프란치스코는 교회 역사상 최초로 수도규칙에 해외 선교에 관한 규정을 넣었다. 회버리히츠(J. Hoeberichts)는 프란치스코가 사라센인과의 관계에서 보여주었던 복음적이며 근본적으로 새로운 접근 방식에 대한

---

92 참조: 1첼라노 33. 35; 세 동료 49; 익명의 페루자 36; 대전기 3,10.

통찰을 제시한다.[93] 프란치스코와 그의 형제들, 그리고 인노첸시오 3세와 우골리노 추기경과 같은 동시대 사람들은 서로 다른 신학과 언어 체계를 가진 두 개의 다른 세계에서 살았다. 프란치스코와 동시대 교회와 사회의 많은 이들에게 하느님은 성지 정복을 위한 십자군 전쟁과 폭력을 정당화하는 힘과 소유의 신이었다. 그러나 프란치스코에게 하느님은 비폭력과 평화의 정신으로 사람들 사이로 들어가 그들의 일과 삶을 나누고 온 세상의 모든 사람을 이해하는 친교를 구축하도록 형제들을 초대하는 겸손한 섬김의 하느님이었다. 이 평화의 사명은 그리스도교인이든 회교도이든 상관없이 기본적으로 하나이며 같았다. 프란치스코는 하느님에 대한 자신의 관점을 바탕으로 교회 당국과 근본적으로 다른 복음 해석에 도달했다. 따라서 그의 실천은 그리스도교의 진리를 전파하는 것, 곧 구원의 문제를 가장 우선순위에 두는 교회의 사고나 행동 방식과 달랐다.

프란치스코는 교회가 사라센인들을 적대시하는 상황에서 일련의 다른 대안이 되는 복음화 전략을 개발하여 그것을 「인준받지 않은 수도규칙」의 선교지침 안에 정형화하였다. 그러나 교황은 사라센인들에게 적대적인 교황청의 행동 방식을 암시적으로 단죄하는 「인준받지 않은 수도규칙」의 구절의 삭제를 원했을 것으로 추정해볼 수 있다.[94] 이런 점을 고려해 볼 때 프란치스코가 교회와의 관계에서 보여 준 태도는 참으로

---

93 참조: J. Hoeberichts, Francis and Islam, Quincy, Franciscan Press, 1997, 130-132쪽.
94 T. Desbonnets, Dalla Intuizione alla Istituzione, 127쪽; 한편 F. Margiotti는 P. Sabatier의 견해를 따라 프란치스코가 형제들의 자유를 제한하지 않도록 형제회의 제도적 권한을 지지하고자 하는 교황청의 원의로 「인준받은 수도규칙」에서 선교에 관한 내용이 대폭 축소된 것으로 본다<참조: Dizionario Francescano, (ed. riveduta e ampliata), Padova 1995, coll. 1154, 'missione'>.

놀라운 것이다. 곧 그는 수도규칙 제1장에서 교황에 대한 최고의 순종을 서약하였다. 그런데 그것은 교도권의 권력에 대한 맹목적인 순종이 결코 아니었다. 그는 주님께서 복음적 삶으로 교회의 쇄신을 이루라고 주신 소명을 깊이 인식하였다. 그래서 그는 바로 이 마지막 장에 와서 교회가 적대시하고 원수처럼 취급했던 사라센인들을 교회의 태도와는 정반대로 복음적 방법으로 대하는 그만의 독창적인 '선교 원칙'을 선언한다. 물론 이에 관한 구체적인 언급은 「인준받지 않은 수도규칙」에 나오지만, 그 정신은 「인준받지 않은 수도규칙」에 그대로 이어지고 있다고 볼 수 있다.

프란치스코 수도규칙에 해외 선교에 관한 지침이 교회 역사상 최초로 들어갔다는 사실 뿐 아니라 선교방식 면에서도 획기적이었다. 이는 오늘날 종교 간의 대화에서도 매우 중요한 의의가 있다.

III. 프란치스코 수도규칙의 정신

프란치스코는 봉건제가 해체되어 가고 새로운 경제체제와 코뮌의 형성으로 급변하는 사회 상황에서, 주님의 영감을 받아 '복음의 혁명'을 일으켰다. 그는 수도규칙에 '교회 안에서' '가난과 작음', '형제애'(Fraternitas)의 정신으로 살아야 할 복음적 생활양식을 구체적으로 제시한다. 「프란치스코 수도규칙」은 하나의 프란치스칸 신앙고백이자, 영성지침이며 형제회의 근본으로서 모든 프란치스코 가족의 뿌리가 되는 생활지침이다. 「프란치스코 수도규칙」은 프란치스코 성인의 영적이며 정신적인 생활의 결실이며, 개인의 복음적 자유를 충분히 존중한 생활양식이다. 프란치스코는 자신과 형제들이 수도규칙에 저촉되지 않고 법의 정신에 충실하면서도, 성령의 인도에 따르는 확신 가운데서 복음적 자유를 누려야 함을 강조한다. 「프란치스코 수도규칙」은 형제 개인의 고유함과 인격을 평등의 바탕 위에서 폭넓게 존중하는 까닭에 자유와 민주주의의 기념비라고 할 수 있다.

「프란치스코 수도규칙」의 신학적, 영성적 핵심은 "주님의 영과 그 영의 거룩한 활동을 마음에 간직하는 것"(10,8)이다. 복음을 실행하는 형제들의 삶은 모두가 이 근본정신 위에서 이루어져야 한다. 한편 생활양식과 관련된 「프란치스코 수도규칙」의 기본 정신은 복음 정신(1장), 교회 의식(1. 12장), 가난과 작음, 자유, 평등, 형제애로 볼 수 있다. 여기서는 수도규칙의 몇 가지 주요 정신들에 대해서만 살펴본다.

1. 가난과 작음

1) 가난

프란치스코의 복음적 삶은 하느님 사랑의 체험에서 시작되었다. 그가 체험한 하느님은 비우고 낮추시어 육화하신 주님이었다. 다시 말해 그는 하느님께서 가난을 통해 사랑하러 오셨음을 체험하였다. 따라서 그에게 있어 가난은 가난을 통해 우리를 사랑하신 그분에 대한 마땅한 되돌림이었고, 그분께로 가는 길이었다. 프란치스코에게 복음적 가난은 목적 자체가 아니었고, 수덕적인 초연함만을 가리키는 것도 아니었다. "프란치스코와 초기 형제들은 이 세상에 존재하는 모든 것이 '실제로' 하느님에게만 속하므로 우리에게는 아무것도 속하지 않는다는 자명한 사실을 '가난'이라는 삶의 방법과 영성으로 살아가고자 노력하였다."[95]

가난은 세상 안의 가난하고 소외된 이들과의 만남과 연대를 이루는 육화의 길이었다. 그는 '벌거벗은 채 벌거벗으신 그리스도를 따라'(nudus nudum Christum sequi) 삶으로써 복음을 선포하였다. 초기에 형제들은 나환자들 가까이 살면서 일하였다. 이 시기에 프란치스코는 다음과 같이 권고하였다. "천하고 멸시받는 사람들, 가난하고 약한 사람들, 병자와 나병환자들, 길가에서 구걸하는 사람들과 함께 지낼 때 기뻐해야 합니다."(비인준 규칙 9,3) 그러나 「인준받은 수도규칙」 당시에는 형제들이 더는 나환자들 가까이에서 거주하지 않고 거기서 일하지도 않게 되어 이러한 권고들이 필요 없게 되었다.[96]

---

95 김일득, 프란치스칸 경제, 36-37쪽.
96 참조: T. Desbonnets, Dalla Intuizione alla Istituzione, 122-124쪽.

앞에서 이미 살펴보았듯이, 프란치스코가 살던 12~13세기에는 농업과 상업이 혁신적으로 발전하고 자치도시가 등장하면서 무역이 증가하고 돈의 사용도 활발해졌다. 상업이 발전하면서 인구가 폭발적으로 증가하고 도시도 발전하였다. "12세기 말에는 이탈리아 북부의 많은 지방 자치 단체에서 자체적으로 주화를 주조하기 시작했다."[97] 이제 돈과 재산에 기초를 두는 새로운 경제가 시작되는 시기를 맞았다. 경제의 중심인 도시들에서 사람들은 점점 더 은화와 금화에 의지하기 시작했다. 물건의 가치는 자주 돈의 액수로 표현되게 되었고, 이제부터는 부유함의 상징이 땅이 아닌 돈으로 바뀌었다. 점차 인간의 가치 또한 돈의 소유에 따라 평가되는 현실이 두드러졌다. 결국 새로운 사회에서 돈은 부와 권력의 무기로 통용되었고, 인간을 물질화, 도구화함으로써 인간의 존엄을 현저히 파괴하는 중요한 통로가 되었다.

한편 도시들의 정치적 삶에서도 돈은 우위를 차지하는 유력한 수단이었다. 돈은 유산계급의 부유한 이들이 시청을 장악하는 것을 가능케 했고, 그런 이유로 그들이 권력을 획득하여 법을 휘둘렀다. 금과 은이 다스리는 곳에 사람들 사이의 진정한 형제애는 깊어갈 수 없었다. 돈은 계속해서 모든 것을 붕괴시켜 나갔다. 돈은 형제들이 복음적 청빈을 사는 데 장애가 될 뿐 아니라, 가난한 이들을 착취하고 차별을 조장하는 도구였다. 당시의 돈은 안정된 수단보다 그 자체로써 최대의 안정성이 있었다. 오늘날과 달리 돈은 교환 목적이 아니었고, 그 가치가 떨어지지

---

97 David Flood, 'La libertà dal denaro', in AAVV., La regola di san Francesco. Eredità e Sfida, a cura di Pietro Maranesi e Felice Accorocca, Padova, Editrice Francescane, 2012, 337쪽.

않았기에 돈과 금이 같았다. 또 돈은 가장 안정된 것이었고 부자들만 가지고 있었다. 돈은 사회적인 지위도 얻어주었다. 돈으로 사람의 인격적 가치를 평가하는 분위기도 조장되었다. 부유한 이들의 야망과 번져가는 모순들 속에서 프란치스코가 나타났다.

프란치스코는 이 새로운 사회의 이면을 보았고, 사회의 새로운 우상과 화해하는 것을 철저히 거부했다. 이처럼 돈이 막강한 권력을 발휘하며 인간의 존엄을 뒤흔들던 때 그는 '돈과의 결별'을 단호히 선언하였다. 그는 이러한 현실을 직시하면서, 돈을 갖지 못하거나 가치가 낮은 돈을 사용할 수밖에 없는 가난하고 차별을 겪으며 사는 이들과 연대하도록 돈과 금품을 받지 말라고 한 것이다. 돈과 금품으로 인간의 가치를 저울질하는 풍조가 급격히 퍼져가는 현실에서, 그는 형제들에게 온전히 하느님께 의탁하면서 복음적 불안정을 살아가라고 요청한다. 그는 생계유지와 인간관계 모든 면에서 절대 중심을 차지하던 금과 은의 시대에 바로 그 '금과 은'을 버리고 빈손으로 가난하신 그리스도를 따르라고 강력히 권고하고 실제로 그렇게 살았다. 그는 돈의 지배와 그로써 생기는 갈등들 그리고 그것들이 만들어 내는 괴로움 앞에서 가난한 이들과 버림받은 이들에게로 방향을 전환했다. 프란치스코는 형제들의 작음(minoritas)의 정신을 유지하려고 어떤 방식이든 어떠한 돈도 예외 없이 받아들이지 않는다.[98]

"자유롭게 받아들이는 가난만이 행복을 보장하며, 자신과 다른 사람뿐만 아니라 다른 사람의 다름도 받아들이도록 허용한다. 사람은 모

---

98 참조: F. URIBE, LA REGOLA DE SAN FRANCISCO, 167쪽.

든 것에서 벗어나고, 아무것도 자기 것이 아니며 방어할 수 없을 때만, 다른 것을 향해 나아갈 수 있고 주변 세계를 달리 볼 수 있기 때문이다. 여기에 프란치스코의 참신함이 있다."[99] 이렇게 프란치스코는 복음의 가르침에 따라 가난을 형제애의 기회로, 자비와 도움의 대상으로, 나아가 자신을 자유롭고 온전하게 만드는 길로 받아들여 가장 완전하고 총체적인 방식으로 살기로 했다. "시장경제가 시작되고 돈의 흐름이 점차 확산하던 사회에서 프란치스코는 자발적으로 경제 단계의 가장 저급한 수준에 머물렀고, 개인적으로나 전체적으로 부와 재산을 거부하며, 그리스도와 사도들을 완전히 모방하려 노력했다."[100] 공동체적으로까지 재산을 완전히 포기하는 바로 이 점에서 작은 형제들의 가난은 수도승적 삶과 달랐다.

프란치스코는 돈의 힘과 지배에 대한 갈망으로부터 방향을 전환하여 겸손하고 가난하신 그리스도의 모범을 따를 것을 결심하였다. 돈이 그들의 하느님이 되었기에 상인들의 공동체는 붕괴하였으나 그는 가난을 품어 안음으로써 성공했다. 그는 진정한 형제적 공동체를 창조하는 데 성공했고, 그것을 모두에게 개방했다. 여러 사회계층에 속한 사람들이 마침내 서로에 대한 그 어떠한 지배도 없이 형제들처럼 한데 모여 살기 시작했다. 그들 모두는 더 큰 형제적 인간성을 불러일으키는 데서 자신의 일부분을 취함으로써 자기 자신이 더 충만해질 수 있다는 것을 느꼈다. 이것이 바로 최초의 프란치스칸 형제체가 깨달았던 것으로서,

---

99   Francesco Coniglione, Povertà, "minorità" E Apertura al mondo in Francesco d'Assisi, in Annali della facoltà di scienze della formazione università degli studi di Catania 20(2021), 62쪽.
100   Giuliano Boccadamo, '가난한 자들, 순례자들, 자선', in Umberto Eco ed. 중세 3, 263쪽.

급속하고도 엄청난 발전의 비밀이었다. 초기 형제들은 당시 성직록 제도를 시행하던 교회로부터 어떠한 수입도 받아들이지 않았으며, 재산 없이 살았다. 그들은 순례하며 사람들 사이에서 일을 찾거나 동냥을 하여 생계를 유지했다. 그들은 돈을 받지 않았다. 초기의 프란치스칸 가난은 전체적으로 부활 영성으로부터 큰 영향을 받았고, 형상화되어 있었다. 형제들에게 가난이야말로 약속된 땅으로 이끄는 길이었다(인준 규칙 6,4). 이것이 바로 형제들이 이러한 기쁨과 해방의 느낌 속에서 살았던 원인이었다.[101]

프란치스코가 예수 그리스도의 모범을 따라 '소유 없이'(자기 것이 없는)의 삶을 철저히 살고자 했던 목적과 이유는 분명했다. 그렇게 함으로써 온전히 하느님의 사랑에 사로잡힌 사람이 되고, 나아가 사람들과 또 모든 피조물과 친교를 이룰 수 있다고 확신하였기 때문이다. 이런 관점에서 프란치스코는 형제들이 살아야 할 가난에 대해 철저함을 요구하였다. 곧 "직접적으로나 다른 사람을 통해서나 절대로 돈이나 금품을 받지 말고"(인준 규칙 4,1), "집이나 처소나 그 어떤 것도 자기 소유로 하지 마십시오."(6,1) 또한 "가난에 완전히 매달려 우리 주 예수 그리스도의 이름을 위하여 하늘 아래서는 평생토록 결코 다른 어떤 것도 가지기를 원치 마십시오."(6,6) 이렇게 그는 작은 형제들이 오직 자신을 떠나 하느님께 모든 것을 맡기며, 이 세상에서 순례자나 나그네처럼 가난과 겸손 안에서 주님을 섬기기를 바랐다(6,2).

프란치스코가 선택한 가난은 작은 형제들과 그들의 형제체에만 국한되거나 수덕과 금욕에 목적을 둔 것이 아니었다. "프란치스칸 가난

---

101 참조: E. LECLERC, FRANCISCO DE ASÍS, EL RETORNO AL EVANGELIO, 76-77쪽.

은 경제적·사회적·심리적·신학적 및 인간학적 차원을 지닌다. 이 가난은 물질에 관한 것만이 아니라 오히려 무엇보다도 태도, 행동 방식, 삶의 방식, 존재 방식, 우리를 둘러싸고 있는 모든 것들, 즉 사물들, 인간, 가능성을 대하는 방식과 관련성을 맺는다."[102] 이에 관한 안토니오 리곤(A. Rigon)의 사회사적 연구는 주목할 만하다.[103] 당시 사회의 공증 증서와 법령, 교황 서한과 도시 연대기에 작은 형제들은 무엇보다도 가난한 사람들과 함께 가난한 사람들로 나타나며, 나중에 그들은 점점 더 증인과 유언 집행자, 계약 보증인, 개인 및 지역 사회의 조언자로 부름을 받을 수 있는 믿을만한 사람으로 나타난다. 지방 정부는 가난 서약을 한 형제들을 신뢰하여 경제적 성격의 활동에 형제들을 고용하도록 촉구하기도 했다.[104] 그들은 지역 종교 네트워크에서 눈에 띄는 경우는 드물었고, 가난을 통하여 가난한 이들과 깊은 유대를 가졌다. 형제들은 자선의 특권적 수혜자로 거의 나타나지 않았고, 프란치스코 자신이 주인공이었던 피렌체와 같은 도시에서도 평신도 신심의 독점적 기능을 행사하지 않았다.

형제들의 자발적 가난은 사회 경제적 측면에서도 매우 중요한 의미를 지닌다. 곧, "초기 프란치스칸들은 형제체 안에서뿐만 아니라 외부 삶과 일의 모든 맥락에서 '모든 이에게 순종'(유언 19절)한다는 원칙을 충

---

102 J. A. MERINO, 김현태 옮김, 프란치스칸 휴머니즘과 현대사상, 가톨릭대학교 출판부, 1992, 296-297쪽.
103 참조: ANTONIO RIGON, FRATI MINORI E SOCIETÀ LOCALI, IN AA.VV., FRANCESCO D'ASSISI E IL PRIMO SECOLO DI STORIA FRANCESCANA, TORINO, BIBLIOTECA EINAUDI 1997, 262-263쪽.
104 1266년 페루자에서 한 작은 형제는 주화와 시장 전문가로서 시민 당국의 자문 요청을 받았고, 다른 두 명은 회계사와 서기로서 도시와 콘타도의 알리브라멘토 등록부 사본을 작성하여 성 프란치스코 성당에 보관하기도 했다.

실하게 살아감으로써, 새로운 사회적 맥락을 지닌 연대의 경제를 발전시켰다. 곧 형제들은 모든 인간적, 사회적, 경제적 관계에서 가난 정신과 실천에 충실함으로써 전혀 새로운 사회 경제망을 건설하였다.[105]

2) 작음

프란치스코의 가난에 대한 복음적 이상은 '더 작아짐'에 대한 선택과 결단을 포함하고 있다. 어떤 상황에서든, 어떤 타자와의 관계에서든 '낮추고 더 작아지는 태도'야말로 가난의 참모습이다. 그는 수도규칙에서 사랑으로 모든 이에게 복종하는 가난, 동등성 안에서 봉사하는 권력, 가난하고 소외된 이들과의 연대를 살 것을 요청한다. 프란치스코로부터 시작된 새로운 복음적 생활양식은 순례자와 나그네로서 살아가는 복음적 불안정, 소유 없이 단순하게 생활함, 도시의 가난한 사람들의 처지에 함께함, 형제애 등의 특징을 지니고 있었다. 그러나 당대의 다른 복음적 운동들과 구분 짓는 결정적 특징은 '보다 더 작아지는 삶의 태도'였다. 수도규칙 제1장의 '작은 형제들'(1,1)이란 호칭은 '수도규칙과 생활'의 대상이 누구인가를 지칭할 뿐 아니라 그들이 살아야 할 삶의 핵심을 드러내는 것이므로 매우 중요하다.

야고보 비트리 추기경은 1216년 자신의 편지에서 '작은 형제들'에 관하여 증언한다(8항). 또 1219년 6월 11일 교황 문헌에 처음으로 형제들을 '작은 형제들'(fratres minores)이라고 명명한다.[106] "작은 형제들"이

---

105 참조: 김일득, 프란치스칸 경제, 97쪽.
106 Honorius III, Cum dilecti filii, in BF I, 2쪽.

라는 호칭은 프란치스코가 추구하고자 했던 형제들의 삶과 복음적 소명에 빛을 던져 주면서 분명하게 했다. 프란치스코는 minor(더 작은), minores(더 작은 이들)라는 단어를 사용함으로써 한없이 낮추시고 비우시고 작아지신 그리스도의 가난을 추상적인 관념이 아닌, 역동적이고 구체적인 방법으로 살도록 요청한다. '더 작은'(minor)은 그 자체로 절대적이거나 고정적인 상태가 아니며, 상대적으로 늘 '다른 어떤 존재보다' 더 작고 낮아지는 역동성이 요구되는 전인적 삶의 태도다. 작음의 태도는 프란치스칸 정신에서 독창적이고 계획된 점이다.[107]

'더 작은 이들'(minores)은 새로운 자치도시에서 경제적, 정치적 힘을 지닌 부유한 중산층(maiores)과 달리 하층민이나 시골 주민을 가리켰다. 프란치스코는 그의 형제들에게 '미노레스'(minores)라는 이름을 부여함으로써, 그들을 사회적으로 도시의 서민들과 명확히 연관 지으려는 의도를 지니고 있었다.[108] 형제들은 '더 작은 이들'답게 어디에서든 지배적 힘을 행사하지 않았다. 프란치스코는 말한다. "같은 집에서 거주하는 모든 이들보다 더 낮은 사람이 되고 아랫사람이 되어야 합니다."(비인준 규칙 7,2) 또한 「유언」에서 "우리는 무식한 사람들이었으며 모든 이에게 복종하였습니다."(19절)라고 회상한다.

여기서 우리는 작은 형제들의 특징적인 삶의 태도를 알 수 있다. '작음'이란 그리스도 안에서 드러난 하느님을 체험한 사람과, 동시에 십자

107　참조: J. Micó, 'Menores y al servicio de todos. La minoridad franciscana', in SelFran 60(1981), 436-449쪽.
108　E. Leclerc, Francisco de Asís, El retorno al Evangelio, 81쪽.

가 위에서 죽기까지 낮추신 예수님 그리고 섬기는 종으로서 관계를 맺는 인간의 고유한 실존으로부터 드러나는 지평이다. '작음'은 형제애를 위해 가난을 사는 태도이며, 하느님 사랑으로 다른 이를 존중하는 태도이다. 프란치스코에게 '더 작아짐'은 권력과 특권과 지위를 자기 것으로 소유하지 않는 것이다. 그것은 자발적으로 가난하고 무력하며 무방비 상태에 있는 하느님의 백성들처럼 되려는 바람이었다. 그것은 봉사 받지 않고 봉사하려는 바람이고, 함께 즐거워하고 함께 고통을 겪고 함께 나누며, 서로 관심을 두고 도와주며 서로 유용한 자가 되려는 몸짓이다. 또 다른 사람 위에 군림하려는 욕망, 곧 인간의 가장 악한 경향을 극복하려는 바람이다. 작은 형제들의 '더 작아지는' 삶의 성소는 우리 사회의 보잘것없는 이들, 가난한 이들, 자신을 지킬 힘이 없는 이들, 우는 이들, 고통 받는 이들 가운데 자리하도록 한다. 그들과 함께 하는 자로 남는 것은 그들의 음식과 머물 곳을 함께 나누는 것을 배우면서 그들의 삶, 그들의 기쁨과 슬픔을 나누는 것을 뜻한다.

프란치스코 수도규칙은 '더 작아지는 삶'에 대해 다음과 같이 규정한다. "형제들은 천한 사람들과 멸시받는 사람들 가운데에서, 또한 가난한 사람들과 힘없는 사람들, 병자들과 나병 환자들, 그리고 길가에서 구걸하는 사람들 가운데에서 살 때 기뻐해야 합니다."(비인준 규칙 9,2) 나아가 프란치스코는 '세상을 두루 다닐 때 남과 다투거나 언쟁을 벌이거나 남을 판단하지 말라'(비인준 규칙 3,10)고 하면서, 이어서 작음의 내적 태도와 연관된 적극적인 여섯 가지 태도를 명한다. "오히려 모든 이에게 정직하게 말을 하면서 온유하고 평화롭고 순박하고 양순하고 겸허해야 합니다."(3,11)라고 권고한다. 작은 형제들이 지녀야 할 첫 번째 태도는 '정직하게 말하는 것'이다. 세상을 다니면서 진실하지 않다면, 그 누구에게도 받아들여지기 어려워진다. 우리는 진정 낮추고 비울 때 두려움 없이 단순하게 있는 그대로 말하고 받아들일 수 있다. 우리가 진실할 때 이기적인 자기중심주의에서 벗어날 수 있고, 이웃을 진정으로 사랑할 수 있게 될 것이다.

프란치스코는 더 작아지는 작음의 태도로 가난을 선택하여 살아냄으로써 자유를 온 세상에 선포하였다. 가난과 더욱 작아짐 안에서 산 복음적 형제 생활은 모든 계층의 사람들을 프란치스코 주위에 몰려들게 하였다. 그렇게 모인 형제들은 그 어떤 차별도 없이 자유롭게, 실천적인 방식으로 돈과 사람들로부터 소외된 사람들과 사회적 우애를 나누었다. 가난과 작음은 그 자체로 목적이 아니지만, 그것은 자유의 출발점이었고, 형제애를 실천하기 위한 기본 태도였다. 그러나 작음의 선택이 사회로부터 형제들을 고립시키지 않고 프란치스칸 운동 초기에 그랬듯이 가족이나 집단과의 친족 관계, 의존성, 연대의 유대를 단절시키지도 않았다.[109] 그렇게 가난과 작음은 형제애와 더불어 프란치스칸 운동과 함께 사회적 가치를 지니게 되었다.

2. 자유

레오나르도 보프는 프란치스코를 가리켜 "해방되어 해방시키는 자

---

[109] 참조: Antonio Rigon, Frati Minori e società locali, in AA.VV., Francesco d'Assisi e il primo secolo di storia francescana, Torino, Biblioteca Einaudi 1997, 269쪽.

유인"¹¹⁰이라 하였다. 프란치스코의 주된 관심은 지상의 모든 것으로부터 자유롭게 되는 것이었다(1첼라노 71). 그는 시대의 불의와 불평등, 이기적 개인주의, 배타주의와 소외, 재화의 부당한 소유로 인한 가난에 대해 비난할 힘을 가질 만큼 자유로웠다. "그는 모든 형태의 물질적·정신적 오염에서 해방되어 정신의 평온함을 유지할 수 있었고 언제나 자기 자신일 수 있는 힘을 보존할 수 있었다. (...) 이것은 새로운 행동 방식이었고, 그의 고유한 삶과 존재 방식이었다. 이렇게 얻어진 자유는 우리로서는 벗어나기 힘든 자기 자신, 다른 사람들 그리고 사물들 앞에서 취한 태도의 결실이었다."¹¹¹ 그는 추상적인 관념이 아니라 당시의 사회 환경과 인간의 구체적인 삶의 현실에서 자유를 추구하였다. 그의 자유에 관한 전망과 새로운 사고가 수도규칙에 잘 나타나 있다.

프란치스코는 옛것이 죽어가고 새것이 시작되는 격동의 시기에 등장하였다. 곧 경제와 사회의 지배권이 신흥 시민계급에 의해 위협을 받게 되었다. 봉건제도 아래서 "모든 사회관계는 계약과 동맹과 맹세의 맥락으로 조직되어서 엄격한 위계 구조 안에서 상호 신뢰의 제도를 자아내었다. 각자는 상하 간 자기 자리가 있고, 피라미드식의 위계질서가 형성되었으며 이것은 안정되고 변할 수 없는 것이었다. 하느님은 이 위계질서의 보증자로 불리었다."¹¹² 이전 농경사회의 수도 생활도 수직적인 위계질서 아래서 수도원장에 대한 순종 서원과 농노의 수도원에 대한 순명에 달려있었다. 이처럼 상하 위계질서에 따른 종속과 의존으로 관

---

110 L. Boff, 정 그리고 힘. 가난한 이의 눈으로 본 아씨시의 프란치스코, 분도출판사, 1987, 144쪽.
111 J. A. Merino, 김현태 옮김, 프란치스칸 휴머니즘과 현대사상, 291쪽.
112 L. Boff, 정 그리고 힘. 가난한 이의 눈으로 본 아씨시의 프란치스코, 146-147쪽.

계가 형성되는 사회 여건에서는 개별 인격이 존중되는 자유가 충분히 고려될 여지는 없었다. 그러나 11~12세기에는 초기 봉건주의의 한 특징이었던 중앙 권력의 분권화가 공적 권위의 본질과 근거를 다시 정의할 길을 열어주었다. 따라서 교회는 교황의 지도 아래에서 보살핌과 복종의 단위가 더는 가족이나 부족, 계급이 아니고 개인이라고 주장할 수 있게 되었다. 한편 교황 통치와 행정의 발달은 교황의 자리를 수동적인 권위의 자리에서 능동적인 권력의 자리로 바꿔놓았다.[113]

프란치스코 시대에는 코뮌(Comune)이 성행하였고, 그로부터 새로운 사회계층인 신흥 상인들과 직업 협동체가 생겨났다. 그러나 이런 질서 조직이 지배적이지는 않았고 자유로운 교환, 자유 협업과 생산이 우세하였다. 도시로 나간 농노들은 자유를 얻었으나 대부분 사람은 여전히 자유를 얻지 못했다. 버림받은 이들과 소외된 이들, 나환자들이 도시로 모여들었다. 이제 사회는 토지 소유권이나 귀족 신분이 아니라 돈, 금, 사업, 물질적 번영이 새로운 권력으로 중요시되었다. 이 새로운 사회에 맞는 이념체계가 발전되어 응집력과 조직성을 부여하였으니, 곧 개인의 가치, 개인적 경험, 일과 협동 단체의 가치 등 모두 새로운 것이었다.[114] 한마디로 자유였다.

한편 교회도 성직자 중심의 피라미드 위계질서가 강조되고 교황권이 황제권 위에 자리를 잡음으로써 종교와 사회에서 절대 권력을 갖게 되었다. 그렇게 상하 위계질서와 권력에 잠기고 세계 지배권 유지에 몰

---

113 참조: Larry Siedentop, 정명진 옮김, 개인의 탄생, 부글북스 2016, 368-369쪽.
114 L. Boff, 정 그리고 힘. 가난한 이의 눈으로 본 아씨시의 프란치스코, 147쪽.

두한 교회는 개인의 자유와 가치를 중시하는 새로운 흐름에 아무것도 하지 못했다. 이런 상황에서 발도파, 카타리파, 리옹의 가난한 이들, 후밀리아티 등 새로운 종교운동이 일어났다. 그들은 복음적 가난을 통해 당대의 사회적, 종교적 요구에 대한 답을 찾으려 하였다.

프란치스코는 이런 사회적, 종교적 맥락에서 "세속을 떠남으로써"(exivi de saeculo, 유언 3절) 지금껏 볼 수 없었던 창조적 혁명의 길을 제시하였다. 그는 복음을 기초로 복음에서 시작하여 복음으로 가는 '복음 혁명의 길'을 열었다. 그는 돈과 권력으로부터 떠나는 철저한 가난을 통한 자유, 상하 위계질서와 지배에서 벗어나 수평적 동등성(평등)을 일상화하는 복음적 반란을 일으켰다. 그는 복음의 가치를 살아냄으로써 당대의 지배 세력을 철저히 비판함과 동시에 새로운 상황의 요청에 따른 강력한 응답을 제시하였다.[115]

코뮌을 형성한 자유와 평등의 이상은 인간들의 재물에 대한 탐욕과 힘에 대한 추구와 충돌했다. 새로운 상업 경제가 부흥하기 시작하던 상황에서 프란치스코는 복음에서 출발하여 자유의 길을 보여주었다. 그는 토지와 신분에 따라 더 큰 힘을 발휘하는 것들에 중심을 둔 봉건제도에 직면하여, '더 작아지고'(minor) 모든 이들에게 복종하는 "작은 형제"로 사는 생활양식을 선택했다. 프란치스코와 초기 형제들의 구성만 보아도 당시의 신분과 지배구조를 무너뜨리려는 '복음적 반란자'로서의 프란치스코의 의도를 명확히 알 수 있다. 초기 동료 중 귀족 출신이 6명, 볼로냐 대학 출신 박사가 2명, 법률 전문가가 4명, 사제 1명, 대성당 법원 판사 1명, 하층계급 출신 3명, 출신 불명 2명, 그리고 프란치스코 자신은

---

115 참조: L. Boff, 같은 책, 149쪽.

신흥 도시 상인계급 출신이었다.[116]

이렇게 초기 프란치스칸 형제체는 가난한 이들과 가난한 그리스도를 선택하고, 기존의 사회체제는 물론 새로운 사회의 시스템과 관계를 미리 끊어버렸다. 이는 복음 안에서 자유를 누리고 복음의 힘으로 보편적 형제애를 실현하려는 것이었다. 한마디로 초기 공동체는 모두의 자유를 위해 모두에게 열린 '자유 공동체'였다. 모든 이의 자유를 위해 열린 공동체는 봉쇄 울타리 안의 고정된 집이 아니라 자유와 사랑으로 꿈틀거리는 곳으로서 '세상이 바로 수도원'(거룩한 교제 63 참조)이었다.

프란치스코는 부와 권력을 거슬러 철저한 가난과 돈과의 결별이라는 새로운 이상을 제시하였다. 그는 아버지와의 결별을 통해 '알몸으로'(1첼라노 15; 익명의 페루자 8; 세동료 20), '자유로운 사람'이 되어(세동료 19) 자유를 선포하기 시작하였고, '알몸으로 땅에 눕혀진 채' 죽음을 맞음으로써(2첼라노 215) 영원한 자유의 길을 보여주었다. 이러한 자유는 이른바 '해방으로서의 자유'였다. 그는 단지 사회 조직으로부터 해방을 추구했던 것이 아니라 새로운 사회관계를 통해 모두가 자유로워질 수 있도록, 철저한 평등에 뿌리를 둔 이상적인 형제회를 창설하였다. 이러한 형제회는 '밖을 향하여', '타자' 곧 모든 사람과 피조물에까지 개방되어 있다. "형제회가 모든 피조물과의 참된 우주적 민주주의로 위를 향하여도 열려 있지 않다면, 완전히 개방되고 해방되었다고 할 수 없을 것이다."[117]

---

116 참조: A. Fortini, Nuova Vita di San Francesco, Vol.1. Par.1, Assisi 1959, 357-360쪽.
117 L. Boff, 정 그리고 힘. 가난한 이의 눈으로 본 아씨시의 프란치스코, 153쪽.

프란치스코는 가난과 겸손을 통하여 본질 자체인 예수 그리스도를 위축시키고, 인간 존엄과 공동의 선을 훼손하는 불필요한 요소로부터 자유로워지는 길을 선택하였다. 구체적으로 모두가 자유를 살 수 있도록 사회적 경제적으로 소외된 가난한 이들을 선택하였다. 그는 무소유의 삶을 통해 세상 그 무엇과도 비교할 수 없고 바꿀 수 없는 하느님을 얻는 법을 제시하였다. 그는 자신을 철저히 비우는 '소유 없이'(sine proprio)의 삶을 통해 참된 자유의 세계로 나갔다. 이를 위해 그는 형제들이 개인적으로나 공동체적으로 집이나 어떤 물건에 대하여 권리가 없고 자기 것으로 주장할 수 없는 절대적인 가난을 살아야 한다고 권고한다(인준 규칙 4,1; 6,1 참조).

그뿐만 아니라 그는 노동에서도 기존 수도승 생활에서는 상상조차 할 수 없는 방식을 선택하였다. 곧 "모든 형제는 남의 집에서 봉사하거나 일하기 위하여 어느 곳에서든지 감독관이나 관리인이 되지 말아야 하며, 같은 집에 있는 모든 이들보다 더 낮은 사람이 되고 아랫사람이 되어야 했다."(비인준 규칙 7,1-2) 가난을 통해 자유로워진 작은 형제들은 역설적으로 가난한 이들뿐 아니라 귀족계급, 상인, 장인, 정치인, 교황 가족들 등 계층을 가리지 않고 관계를 맺었다. 나아가 그들이 재화를 세상적 쾌락과 탐욕이 아니라 구원을 위한 신심 행위로 사용하고 부를 정당하게 사용하도록 함으로써 13세기 사회에 해방적인 종교의 전망을 열었다.[118] 그러는 가운데서도 작은 형제들은 안정적인 권력을 목표로 하지 않았고 행동 수단은 늘 본질에서 종교적이었다.

---

118 참조: ANTONIO RIGON, FRATI MINORI E SOCIETÀ LOCALI, IN AA.VV., FRANCESCO D'ASSISI E IL PRIMO SECOLO DI STORIA FRANCESCANA, TORINO, BIBLIOTECA EINAUDI 1997, 267-271쪽.

작은 형제들의 수도규칙은 최소한의 법과 극대화한 영성, 최소한의 제도와 최대한의 복음을 표현함으로써 자유의 탁월함을 드러내었다. 「프란치스코 수도규칙」은 각 개인의 자유와 창의성, 결정을 최대한 존중한다. 곧 '하느님의 뜻에 맞는다고 생각되는 때'(인준 규칙 2,10), '필요한 경우'(3,9; 4,2), '어쩔 수 없는 경우'(2,15), '원하는 때'(3,6)에는 달리 할 수 있다. 프란치스코는 상황에 대한 적절한 고려, 각자의 고유한 처지와 인격을 존중하는 개방성과 유연함을 폭넓게 보여준다. "만일 이렇게 할 수 없으면 좋은 뜻만으로 넉넉합니다."(2,6)라는 규정도 같은 취지이다. 그는 거의 삶의 전반에 걸쳐 각자의 자유 결정에 맡긴다. 곧 수도복을 기워 입는 것, 전례기도에 필요한 책을 소유하는 것, 일을 위해 연장을 갖는 것, 주어진 음식을 먹는 것, 작은 형제들의 생활에 어긋나지 않는 일을 선택하는 것, 일을 생계유지와 연결 짓는 것, 그리스도인들 사이에 머물거나 이교인들에게 가는 것, 봉사나 설교를 위해 사람들 가운데서 현존하는 방법 등. 이러한 자유는 자율적인 결단을 통해 개방된 존재로서 현존하는 '실존적 자유'이다.

이러한 폭넓은 자유는 "주님의 영과 그 영의 거룩한 활동을 마음에 간직하는 것"(10,8)을 전제로 한 것이 분명하다. 프란치스코에게 있어 '주님의 영'은 바로 자유의 원천이다. "프란치스코가 뜻하고 실행에 옮긴 자유는 완전성이고 독창성이며 가장 훌륭한 생활방식이었다. 그는 자유를 노래하며 경축하였는데, 그 까닭은 그가 삶과 존재를 노래하고 경축하며 자신이 자유롭게 되고 구원되었음을 알았기 때문이며, 자신이 자유롭게 되고 구원되었음을 알았고 완전하게 자유롭게 되었음을 체험하였기 때문이다."[119] 그의 자유는 생활 전반에서 수도원 으뜸이나 아빠스의 결정에 따르도록 한 이전의 대부분의 수도승 규칙들과는 크게 다른 혁명적인 관점이었다고 할 수 있다.

자유에 관한 프란치스코의 사고와 전망을 보여주는 몇 가지 예를 보자. 프란치스코는 "이미 순종을 서약한 이들은 모자 있는 수도복 한 벌을 가질 것이며, 원하는 이들은 모자가 없는 수도복 한 벌을 더 가질 수 있습니다."(인준 규칙 2,14)라고 한다. 곧 수도복에서조차도 각자의 양심과 자유를 존중하였다. 나아가 그는 봉사자들이 병자들과 형제들의 의복에 관해 관심을 가져야 하고, '장소와 계절 그리고 추운 지방'에서 생기는 상황적 필요도 고려해야 한다고 규정한다(4,2). 그는 어떤 경우에도 획일적인 틀 속에서 인간성이 핍박이나 구속받는 것을 절대로 원치 않았다. 그는 복음을 사는 데서도 구체적인 판단과 배려를 봉사자들에게 맡김으로써, 늘 하느님의 사랑에 모두를 열어두는 '생명을 위한 개방성'을 중요시했다. 이로써 그는 가난한 삶을 통해서도 '주님의 영'을 체험하고 발견하도록 우리를 초대한다.

프란치스코는 복장에 관하여 추위 등 환경을 고려하고 형제들의 고유한 처지를 헤아려 자유를 주었듯이 "어쩔 수 없는 이들은 신발을 신을 수 있습니다."(2,15)라고 하였다. 여기서 말하는 신발은 천이나 가죽으로 발을 감싸게 되어있는 것을 말한다. 초기 형제들은 맨발로 다니지는 않았고, 따뜻한 신발이나 구두 같은 것은 피하는 대신 샌들을 신었다. 프란치스코는 형제들에게 너무 지나치거나 불가능한 것을 요

119　J. A. Merino, 김현태 옮김, 프란치스칸 휴머니즘과 현대사상, 293쪽.

구하지 않는다. 신발을 신고 안 신고는 형제들의 자유로운 판단에 달린 것으로서 그는 형제들의 자유와 양심을 존중하고 있다.

프란치스코 수도규칙은 "필요 앞에는 법이 없다."(necessitas non habet legem.)라는 그라씨아노 법령집의 말을 인용한다.[120] "꼭 필요한 경우에는 주님께서 형제들에게 베풀어주시는 은총에 따라, '필요 앞에는 법이 없기' 때문에, 모든 형제는 필요한 것을 쓸 수 있습니다."(비인준 규칙 9,16)라고 한다. 이와 같은 맥락에서 프란치스코는 "원하지 않는 사람은 지킬 의무가 없습니다."(인준 규칙 3,6)라고 복음 앞에서 형제들의 양심과 자유를 존중하고 있다. 또한 "꼭 필요한 경우에 형제들은 육신의 단식을 할 의무가 없습니다."(3,9)라고 규정함으로써 복음적 자유 안에서 단식을 실행하도록 권고한다. 이는 당시 엄격한 금욕과 수덕 생활을 강조하던 수도승들의 생활에서는 찾아보기 어려운 독창적이며 참신한 것이다.[121]

「베네딕토 수도규칙」은 단식재에 대하여 상세히 규정한다(39-41장; 49장). 그런데 프란치스코가 이에 대해 상세히 규정하지 않는다. 그것은 형제들이 복음적 자유 안에서 각자의 처지에 따라 자발적으로 단식을 실행할 수 있도록 한 것이다. "거룩한 복음에 따라, 차려 주는 모든 음식은 먹어도 됩니다."(3,13)[122]라는 말씀에서 알 수 있듯이 형제들은 사람들

---

120   DECRETUM GRATIANI P.II, C.Q.1 GLOSA ANTE C.40 IN CORPUS IURIS CANONICI, EDITIO LIPSIENSIS SECUNDA POST AEMILII LUDOVICI RICHTERI, PARS PRIOR. DECRETUM MAGISTRI GRATIANI, GRAZ 1959, COLL. 374.
121   성 골롬바노의 「수도원 규칙」(REGULA COENOBIALIS)에는 예외로 허락되는 음식물들의 목록이 열거된다(MIGNE, PL 80, 210-211).
122   이에 관해 야고보 비트리 추기경도 형제들이 "어떤 사람의 집에 식사 초대를 받으면 주는 대로 먹고 마신다. 그리고 누가 애긍으로 자비롭게 무엇을 준다면 내일을 위해 챙겨두지 않는다."(동방역사 32장 8항)라고 증언한다.

이 사랑으로 주는 것은 무엇이든지 사랑으로 받아들일 줄 알아야 한다. 곧 형제들이 '세상을 돌아다니며' 살기 때문에 가난한 순례자로서 주어지는 모든 것을 복음의 정신에 따라 받아들일 수 있다고 한 것이다. 이것이 바로 프란치스코가 단식과 관련하여 제시하는 복음적 자유의 길이다. 또한 「베네딕토 수도규칙」은 단식을 처벌의 수단으로 사용하기도 한다(30, 3; 44,18-19 등). 그러나 프란치스코는 단식을 하느님을 만나기 위한 길이나 기도의 방법 이외의 것으로 절대 이용하지 않았다.

이상에 살펴본 것처럼 프란치스코는 예수 그리스도께서 제자들에게 주신(루카 10,8) 자유를 어떤 상황에서든 보존하려고 힘썼다. 그에게 이러한 복음적 자유는 절대적 가난의 생활과 연결되어 있다. 프란치스코는 가난과 단순함을 선택하여 사는 데 철저했지만, 자신이나 남에 대해 매우 자유로웠다. 그는 형제들에게 다음과 같이 권고한다. "부드럽고 화려한 옷을 입은 사람이나 맛 좋은 음식을 먹고 마시는 사람들을 볼 때, 그들을 멸시하거나 판단하지 말고 오히려 각자 자기 자신을 판단하고 멸시하십시오."(2,17) 그는 누구든 하느님의 피조물이요 형제로 여겼기에 부자, 가난한 이, 권력자, 힘없는 이 할 것 없이 자유롭게 만나 소통할 수 있었다. 이렇게 그는 모든 피조물과 성사적 관계를 이뤄냈고, 하느님의 창조물인 인간을 중심에 두어 각 개인이 자유를 살아가도록 하였다. 이렇게 프란치스코는 스스로 자유를 성취했기에 연대적 활동을 통해 자유의 장(場)을 창조하거나 넓히려고 노력하는 모든 참 해방의 과정을 지원하고 격려한다.[123] 그의 자유는 이탈과 해방을 통한 해방으로서의 자유에만 머물렀던 것이 아니라, 타자 곧, 하느님과 세상, 인간과 피조물을

---

123 참조: L. BOFF, 정 그리고 힘. 가난한 이의 눈으로 본 아씨시의 프란치스코, 166쪽.

위한 존재론적인 자유로까지 확장되었다.[124] 이렇듯 프란치스코에게 있어 자유는 형제애의 본질이기도 하다. 프란치스칸 형제체는 사랑과 평화가 있을 때만이 자유와 인류애가 실현된다는 사실을 중세 사회에 일깨워 주었다.

프란치스칸 영성과 철학은 가난과 겸손으로 인간과 피조물의 종이 되신 하느님 사랑에 대한 프란치스코의 체험과 복음에 따른 실천적 삶의 양식에서 비롯되었다. 그로부터 프란치스칸 학파의 사상가들은 육화의 겸손과 수난의 사랑에 터 잡은 프란치스코의 고유한 신학적, 철학적 관점을 발전시켰다. 보나벤투라는 자유에 관해 다음과 같이 설명한다.[125] 하느님은 절대 자유이며 투명한 자유이나 인간의 자유는 본질에서 상대적이며 욕구적이다. 따라서 인간은 하느님 안에서, 하느님을 통하여 구성적으로 자유롭게 될 필요가 있다. 인간의 자유로운 행동은 전 인간의 결과이며 그것은 이성의 심사숙고함과 의지의 결단이 있어야 한다. 자유는 이성과 의지간에 밀접한 협력을 통한 결과이다. 자유의 기초는 이성과 의지로 구성되고 오직 이 둘의 합치에 의해서만 존재할 수 있다. 보나벤투라는 토마스주의자들(intellectualism)과 달리 자유를 의지에 관한 것으로 보았다(voluntarism).

개별 인간을 존중하는 프란치스코의 자유사상은 둔스 스코투스(Duns

---

124 프란치스코 성인의 실천적 삶의 여정에서 나타난 자유의지에 관하여는 김지영, 자유와 사랑과 부활에 이르는 프란치스코 성인의 영적 여정, 가톨릭대학교 문화영성대학원 석사학위논문, 2019, 73-106쪽 참조.
125 참조: 김현태, 둔스 스코투스의 자유론, 프란치스칸 삶과 사상 제11호(1998년 가을), 68-70쪽.

Scotus), 윌리엄 오캄(William of Ockham) 등 14세기 프란치스칸 사상가들이 전개한 인간 중심의 철학과 사상의 원천이 되었다. 둔스 스코투스의 인간 이해에서 명확히 알 수 있듯이 인간 자체에 대한 이해와 관점이 달라지고 깊어졌다. 그는 다음과 같이 말한다. "인간은 자기 자신에 속하는 동시에 고유한 개체성, 개별성, 품위를 소유한다. 그는 관계적이고 상관적이기도 하다. 나, 너, 우리는 서로 부요함과 동일성이라는 절대로 멈추지 않는 과정 안에서 변증적으로 섞여 짜인다. 고유한 주관성을 발견하고 그 안에서 심화되어야 할 필요성이 있을지라도 인간은 그 안에 잠겨 있을 수 없으며 타자성(他者性)에 개방되어야 한다."[126]

프란치스칸 전통은 단계적으로 독창적인 자유 이해를 발전시켰다. "도덕적 자유는 아름다움, 진리, 선함과 같은 가치들과 관련된 것들을 선택할 수 있는 자유로 이해된다. (...) 도덕적 자유는 의지적으로 아름답고 참되고 선한 것을 선택하는 것이다."[127] 둔스 스코투스는 자유를 하느님의 선물이자 인격의 기본 특성들 가운데 하나로 보았다. 그는 의지를 본질적으로 자유롭다고 보며 자유와 동일시한다.[128] 그에게 있어 자유란 하느님의 절대 자유이며, 인간은 하느님의 은총으로 영적 자유를 추구함으로써 하느님의 충만한 자유에까지 이를 수 있다고 보았다. 이렇게 개별 인격의 의지와 고유함을 존중하는 프란치스코의 자유는 사

---

126   김현태, 명민한 박사 둔스 스코투스의 삶과 사상, 철학과 현실사, 2006, 136-137쪽.
127   참조: J. FREYER, 이용호·황성욱 옮김, 전통의 재발견. 프란치스칸과 도미니칸 지적 전통 간 대화와 차별화, 프란치스칸 사상연구소 학술발표 모음 11, 프란치스코출판사 2020, 60쪽.
128   둔스 스코투스의 자유 이해에 관하여는 김현태, 둔스 스코투스의 자유론, 65-83쪽을 참조.

상사적으로도 맥을 이어가고 사회, 정치, 문화, 예술, 사상, 신학 등 여러 분야에 폭넓은 영향을 미치게 된다.[129]

이처럼 프란치스코로부터 시작된 신 중심에서 인간 중심으로 바뀐 패러다임의 절정에서 르네상스가 꽃피고 종교개혁과 그 이후 교회 개혁에도 영향을 미쳤다. 프란치스코의 복음 혁명이 촉발한 자유와 인간학, 인간의 고통 한복판에서 함께 현존하는 참 인간이신 하느님의 인간에 대한 공감 등은 자유와 평등을 지향하는 르네상스의 밑거름이었다고 할 수 있다. 헤르만 헤세는 프란치스코를 "르네상스에 무의식중에 공헌한 최초의 위인들 중 하나였다."[130]고 하였고, 시오노 나나미는 그를 '최초의 르네상스인'으로 평가했다.[131] 르네상스 시대의 단테, 페트라르카, 조토, 미켈란젤로, 라파엘로, 레오나르도 다빈치, 보티첼리 등은 프란치스코의 그러한 자유, 평등사상을 문학과 예술로 표현하였다. 이렇듯 평등성과 형제애의 기초이자 결실인 자유사상은 15세기 이후 르네상스 예술과 문화, 사상에서 꽃을 피웠다. 이런 관점에서 프란치스코를 진정한 의미에서 유럽 역사가 시작되는 결정적 전기를 마련한 인물로 평가하기도 한다.

---

129 둔스 스코투스는 프란치스코 성인이 체험한 사랑의 바탕 위에서 사랑의 빛으로 독창적인 사고의 종합을 이루었다. 그는 지성에 대한 의지의 우위를 강조하고 보편성 우위의 시대에 개별성을 보편성과 동등한 것으로 보았다. 후에 윌리엄 오캄은 개별성이 보편성보다 더 우위에 있다고 주장한다. 이처럼 성경과 교부들의 전통을 따르면서도 인간을 중심에 둔 사상적 관점의 변화는 중세의 신(神) 중심 사고를 무너뜨리는 혁신이었다.
130 Hermann Hesse, 이재성 옮김, 성 프란치스코의 생애, 프란치스코출판사, 2014, 89쪽.
131 참조: 시오노 나나미, 김석희 옮김, 르네상스를 만든 사람들, 한길사, 2001, 27-48쪽.

3. 평등

프란치스코는 수도규칙에서 이렇게 말한다. "너희는 모두 형제다. 또 이 세상 누구도 너희의 아버지라고 부르지 마라. 너희의 아버지는 오직 한 분, 하늘에 계신 그분뿐이시다."(비인준 규칙 22,33-34) "모든 형제는 형제들 서로 간에 어떤 권한이나 지배권도 가져서는 안 됩니다."(비인준 규칙 5,9) "아무도 장상이라고 부르지 말고, 반대로 모두 똑같이 작은 형제들이라 부를 것입니다."(비인준 규칙 6,3)

'작은 형제'(인준 규칙 1,1)라는 명칭 자체가 평등성의 기초 위에 모두가 존엄한 존재임을 드러내 준다. 프란치스코와 초기 형제들에게 있어서 '형제'(frater)라는 말은 더불어 살아가는 형제체 모든 구성원의 '복음적 신원'을 가리켰다. 그뿐만 아니라 '형제'라는 말은 수도원인 '온 세상' 사람들을 바라보고 관계를 맺는 근원적인 방식이기도 했다. 프란치스코는 형제체 안의 사람들과 더불어 세상 안의 사람들, 나아가 모든 피조물까지도 형제로 받아들였다. 따라서 '형제'(frater)라는 이름은 자신들을 '수사'(monachus)라고 불렀던 수도승들이나 공주 사제단들과 구별해 주었다. 프란치스코의 이런 선택은 매우 근본적이다.

초기 프란치스칸 문헌을 통해 명확히 알 수 있듯이, 프란치스코는 계층이나 직업을 바탕으로 한 출신의 차이를 이유로 어떠한 차별도 하지 않았다. 귀족과 농노, 부자와 가난한 자, 배운 자와 못 배운 자, 성직자와 평형제, '모두가 똑같이 작은 형제들이라 불렸다.'(비인준 규칙 6,3) 프란치스코의 새로운 형제회 안에서 계층과 출신은 아무런 역할도 하지 않았다. 이런 태도는 기존의 사회 질서를 궁극적으로 하느님께서 설정해 주신 것으로 보았던 중세의 계급의식을 완전히 허물어버렸다. 따라서 프란치스코는 오직 형제들의 공동기도와 관련해서만 성직 형제와 글 모르는 형제를 구별한다. 이는 서로를 차별하기 위한 것이 아니라 하느님과의 관계에서 모두가 기도를 바쳐야 한다는 근원적인 사실에서 비롯된 것이다.[132]

프란치스코의 자유사상은 평등과 형제성을 통하여 실현되었다. 그는 '형제체'(fraternitas)라는 새로운 형태의 공동체 안에서 평등을 일상화하였다. 형제체 삶은 신분과 계층과 관계없이 모든 이를 받아들였고, 형제들끼리의 관계에서 모든 형태의 지배를 거부하고 평등을 추구함으로써 진정 복음의 표지가 되었다. 프란치스코는 당시의 폐쇄적인 신분제와 불평등한 위계적 질서를 철저히 거부하였다. 그는 성직, 학식, 재산, 장상직, 귀족과 평민 등 그 어떤 이유나 조건으로도 차별하지 않았다. 그는 "자신과 추종자들이 규범, 제도에 속하기보다는 개인의 적극적인 결단을 통하여 자발적이고 자유로운, 즉 신 앞에서 모든 영혼이 평등하고 철저하게 자율적이기를 원하였다. (...) 그는 프란치스코 수도회 수도사들의 평등하고 고유한 기능을 통해 비로소 현세에 그리스도의 몸, 즉 교회라는 유기적 공동체를 이룰 수 있다고 생각하였다."[133] 프란치스코의 새로운 형제체에서는 신분과 계층, 학식과 재산 그 어떤 차이도 고려하지 않음으로써, 사회적 신분이 하느님의 뜻에서부터 온다는 중세적 사고를 넘어설 수 있었고, 인격적 다양성을 극복하는 평등의 길을 열었다.[134] 그

---

132 참조: K. Esser, La Orden Franciscana. Origenes e Ideales, 66-68쪽.
133 손채현, 성 프란치스코 아씨시의 종교사상 연구, 숭실대학교 대학원 박사학위논문, 2015, 166쪽.
134 참조: J. A. Merino, 김현태 옮김, 프란치스칸 휴머니즘과 현대사상, 206-207쪽; K.

는 이렇게 대수도원의 수직구조와 봉건적 가부장제를 거부하면서 그 시대에 신선한 자극을 준 평등을 기조로 한 복음적 형제체를 탄생시켰고, 그리스도의 몸을 세상 안에 구현하였다.

작은 형제들의 공동체는 가장(家長)을 중심으로 모인 가족제도가 아니라 완전히 평등한 형제들의 집단이요, 서로 섬기고 서로가 책임지는 형제들의 집합체이다. 그리고 이 집단의 형제들은 어머니가 자기 자식을 사랑하는 것보다 더 깊고 친밀한 사랑으로 뭉쳐 있어야 한다. 따라서 봉사자는 다른 형제들과의 관계에서 어머니의 역할을 해야 한다(은수처 규칙 참조). 수도규칙들에서 봉사자들과 종들은 단순히 '형제'라고 불리고, 프란치스코 자신도 형제들과 '산 다미아노의 가난한 자매들'에 대하여 아버지다운 마음을 지녔지만, 자기를 '아버지'(Pater, Abba)라 부르는 것을 거절하였다. "초기의 작은 형제 공동체는 동등한 권리와 완전한 권리에 바탕을 둔 삶의 친교요 구별과 차별이 없는 구성원들의 모임이었다."[135] "성 프란치스코의 공동체주의에서의 내부적인 원리는 자율주의, 평등주의였다. 프란치스코는 자신의 추종자들이 규범, 제도에 속하기보다는 개인의 적극적인 결단을 통하여 자발적이고 자유로운, 즉 신 앞에서 모든 영혼이 평등하고 철저하게 자율적이기를 원하였다. 이에 따라 결과적으로 확립된 프란치스코 수도회의 내부적인 특징이 이른바 단일 계급 사회였다."[136] 작은 형제들은 이처럼 평등이 보장된 가운데 순례자와 나그네로서 기도, 순회 설교, 손노동 등을 하며 자유롭게 살았다.

Esser, La Orden Franciscana. Origenes e Ideales, 66쪽.
135 O. Schmucki, 'Inizione alla vita francescana alla luce della Regola e di altre fonti primitive', in L'Italia Franciscana 60(1985), 403쪽.
136 손채현, 성 프란치스코 아씨시의 종교사상 연구, 166쪽.

에써(K. Esser)는 다음과 같이 말한다. "평형제와 성직 형제들 사이에 하나이며 갈릴 수 없는 공동체를 이룬다는 사실이 주의를 끈다. 귀족이든 평민이든 교육을 받았든 받지 않았든 같은 종류의 옷을 입었으며, 같은 삶의 방식을 취함으로써 한 수도회 안에서 일치된 마음이 감돌았다. 가까이 있든 멀리 떨어져 있든 그들은 마치 한 가족의 구성원처럼 진심에서 우러난 우정으로 결합한 채 남아있었고, 모두가 같은 권리를 누렸다. 옛 수도회 회원에 의해 이루어진 이러한 관찰로부터 우리는 작은형제회와 전통적인 수도회들 사이의 대조가 분명해짐을 알 수 있다. 이것은 새로운 공동체의 특색을 보여주는 대조이다."[137]

통치 방식과 신자들에 대한 처신이 봉건적이었고 위계 제도적인 채로 남아있던 교회의 한복판에서, 그 당시의 관점으로 복음을 읽은 이 자치도시의 아들은 무언가 새로운 것을 창조해냈다. 그는 새로운 형식의 공동체 생활을 창안해 냈다. 이렇듯 서로가 차별 없이 '형제'가 되는 삶은 당시 사람들에게 인간관계 형태를 다시 보도록 해주었고, 그들을 참된 해방으로 이끌었다. 여기서 우리는 프란치스코의 탁월한 독창성에 놀라게 된다. 이 새로움과 독창성은 단지 일부 영역에서 드러난 눈에 띄는 변화를 넘어 중세의 사회 시스템 전체를 무너뜨리는 훨씬 심원하고 광범위한 '혁명' 그 자체였다고 할 수 있다.

「프란치스코 수도규칙」 제10장은 '명령'과 '순종'의 수직 관계를 당연시하던 중세 봉건사회의 매개변수를 상호 섬김을 특징으로 하는 전례

---

[137] K. ESSER, LA ORDEN FRANCISCANA. ORIGENES E IDEALES, 336-337쪽.

없는 '순환' 모델로 바꿔 제시한다.[138] 중세 봉건사회는 피라미드 형상대로 상하 지배 관계가 형성되었고, 신플라톤주의 사고에 따라 하느님으로부터 시작하여 최고 권위자(교황·황제)에서 하위 계급으로 질서 정연하고 점진적으로 분배되는 권력의 하강 움직임이 당연시되었다. 이 사회적 모델은 당시 수도생활의 주요 형태였던 베네딕토 수도승원 조직의 이상적인 기준이 되었다. 완벽한 공간이자 하늘의 실재를 지상에서 실현할 것으로 기대되는 수도승원의 특징은 정확하고 고정된 위계질서에 따라 수도원장부터 마지막 수사에 이르는 뚜렷한 하강 질서였다. 관계의 '질서'는 천상 관계의 질서를 보여주었고 삶의 완성을 보장했다. 이러한 맥락에서 '명령'과 '복종'이라는 단어가 하강 피라미드의 구심점을 형성했으며, 이는 수도승이 장상에게 전적으로 복종하는 것을 특징으로 한다. 「베네딕토 수도규칙」 이전의 파코미오 규칙은 이미 이러한 특징을 뚜렷이 보여주었다.

"수도원에 제일 먼저 입원한 사람은 앞자리에 앉고, 앞서 걸어가며, 먼저 시편을 외우고, 음식에 먼저 손을 대며, 교회에서도 먼저 영성체한다. 그래서 그들 사이에는 나이를 따지지 않고 서원의 (서열을) 따른다."(파코미오 규칙 머리말 3) 식당에 들어와서는 서열대로 정해진 자리에 앉을 것이며(계명집 29), 집의 으뜸보다 먼저 음식에 손을 대지 말 것이다(계명집 30). 아무도 자기 으뜸이나 장상보다 앞서 걸어가서는 안 되며, 자기 서열에서 벗어나서는 안 된다(계명집 130-131). 아무도 집의 으뜸

---

138 참조: P. Maranesi, 'Le relazioni tra fratelli', in AAVV., La regola di san Francesco. Eredità e Sfida, a cura di Pietro Maranesi e Felice Accorocca, Padova, Editrice Francescane, 2012, 507-510쪽.

이 명령하지 않는 것은 아무것도 하지 말 것이다(계명과 제도집 16).

12세기 말과 13세기 초에 중세 사회에는 피라미드 구조를 폐지하거나 도전하지 않고 피라미드 구조에 합류한 '순환성'이라는 새로운 관계 매개변수가 도입되었다.[139] 이는 다음과 같은 새로운 시대를 특징짓는 현상들과 깊은 연관이 있다. 곧, 제국의 권력으로부터 정치적, 경제적 자율성을 얻고자 하는 열망으로 결집한 자치도시의 탄생,[140] 기업 요소가 공통의 관심사와 종교적, 자선적 목적에 의해 서로 결속된 도시의 새로운 집합체인 '시민 형제단'(confraternite cittadine), 종교나 정치권력의 영향 없이 주기적으로 선출된 내부 구성원들에 의해 운영되는 완전히 새로운 구조인 13세기 초의 대학들, 후밀리아티나 발도파와 같은 평신도들의 복음적 청빈 운동 등. 이러한 새로운 현상들은 집단의 자유와 평등을 특징으로 하였다.

한편 13세기 초 클뤼니 수도원 개혁가들은 교회의 참모습이 어떠해야 하는지를 보여주는 모델을 아주 단순하게 제시하였다. 이 모델은 순수한 형태의 교회에 대한 목마름이라 불릴만한 현상을 불러일으켰다. 이 목마름은 다시 평등주의적인 도덕적 직관을 발달시켰다. 그러나 13세기에 클뤼니 수도원에 고무 받은 교황들의 개혁 운동이 모든 것을 바

---

139 참조: P. Maranesi, 'Le relazioni tra fratelli', 508-509쪽.
140 중세의 자치도시들은 법률적 혁신을 통해 새로운 사회계층인 중산계층 곧 귀족과 농노 사이에 해당하는 계층을 낳았다. 신분의 근본적 평등을 공식적으로 인정함에 따라, 이 계층은 자연적 불평등의 요소가 있는 봉건적 계급과 구분되었다. 자치도시들의 정부에 과두적인 경향이 나타났는데도 시민권의 평등은 부와 신분과 권력에 나타나는 사실상의 불평등을 바로잡는 평형추 역할을 했다. 이러한 근본적 평등은 체제를 파괴할 힘이 있었다. 자치도시의 해방이 이뤄진 뒤에도 이 계층은 사회적으로 열등감을 느꼈다. (참조: Larry Siedentop, 정명진 옮김, 개인의 탄생, 454쪽.)

꿔놓았다. 교황의 지위는 훨씬 더 강해졌다. 행정의 변화와 법적 변화는 교황의 지위를 중앙집권적인 막강한 정부로 바꿔놓았고, 이제 교황은 '황제'나 다름없었다.[141] 평등에 대한 갈망과 평등에 배치되는 교회의 수직적 위계의 강화라는 양면성을 띤 교회 안에서 완전한 평등을 실제로 살아낸 프란치스코의 참신성은 교회 안팎으로 크나큰 자극이 되었다.

프란치스코와 그의 첫 동료들은 수도승 전통에 따른 '수도회'(ordo)가 아니라, 회원들이 '형제'(frater)라는 단어로 정확하게 표시되고 특징 지워지는 상호성 안에서 자신을 인식하는 관계의 순환으로서의 형제체(fraternitas)를 그들 삶의 조직 모델로 선택했다. 그는 다른 형제들과 동등한 입장에서 권위의 선택과 봉사를 나누려고 스스로 "사부, 장상, 설립자, 스승"의 역할과 자격을 취하지 않고 단순히 '형제'로 머물렀다. "성 프란치스코는 신 앞에서 자유민으로서 개인의 자발적 결단과 참여가 이루어질 수 있도록 공동체 내의 구성원들 간에 철저하게 자율성과 평등을 유지하고, 또한 공동체 공동의 목표, 즉 설교와 노동 등을 통한 이웃에 대한 봉사와 나눔을 실효적으로 실천하도록 가르쳤다."[142]

「인준받은 수도규칙」 제10장 본문은 평등을 기초로 한 관계의 '순환' 요소를 피라미드형 봉건 모델을 대신하는 삶의 기준으로 삼으려는 그의 열망을 확인시켜 준다. "도미니코회 수사들이 암묵적으로 강조하던 것이 '평등한 복종'의 중요성이었다면, 프란치스코 수도회의 자발적

---

141 참조: LARRY SIEDENTOP, 정명진 옮김, 개인의 탄생, 461-462. 467쪽
142 손채현, 성 프란치스코 아씨시의 종교사상 연구, 162쪽.

성장은 '평등한 자유'가 강조된다는 점을 암시했다."¹⁴³ 완전한 형제적 동등성, 곧 평등 위에서 수평적 상호 섬김을 일상화한 점이야말로 프란치스코의 독창적인 면모이며, 중세에 이미 근대 평등사상의 불을 지폈다고 할 수 있다. 그의 평등사상은 르네상스 예술과 바로크 예술, 종교개혁 등을 통해 그 본질적인 면모가 표현되었다. 미켈란젤로의 천지창조, 가난한 이들과 천민들의 일상을 극적으로 형상화한 바로크 회화의 창시자 카라바조, 만민 사제 영성을 갈파한 루터의 개혁적인 사고 등 널리 영향을 미쳤다.

4. 형제애

형제애(fraternitas)는 프란치스코에 의해 새롭게 시작된 형제회의 특징이자, 예수 그리스도 모범의 본질적인 특징이다. "작은 형제들의 작음과 형제애는 중세 봉건제도에 젖어 든 사회 구조를 깨뜨렸으며, 동시대인들이 접한 그리스도교적인 구조들을 새로운 구조로 바꿨다."¹⁴⁴ 프란치스코가 자유와 평등의 기초 위에서 살아냈던 '형제성'과 '형제애'(fraternitas)는 그 보편성과 시대적 요청에 따라 작은형제회를 넘어 모든 인간관계와 창조물과의 관계에까지 확산하여 갔다. 그는 나환자들과 함께하고(유언 1-2절), 낮은 사람이 되어 남의 집에서 일하며(비인준 규칙 7,1-3), 천한 사람들과 멸시받는 사람들, 힘없는 사람들과 가난한 사람들 가운데서 사는(비인준 규칙 9,2) 연대를 통하여 형제성을 드러내고 형제애

---

143   LARRY SIEDENTOP, 정명진 옮김, 개인의 탄생, 471쪽.
144   K. ESSER, LA ORDEN FRANCISCANA. ORIGENES E IDEALES, 336-337쪽.

를 실천하였다.

수도규칙이 선호한 '형제회'라는 명칭 자체가 가난과 형제애가 내적으로나 외적으로 긴밀하게 연결되어 있음을 말해준다.[145] "성 프란치스코는 사랑의 대상을 전통적인 신으로부터 인간에게로 그리고 자연으로 적극적으로 확장했고, 이를 통해 프란치스코 수도회 수도사들에게 이웃들을 섬김의 대상으로 여기는 것은 물론, 형제애를 이웃에게까지 적극적으로 실천하는 주체가 되도록 가르쳤다."[146]

프란치스코는 '지극히 높으신 가난'이 형제들을 엄청난 불안정에 노출되도록 한다는 것을 깨달았다. 그는 삶의 불안정을 복음적 불안정으로 바꾸고, 불안정한 삶의 피난처를 마련하기 위한 길로써 형제적 일치를 제시한다. 곧 여기서는 프란치스칸 형제체는 한 식구와 같은 깊은 친밀감을 형성할 필요가 있음을 말하고 있다. 수도규칙은 다음과 같이 규정한다. "형제들은 어디에 있든지 어디서 만나든지 상호 간에 한 식구임을 서로서로 보여 줄 것입니다."(인준 규칙 6,7) '모든 형제'는 어디에서든 "서로 한 식구임을 보여 주어야"(ostendant se domesticos invecem inter se) 하는 사랑의 의무가 있다.

작은 형제들에게 중요한 것은 건물이나 수도원이 아니라 삶의 뿌리에서 형제애로 결합한 '한 식구'로서의 형제체이다. '식구'(domesticos)는 단순한 혈연 공동체인 '가족'과 달리 지속해서 함께 밥을 먹고 대

---

145 참조: 프란치스코는 자신의 다른 글들에서도 수도회를 부를 때 '형제회'(FRATERNITAS, 10회)라는 용어를 선호했다.
146 손채현, 성 프란치스코 아씨시의 종교사상 연구, 3쪽.

화하며 삶을 공유하는 '인격 공동체'요 '운명 공동체'이다. 돌아다니면서 사도직을 이행하고 안정성을 찾을 수 없던 형제들에게 '식구'와 같은 형제체는 더욱 필요했고 중요했다. 형제들이 많지 않았던 초창기에는 참된 형제애가 서로를 일치의 끈으로 묶어주어 모든 형제가 서로를 잘 알고 있었다. 그래서 외적으로는 '집 없이 돌아다니므로' 불안정했으나 형제애 안에서 안정되었다. 프란치스코는 형제들의 수가 늘수록 결속력이 약해질 수 있는 형제체의 약점을 보완하려고 형제애의 중요성을 강조한다. 형제체야말로 복음적 불안정을 살아가는 순례 여정의 동반자이자, 울타리이다.

형제애를 실천하려면 "필요한 것을 서로 간에 거리낌 없이 드러내 보여야 한다."(인준 규칙 6,8) 작은 형제들은 다른 형제가 내 안에 계시는 주님의 현존을 공유할 수 있도록 그 형제에게 마음을 열어주면서 물질적, 영적으로 필요한 것들을 신뢰하는 마음으로 드러내 보여야 한다. '드러내 보이는 것'은 은수자들의 수덕적인 침묵이나 수도승들의 묵언(taciturnitas)과는 완전히 구별되는 것으로서 형제체 삶에서 전형적인 요소이다. 더 나아가 「프란치스코 수도규칙」은 "한층 더 자상하게 사랑하고 기르는" 지속적이고 능동적인 사랑을 하라고 권고한다. '길러야'(nutrire) 한다는 것은 그저 사랑하는 것에서 더 나아가 사랑을 통해 '끊임없이' 생명이 성장하도록 함께해야 한다는 뜻이다. 곧 자신의 생명을 건네주어야 하는 '사랑의 지속적인 책임'을 강조한 것이다. 이러한 사랑은 그리스도를 통하여 계시하신 하느님의 사랑으로 사랑하는 것이다. 곧 극단적 낮춤과 한없는 비움으로 모든 이를 '존재' 자체로 받아들이는 사랑이다. 모든 존재를 차별하지 않고 조건 없이 품으시고 사랑하시는 하느님의 사랑으로 형제들끼리 사랑하는 것(신적이며 인간적인)은 자식에 대한 어머니의 사랑과는 비교도 되지 않을 만큼 더 크고 깊고 아름다운 것이다. 프란치스코는 이러한 사랑의 실천적인 지침을 제시한다.

프란치스코는 앓는 형제들에 대한 형제애를 다음과 같이 규정한다. "형제들 가운데 누가 병이 나면 다른 형제들은 남이 자기 자신을 돌보아 주기를 바라는 것처럼 그에게 봉사해야 합니다."(6,9) 프란치스코는 "남이 너희에게 해주기를 바라는 그대로 너희도 남에게 해주어라."(마태 7,12)라는 황금률과 "네 이웃을 너 자신처럼 사랑해야 한다."(마태 19,19)라는 말씀을 앓는 형제에게 적용한다.[147] 형제들은 어머니보다 더 큰 사랑으로 서로 사랑해야 하듯이 앓는 형제를 더 열렬히 사랑하고 이에 봉사해야 한다. 프란치스코는 다음과 같이 권고한다. "형제가 건강하여 보답해 줄 수 있을 때 그 형제를 사랑하는 만큼, 형제가 앓고 있어 보답을 받을 수 없을 때도 그만큼 형제를 사랑하는 종은 복됩니다."(권고 24) 앓는 이들을 돌보아야 하는 또 다른 이유는 '병자는 그리스도의 상징'이고, 병은 복음을 전하게 되는 계기(갈라 4,13)이기 때문이다. 앓는 형제는 자신을 돌보아 주는 형제가 영신의 형제이므로 그 형제의 돌봄을 영적인 자세로 받아들여야 한다는 것이다.

수도승 입법을 포함하여 그리스도교 전통은 앓는 이들에 대한 사랑과 돌봄에 적극적이었다. 「파코미오 수도규칙」은 병자에 관해 다음과 같이 규정한다. 곧 "병자들은 세심한 배려와 풍족하게 마련된 음식으로 간호를 받는다."라고(머리말 5) 규정한다. "병자가 생기면, 집의 으뜸은 간

---

147 참조: 비인준 규칙 5,5-8; 인준 규칙 7,3.

호담당자들에게 가서 필요한 것을 받을 것이다."(계명집 40) "집의 으뜸이 병자를 병실 식당으로 인도할 것이다. 만일 외투나 투니카, 또는 덮거나 먹는 데에 필요한 다른 것들이 필요하면, 으뜸이 친히 담당자들로부터 받아 병자에게 전해 줄 것이다."(42) 병자는 "병실에서 받은 것 중에 과일 하나라도 자기 방에 가지고 갈 수 없다."(43)

「바실리오 수도규칙」도 높은 수준의 극기를 요구하면서도 병든 형제들을 그리스도처럼 돌보고, 병자 자신도 이런 봉사에 맞게 처신해야 한다고 규정하였다(36-37항). 한편 「아우구스티노 수도규칙」은 "병자들은 병이 가중되지 않도록 음식을 절제할 필요가 있다."라고 하면서도 병이 낫고 난 뒤의 간호에 관하여는 출신 신분에 따라 달리 규정한다. 곧, "병이 치유되면 세속에서 지극히 가난한 신분의 출신자들이라 하더라도 원기를 속히 회복할 수 있도록 간호 받아야 한다. 부자 출신자들이 최근에 병을 앓고 났으면 전에 누렸던 생활 정도로 그들을 대우할 것이다."(3,5)라고 한다.

「스승의 규칙서」는 "열은 없고 지체의 고통으로 지쳐 있는 형제가 앞서 언급한 파문벌을 받기를 원치 않으면, 형제들과 함께 통상적인 시간경에 성당에 함께 들어갈 것이며, 서 있을 수 없다면 기도를 바칠 때처럼 돗자리에 누워서 시편을 바칠 것이다. 가까이 서 있는 형제는 그가 잠들지 않도록 감시할 것이다."(69,9-1)라고 규정한다. 이는 친밀감과 폭넓은 인격적 존중을 하는 프란치스코의 태도와는 매우 대조적이다.

한편 「베네딕토 수도규칙」 제36장은 주체를 특정하지 않은 채 "모든 것에 앞서 모든 것 위에 병든 형제들을 돌보아야 한다. 참으로 그리스도께 하듯이 그들을 섬길 것"(1절)이라고 하면서 모든 수도승이 병자에 대한 애덕의 연대책임이 있음을 규정한다. 이는 베네딕토 수도규칙의 핵심 정신인 '배려'를 잘 보여준다. 나아가 바실리오 규칙의 정신을 따라 "병자 자신들도 하느님의 영광 안에서 섬김을 받고 있음을 생각하라."(4절)고 하며 영적 의미를 서술한다.

프란치스코는 더 근본적으로 지극히 높은 가난의 삶을 사는 것이 건강한 형제들에게도 쉽지 않은데 하물며 앓는 형제들에게는 얼마나 더 어려울지 꿰뚫어 보면서 형제애를 보인다. 수도규칙은 질병이 내포하는 존재적, 성사적 의미를 통해 특별한 가치를 언급한다. 프란치스코는 이런 사랑과 더불어 아픈 가운데서도 이 지고한 가난을 살도록 배려하고 격려한다. 「프란치스코 수도규칙」은 한 걸음 더 나아가 자유와 가족적인 친밀감과 같은 특별한 색깔을 획득한다.[148] 프란치스코는 그 당시에 극심한 병고를 겪은 자신의 경험에 비추어 앓는 이들에 대해 깊은 관심을 기울이고, 나아가 병중에도 오히려 하느님께 감사하라고 격려한다.

'태양의 찬가'에서 총체적이고 탁월하게 표현된 형제애, 사회적 우애, 우주적 형제애는 길거리와 변두리의 소외되고 가난한 이들, 부유한 이들, 권력가들과 힘없는 이들, 병자와 건강한 이들에 대한 울타리 없는 사랑에서 생물과 무생물, 광물에까지 이르는 강력한 생명의 힘이었다. 사람들은 이러한 사랑을 갈망하였고, 이 사랑은 문학과 예술을 넘어 사회와 교회를 변혁하는 원동력이 되었다.

---

148   참조: 비인준 규칙 10장; 인준 규칙 3,12; 4,2; 6,9.

나가는 말 – 프란치스코 수도규칙의 의의

지금까지 프란치스코 운동의 새로움(Novitas Franciscana), 그리고 다른 수도규칙들과의 비교를 통해 '프란치스코 수도규칙의 새로움'의 구체적인 내용을 살펴보았다. 그 새로움은 세상이나 인간이 아니라 창조주 하느님과의 만남에서 왔으며, 복음에 기초하여 복음 자체를 삶으로써 드러나고 실현된 새로움이었다. 이 삶은 돈과 물질로부터 철저히 이탈하고 해방됨으로써 자유를 얻고, 자유와 평등의 기초 위에서 형제애를 함께 나누는 새로운 생활방식이었다. 프란치스코의 이러한 삶은 그가 단순히 기존의 삶에 자극을 주고 얼마간의 변화를 가져다준 '개혁가'가 아니라 '순종하는 반란가' 또는 '혁명가'였음을 분명히 보여준다.

프란치스코의 삶과 수도규칙과 글에 나타난 정신은 교회 쇄신과 사회개혁의 원동력이 되었을 뿐 아니라 프란치스칸 인물과 정신을 중심으로 한 문학 작품, 성당과 수도원 건축, 그림 장식, 신심, 전례, 사회적 사고방식 등에 폭넓은 영향을 미쳤다.[149] 프란치스코는 시인 단테, 화가 조토와 더불어 중세 말 이탈리아 르네상스의 초석을 마련한 인물로 꼽힌다.[150] 프란치스코의 영성과 정신은 재속프란치스칸인 단테와 조토에게 깊은 영향을 주었고, 단테와 조토는 서로 영향을 주고받았다.[151] 열

---

149 참조: 손채연, '중세문화의 유형', in 숭실대학교 유럽중세연구실 편, 중세 유럽문화의 이해 2, 숭실대학교출판국 2012, 42-43쪽.
150 참조: 이은기, 욕망하는 중세. 미술을 통해 본 중세 말 종교와 사회의 변화, 사회평론, 2013, 55-56쪽.
151 조토는 파르마에서 단테를 만난 뒤 피렌체의 포데스타(PODESTÀ) 궁 옆 포데스타 경당(CAPPELLA DI PODESTÀ) 벽화에 단테를 그리고 그 옆에 거울을 보고 있는 자신의 초상을 그려

정적이었던 프란치스코는 프랑스어로 하느님을 찬미하는 노래를 부르고, 산문체 글로 표현하는 데 만족할 수 없어 운문체 시를 지었다. 이것이 이탈리아 시 장르가 발달한 기원이 되었으며, 단테의 「신곡」(Comedia Divina)으로까지 이어졌다. '태양의 찬가'는 이탈리아 문학의 초기 시에 해당한다. 프란치스칸인 단테와 페트라르카에게서 "민족 언어의 일반화, 고급 언어의 문화 창달을 위한 역할과 중요성을 일깨우는 이들의 선구적인 창작 노력은 새로운 인간, 현대적인 인간, 자아를 형성하는 인간, 창조를 의식하는 인간을 출현시켜 르네상스의 인간을 보게 한다."[152] 작은형제회 형제인 자코포네 토디(Jacopone da Todi)는 프란치스코의 시 형식을 따라 찬미가(laudi)와 찬가(canti)를 썼고, 그의 90여 편의 시가 14-15세기에 이탈리아에 널리 퍼졌다.[153] 그의 수많은 찬미시는 영성 경험과 고통에 연결되어 있다. 프란치스코가 1223년 그레치오에서 거행한 성탄 구유 예식은 이탈리아 최초의 신비극이었다.[154]

한편 프란치스코의 생애에 관한 그림은 이탈리아 회화의 기원이 되었고, 르네상스 최초의 화가로 평가받는 조토는 성인의 생애를 28폭의 프레스코화로 그렸다. 프란치스코의 생애와 다양한 일화는 회화의 전통이 되었고, 특히 신비주의적인 움브리아 화파 화가들 사이에서 가장 많이 그려졌다. 치마부에 이전의 화가들, 치마부에, 조토, 카라바조, 귀도

단테와의 지울 수 없는 인연을 새겨놓았다(임영방, 이탈리아 르네상스의 인문주의와 미술, 문학과 지성사 2003, 370쪽 참조.). 또한 조토는 아씨시 프란치스코 대성당 아래층 성당 주제단 위 천장화 '정결'에 관한 그림의 왼쪽 아래에 단테를 그려 넣었다.
152   임영방, 이탈리아 르네상스의 인문주의와 미술, 15쪽.
153   참조: STEFANO CREMONINI, '토디의 자코포네와 종교시', IN UMBERTO ECO (ED.), 김정하 옮김, 중세 III, 시공사 2016, 672쪽.
154   유럽 최초의 신비 종교극은 12세기에 프랑스에서 앵글로-노르만 속어로 작성된 <아담의 놀이, LE JEU D'ADAM>이다(UMBERTO ECO, 중세 III, 783쪽 참조).

레니, 루벤스, 반 다이크에 이르는 대가들이 프란치스코에 관한 그림을 그렸다. 이 그림들을 따라가다 보면 그리스도교 미술사를 고찰할 수 있다는 말이 나올 정도다. 문학뿐만 아니라 예술적 코드의 생산, 평신도의 참회 운동의 부흥과 확장, 대중적이고 학식 있는 설교가 가져다준 자극과 영향력은 13세기와 14세기 유럽 사회와 문화에서 일어난 중요한 변화와 프란치스칸 사상 사이의 다양한 결을 보여주며, 가장 중요한 종교적, 사회적 및 예술적 표준 중 하나가 되었다.[155]

이제 지금까지의 논의를 종합하면서 이토록 큰 영향을 미친 프란치스코 수도규칙이 갖는 의의를 간략히 정리해 보겠다.

첫째, 프란치스코 수도규칙은 복음을 기초로 하고 복음에 따라 복음 안에서 사는 생활양식(인준 규칙 1,1)을 삶의 길로 제시한다. 수도규칙의 처음과 끝이 '거룩한 복음의 실행'에 초점이 맞춰져 있음은 프란치스칸 삶의 본질이 무엇인지를 말해준다. 복음적 생활양식을 통해 세상과 교회 안에서 새로운 것을 창조하도록 이끈 힘은 '주 예수 그리스도' 친히 그를 인도한다는 깊은 확신이었다. 복음 자체를 예수님의 제자처럼 사는 이런 생활양식은 이전 그 어떤 수도규칙에서도 찾아볼 수 없는 새로움으로 중요한 의미가 있다. 수도규칙은 오늘날 수많은 문제와 어려움 앞에서 복음의 원천으로 돌아가 복음에서 시작해야 함을 알려준다.

둘째, 프란치스코는 자신의 하느님 체험을 통해 그리스도의 신성(神性)에 치우쳐 있던 당시 사회에서 그리스도의 인성(人性)에 집중하여 복음을 실행하였다. 프란치스코 수도규칙은 이런 바뀐 전망에 따라 이 세

---

155 참조: ALFONSO POMPEI, FRANCESCO D'ASSISI INTERNAZIONALITÀ TEOLOGICO-PASTORALE DELLE FONTI FRANCESCANE, ROMA, MISCELLANEA FRANCESCANA, 1994, 371쪽.

상 현실을 살아가는 '인간'에게로 시선을 돌렸다. 이 수도규칙은 인간이 되어 오신 하느님의 사랑으로 가난과 소외 속에 살아가는 인간에게로 눈길을 돌리고, 불평등과 사회적 소외로 고통 받는 이들 안에서 함께 아파하시는 그리스도를 보도록 이끌었다. 인간에게로 시선을 돌린 여기에 프란치스코의 확고한 인본주의 사고가 자리하고 있다. 바로 이 근원적인 관점의 변화와 행동 방식은 중세 유럽 역사의 변곡점을 마련한 토대가 되었을 뿐 아니라 창조적 새로움을 찾는 오늘에도 중요한 의미가 있다고 할 것이다.

셋째, 프란치스코 수도규칙은 코뮌(Comune)의 발달로 새롭게 형성된 상공업사회의 이동성(mobilitas)에 적합한 순례자의 생활양식으로 더 폭넓은 연대를 이루는 길을 제시하였다(인준 규칙 3,10; 6,2). 수도규칙은 하느님 외에 그 어떤 것도 소유하지 않고 그 어디에도 의존하지 않는 순례자와 나그네가 되어 세상 깊숙이 들어가도록 안내한다. 프란치스코의 복음생활은 아래에서, 삶에서, 경험에서 발현된 것으로서 새로운 사회 체제와 경제 체제에 대한 복음적 저항이었다. 그는 복음에 순응하여 불의하고 불평등과 차별이 지배하는 사회 체제에 맞선 '복음의 반란자'였다. 그는 복음을 품고 세상 안으로 들어가 복음을 읽어내고 세상을 변화시키는 복음적 사회운동을 불러일으켰다. 이 수도규칙은 복음의 정신으로 어떻게 세상과 연대해야 하는지 잘 말해준다.

넷째, 프란치스코는 수도규칙에서 돈과의 단호한 결별(인준 규칙 4,1), 자기 것으로 하지 않음(6,1), 더 작아지는 태도를 규정함으로써 사랑으로 연대하며 형제애를 실현하려고 하였다. 프란치스코의 삶이 수렴하는 중심점은 돈과 권력에서 떠나 사회 변방에서 사는 것이며, 주변화를 선택하는 데 있었다. 그는 주변으로 물러가 주변인들과 함께하고 사랑의 유대를 가짐으로써 소외되고 가난한 이들이 사회에 통합할 수 있도록 하였다. 그는 모든 인간적, 사회적, 경제적 관계에서 가난 정신과 실천에 충실함으로써 전혀 새로운 사회 경제망을 건설하게 해주었다. 수도규칙이 제시하고 그가 살아낸 가난과 더 작아지는 삶의 태도야말로 가장 낮은 곳에서 그 어떤 타자와도 소통하고 연대하며 선과 정의와 사랑을 실현할 수 있는 결정적 열쇠였다.

다섯째, 프란치스코 수도규칙은 최소한의 법과 극대화한 영성, 최소한의 제도와 최대한의 복음을 표현함으로써 자유의 탁월함을 드러내었다. 프란치스코 수도규칙은 각 개인의 자유와 창의성, 결정을 최대한 존중하는 개방성과 유연함을 폭넓게 보여준다. 프란치스코는 거의 삶의 전반에 걸쳐 각자의 자유 결정에 맡긴다. 곧 '하느님의 뜻에 맞는다고 생각되는 때'(인준 규칙 2,10), '필요한 경우'(3,9; 4,2), '어쩔 수 없는 경우'(2,15), '원하는 때'(3,6)에는 달리 할 수 있다고 한다. 이러한 그의 자유사상은 14세기 프란치스칸 사상가들에 의해 인간 중심의 철학과 사상의 원천이 되었다. 프란치스코가 복음의 혁명을 통하여 일으킨 자유사상은 근대 자유 운동의 초석이 되었고 르네상스 예술과 교회 개혁에도 적지 않은 영향을 미쳤다.

여섯째, 프란치스코 수도규칙은 성직 형제와 글 모르는 형제들이 기도를 바치는 방식에 있어 다름을 언급하는 때 외에 그 어떤 경우에도 차이를 두지 않았다. 프란치스코는 당시의 폐쇄적인 신분제와 불평등한 위계적 질서를 철저히 거부하였다. 그는 성직, 학식, 재산, 장상직, 귀족과 평민 등 그 어떤 이유나 조건으로도 차별하지 않았다.

그는 "모든 형제는 형제들 서로 간에 어떤 권한이나 지배권도 가져서는 안 되며, 똑같이 작은 형제들이라 부를 것입니다."(비인준 규칙 5,9; 6,3)라 하였다. 하느님 안에서 모두가 형제라는 사실만이 중요했다. 이러한 평등사상은 재물과 권력에 의해 굳건히 형성되었던 수직의 위계질서를 무너뜨리는 강력한 메시지였다.

일곱째, 프란치스코는 나환자들과 함께하고(유언 1-2절), 낮은 사람이 되어 남의 집에서 일하며(비인준 규칙 7,1-3), 천한 사람들과 멸시받는 사람들, 힘없는 사람들과 가난한 사람들 가운데서 사는(비인준 규칙 9,2) 연대를 통하여 형제애를 실천하였다. 프란치스코가 자유와 평등의 기초 위에서 살아냈던 '형제애'(fraternitas)는 그 보편성과 시대적 요청에 따라 작은형제회를 넘어 모든 인간관계와 창조물과의 관계에까지 확산하여 갔다. 이 수도규칙은 가난과 더 작아짐, 순례자와 나그네 삶, 모든 이에게 복종함, 주변으로 나아감, 자유와 평등을 통해 사회적 우애, 우주적 형제애를 사는 길을 제시했다는 점에서 혁신적이었다.

여덟째, 프란치스코 수도규칙은 수도회 행정 구조와 형제 관계에서 수직적인 구조를 완전히 버리고 수평적 순환 모델을 제시하였다. 수도규칙은 '아무도 장상이라 부르지 말고, 똑같이 작은 형제라 부르고', 수도원을 이끌어가는 이를 수도원의 으뜸이요 아버지인 '아빠스'가 아니라 '봉사자요 종'이라 하고, '영(靈)의 사랑으로' 형제들과 봉사자 상호 간에도 순종하라고 한다. 이는 수도생활 역사상 혁명적인 변화이며, 성직자와 수도자, 평신도 등 하느님 백성 모두가 평등한 주체로서 참여하는 것을 핵심으로 하는 시노달리타스(Synodalitas)를 사는 데도 중요한 지표가 된다고 할 수 있다.

끝으로 프란치스코 수도규칙은 교회와 수도 생활 역사에서 여러 새로운 지침과 삶의 방향을 제시하였다. 곧, 순종, 가난, 정결의 세 복음적 권고와 더불어 교회 역사상 최초로 교황에 대한 순종을 명문화했다. 또 교회 역사상 최초로 설교와 해외 선교에 관해 규정하였다. 특히 해외 선교에 관한 수도규칙의 지침은 오늘날 종교 간 대화에 영감을 주며 구체적인 방안을 제시해 준다. 또한 이 수도규칙을 공식 승인받음으로써, 수도 사제들과 평수사들도 설교할 수 있는 권리와 의무를 갖게 되었다. 특히 교구장 주교에게 속하지 않고, 교구의 지역 경계를 벗어나 중앙집권적 통치의 사도적 형제체로 생활하고 설교하게 된 것은 교회 역사상 전례가 없었다.

프란치스코는 수도규칙에서 집약적이고 통합적으로 제시한 복음적 생활양식을 통해 거대한 교회에 직면하여 교회에 봉사할 뿐 아니라 교회에 진지하게 의문을 제기하고 세속성을 막으려고 하였다. 나아가 가난과 겸손, 자유와 평등, 형제애, 선(bonum)과 같은 이른바 '프란치스칸 유전자'를 통하여 중세 사회의 확실한 재편성에 이바지하고, 인간을 향한 하느님의 사랑을 현실 안에서 찾고 공감함으로써 예술 및 문화, 사상 등 다방면에 두루 영향을 미쳤다. 우리는 폼페이(A. Pompei)와 더불어 수도규칙에 집약적으로 담겨있는 프란치스칸 삶과 정신이 13~14세기에 종교, 시민 예술 및 문화 운동의 합류, 융합 및 발효를 대표했으며 결국 오늘날 우리가 서구라고 부르는 문명의 뿌리 중 하나가 되었다고 결론 내릴 수 있다.[156]

---

[156] 참조: A. POMPEI, FRANCESCO D'ASSISI INTERNAZIONALITÀ TEOLOGICO-PASTORALE DELLE FONTI FRANCESCANE, ROMA, MISCELLANEA FRANCESCANA, 1994, 371-389쪽.

참고 문헌

[원천 자료들]

Bullarium Franciscanum, Romanorum Pontificium Constitutiones, Epistolas ac Diplomata continens tribus Ordinibus S.P.N. Francisci spectantia……,(vol. I-IV, ed. J.H. Sbaraglia, Romae 1759-1768; vol. V-VII, ed. C. Eubel, Romae 1898-1904) Epitome sive Summa Bullarum dei 4 voll. con un supplemento, ed. C.Eubel, Quaracchi 1908.

Conciliorum Oecumenicorum Decreta, a cura dell'Istituto per le scienze religiose. edizione bilingue, Bologna 1991.

Fontes Franciscani, a cura di E. Menestò e S. Brufani etc. Apparati di G.M. Boccali, (Medioevo Francescano, Testi 2), Assisi 1995, 2581쪽.

Fonti Francescani. Scritti e biografie di san Francesco d'Assisi. Cronache e altre testimonianze del primo secolo francescano. Scritti e biografie di santa Chiara d'Assisi, Padova 1990.

Francesco d'Assisi. Scritti, Edizione critica a cura di C. Paolazzi, Frati Editori di Quaracchi, Findazione Collegio S. Bonaventura, Grottaferrata 2009.

Los escritos de Francisco y Clara de Asís. Textos y Apuntes de lectura. Colección Hermano Francisco n.40, Oñati 2001.

Regole Monastiche antiche, ed. G. Turbessi, Roma 1990.

Regole Monastiche d'occidente, Introduzione, traduzione e note a cura di Edoardo Arborio Mella e Cecilia Falchini della Comunità di Bose, Magnano 1989.

아씨시 프란치스코와 클라라의 글, (프란치스칸 원천 1, 프란치스칸 사상연구소), 프란치스코출판사, 2014.

성 프란치스코의 전기 모음, 작은형제회 한국관구 엮음, 프란치스코출판사, 2016.

토마스 첼라노, 이재성 역, 아씨시 성 프란치스코의 생애, 프란치스칸 원전 2, 프란치스코출판사, 2007.

베네딕토 수도규칙, 이형우 역주, 교부문헌 총서 5, 분도출판사, 1995.

'성 파코미오와 그의 수도 규칙서', 이형우 역, 코이노니아 제19집(1994년 가을), 162-192쪽.

아우구스띠누스 규칙서, 아돌라르 줌켈러 해설, 이형우 옮김, 분도출판사, 1989.

[수도규칙 연구 문헌]

AA.VV., La regola di frate Francesco. Maranesi P., Accrocca F.(a cura di), Eredità e Sfida, Padova 2012.

AA.VV., Vivere l'alleanza. Aproccio interdisciplinare alla Regola Bollata, Vicenza 1988.

Ceccobao, S., 황정민 옮김, '수도규칙: 프란치스칸 여정의 정체성', 프란치스칸 삶과 사상 제55호(2023년 봄), 23-86쪽.

Conti, M., Il codice di comunione dei Frati Minori. Introduzione e commento alla Regola, Roma 1999.

_____, Studi e Ricerche sul francescanesimo delle origini, EDIZIONI DEHONIANAE ROMA, Roma 1994.

Desbonnets, T., De l'intuition à l'institution, Paris 1983 (trad. it., Lina Paola Rancati, Milano 1986).

López, S., 'La vida del Evangelio de Jesucristo. Commentario a la Regla de los Hermanos Menores', *in* SelFran n.9 (1980) 269-292, 417-449; n.10 (1981) 293-324.

Matanić, A., Adempire il Vangelo. Commento letterale e spirituale della Regola di san Francesco, Vicenza 1967.

Micó, J., 'El carisma de Francisco de Asís. Comentario a la Regla bulada de1 1223', *in* SelFran 25 (1996) 376-404; 26 (1997) 226-241, 453-473; 27 (1998) 22-38, 211-226, 379-400; 28 (1999) 93-112.

Paolazzi, C., Lettura degli Scritti de Francesco d'Assisi, Milano 2002, 297-384.

Uribe, F., La Regla de San Francisco, Publicaciones Instituto Teol ⌈gico de Murcia OFM., Textos 3, Editorial Espigas, 2006.

_____, Strutture e specificità della vita religiosa secondo la regola di S. Benedetto e gli opuscoli di S. Francesco d'Assisi, Studia Antoniana, n.24, Roma 1979.

[기타 문헌]

김일득, 프란치스칸 경제, 프란치스코출판사, 2016.

김지영, 자유와 사랑과 부활에 이르는 프란치스코 성인의 영적 여정, 가톨릭대학교 문화영성대학원 석사논문, 2019.

김현태, 명민한 박사 둔스 스코투스의 삶과 사상, 철학과 현실사, 2006.

＿＿＿, 성 프란치스코와 프란치스칸 학파의 인간학, 프란치스코출판사, 2015.

손채현, 성 프란치스코 아씨시의 종교사상 연구, 숭실대학교 대학원 박사학위논문, 2015.

이은기, 욕망하는 중세. 미술을 통해 본 중세 말 종교와 사회의 변화, 사회평론, 2013.

임영방, 이탈리아 르네상스의 인문주의와 미술, 문학과 지성사, 2003.

한국베네딕도회 협의회 엮음, 수도생활, 코이노니아 선집 1-1, 들숨날숨, 2017.

＿＿＿, 베네딕도회, 코이노니아 선집 3-1, 들숨날숨, 2017.

AA.VV., Francesco d'Assisi e il primo secolo di storia francescana, Torino, Biblioteca Einaudi 1997.

Armstrong R. J., St. Francis of Assisi. Writings for a Gospel Life, 이원창 역, '아씨시의 성 프란치스코, 복음적 삶에 대한 글', 프란치스칸 삶과 사상 제12호(1999년 봄)-제16호(2001년 봄).

Boff L., 박정미 옮김, 정 그리고 힘. 가난한 이의 눈으로 본 아씨시의 프란치스꼬, 분도출판사, 1987.

Boni A. OFM., La novitas franciscana nel suo essere e nel suo divenire(cc 578/631), Pontificium Athenaeum Antonianum, Roma, 1998.

Coniglione F., Povertà, "minorità" E Apertura al mondo in Francesco d'assisi, in Annali della facoltà di scienze della formazione università degli studi di Catania 20(2021), 57-73쪽.

Delio, I., 김정훈 역, '오늘날의 복음적 생활: 생태적 그리스도를 살아가기', 프란치스칸 삶과 사상 제50호(2020년 봄), 115-164쪽.

Eco Umberto (ed.), 김정하 옮김, 중세 3, 시공사, 2016.

Esser, K., La Orden Franciscana. Origenes e Ideales, (tr. J. Luis Albizu), Ananzazu 1976.

Esther de Waal 외, 백순희 외 편역, 규칙서, 코이노니아 선집 4, 성 베네딕도 왜관 수도원, 2004.

Freyer J. B., 이용호·황성욱 옮김, 전통의 재발견. 프란치스칸과 도미니칸 지적 전통 간 대화와 차별화, 프란치스칸 사상연구소 학술발표 모음 11, 프란치스코출판사, 2020.

_____, 김일득·권웅용 옮김, 프란치스칸 인간학, 프란치스칸 사상연구소 학술발표 모음 9, 프란치스코출판사, 2018.

Godet-Calogeras J. F., 'Le mouvement franciscain: une révolution évangélique', en Évangile Aujourd'hui, n.220 (2008) 28-34. tr. Español, Teresa Pujal, in SelFran 114/XXXVIII (2009) 427-434쪽.

Hoeberichts J., Francis and Islam, Quincy, Franciscan Press, 1997.

Leclerc E., Francisco de Asís, El retorno al Evangelio, tr. Matías Ruiz Jiménez, Oñate 1982.

Merino J. A., 김현태 옮김, 프란치스칸 휴머니즘과 현대사상, 가톨릭대학교 출판부, 1992.

Pompei A., Francesco d'Assisi. Internazionalità teologico-pastorale delle Fonti Francescane, Collana ≪I Maestri Francescani≫ 2, Roma, Miscellanea Francescana, 1994.

Short William J., 김일득 옮김, 가난과 기쁨. 프란치스칸 전통, 프란치스코출판사, 2018.

Siedentop L., 정명진 옮김, 개인의 탄생, (원제: Inventing the Individual: The Origins of western liberalism), 부글북스, 2016.

Uribe F., 정장표·고계영 옮김, 아씨시 성 프란치스코의 영성, 프란치스칸 사상연구소 학술발표 모음 2, 프란치스코출판사, 2010.

논평

첫째날

'프란치스코 수도 규칙의 새로움과 정신' 논평

김명겸 요한 (작은형제회)

저자는 프란치스코 수도 규칙의 새로움을 이야기하기에 앞서 프란치스칸 운동의 새로움을 이야기합니다. 프란치스코에게 수도 규칙은 그가 일으킨 운동을 제도화한 것이기에 프란치스칸 운동을 먼저 이야기하게 됩니다.

프란치스칸 운동은 복음을 생활양식으로 삼았다는 것에서 독창성을 보입니다. 복음을 생활양식으로 삼은 것은 프란치스코가 자신의 삶 속에서 하느님을 만나면서 그리스도의 인성에 집중한 것과 연결됩니다. 복음을 살아가는 것을 선택하면서 그는 하느님께로 방향을 틀게 되었고, 그 과정에서 재물을 소유하지 않게 되었습니다. 재물을 원하지 않는 것은 교회와 사회에서 모든 신분과 지위를 요구하지 않는 것과 연결되었고, 그것으로 모든 사람과 모든 피조물과 평등한 형제애를 살 수 있었고, 소유하지 않는 것에서 오는 자유를 살 수 있었습니다. 즉 프란치스코가 복음을 선택했다는 것은 프란치스칸 운동의 출발점이자 새로움이라고 말할 수 있습니다.

프란치스칸 운동이 널리 퍼지게 된 배경에는 당시 사회의 모습도 중요한 역할을 했습니다. 사회는 봉건제도에서 코뮌 체제로 바뀌고 있었습니다. 봉건제도의 수직 구조가 아닌 평등을 주장한 코뮌 구성원들의 생각은 프란치스칸 운동과 비슷한 모습이었습니다. 그럼에도 코뮌 체제는 성벽 안에 있는 사람들에게만 그 평등을 적용하는 한계를 가지고 있었고, 프란치스코가 성벽 밖의 나환자들과 함께 산 것은 그 한계를 뛰어넘는 행동이었습니다. 또한 모든 사람이 평등과 자유 안에서 살아가는 것이 그 운동의 목표였기에, 사회 경제적 불평등을 가져오는 돈을 프란치스코는 멀리하게 되었습니다. 그 결과 프란치스칸 운동은 점점 코뮌 체제에서 멀어지게 되었습니다.

형제들은 사람들과 함께 일하면서 경쟁과 지배, 차별과 소외가 아닌 형제애라는 복음의 이상을 살려고 노력했습니다. 그 노력은 복음적 가난, 손노동과 동냥 등으로 나타났고, 그 삶은 일상생활 안에서 하느님을 만나는 결과로 이어졌습니다. 이것은 수도승 전통과는 전혀 다른 삶의 모습이었습니다.

또한 수도승적 이상이 봉건 체제에 잘 맞을 수 있었다면, 코뮌 체제로 바뀌기 시작한 사회에서는 복음을 살아가기 위해서 또 다른 방식이 필요했습니다. 새로운 사회적 열망은 복음을 살아가는 새로운 방식을 만들어냈습니다. 급기야 프란치스코는 복음을 살아가는 것을 수도 규칙의 출발점으로 잡습니다. 프란치스코 이전에 교회에는 이미 3개의 수도 규칙이 있었습니다. 이 규칙들은 규칙 생활을 위해 만들어진 것들이라면, 프란치스코의 수도 규칙은 복음을 기초로 복음을 삶의 목표로 삼는다고 볼 수 있습니다. 그 규칙들이 봉건사회의 정주성에 기초를 둔다면, 프란치스코의 수도 규칙은 상업과 도시의 발달에 따른 이동성에 바탕을 두고 있습니다.

프란치스칸 새로움은 프란치스코가 그리스도를 인격적으로 만난 것에서 시작되었습니다. 겸손과 가난, 십자가에 못 박히신 그리스도의 삶을 따르려는 그의 열망이 구체화한 것이었습니다. 그러나 이 새로움은 수도회로 제도화하는 과정에서 충분히 이해되지 못했고, 그래서 형제들 사이에서 갈등을 일으키기도 했습니다.

이어서 저자는 프란치스칸 운동이 제도화한 모습인 프란치스코의 수도 규칙을 이야기합니다. 프란치스코의 수도 규칙은 이전 수도 규칙들과 차이점을 보여줍니다. 우선 프란치스코는 수도회를 '회'가 아니라 '형제체'로 만들었습니다. 이 용어에는 프란치스코가 복음에 바탕을 두고 추구하고 선호하였던 수평적 지평이 뚜렷이 나타납니다.

'작은형제회'라는 명칭으로 그가 작음과 형제애를 추구했음이 나타납니다.

수도 생활을 시작하는 것을 표현하는 데에서도 차이가 나타납니다. 이전 수도 규칙들은 수도 생활을 하려는 사람의 선택에 초점을 둔다면, 프란치스코의 수도 규칙은 그의 선택에 앞선 하느님의 부르심을 강조합니다. 그 결과 수도 생활을 시작하려는 이들을 모두 받아들였습니다. 다양한 계층과 신분의 형제들이 함께 살면서 자연스럽게 서로 간에 사랑의 유대가 만들어질 수 있었습니다.

작은 형제들은 그 당시 회개자들의 복장을 선택하였습니다. 수도복은 세상 안에 넓게 퍼져 사는 형제들이 서로 일치하고 있음을 보여 주는 표지이기도 했습니다. 가난한 사람들과 같은 것을 입어서 그들에게 그것을 줄 수 있었고 그렇게 그들과 연대할 수 있었습니다. 그럼에도 지역적인 조건에 따라 다를 수 있음을 이야기합니다.

수도승에게 일은 기도와 덕행의 삶을 위한 것이었습니다. 그러나 프란치스코에게 일은 형제애와 작음을 살아가는 방식이며, 모든 이와 연대하고 그들을 섬기는 길이었습니다. 그것은 그가 일을 원죄의 결과가 아닌 인간을 위한 은총과 선물로 보았기에 가능했습니다.

죄지은 형제들에 대한 조처에서도 차이가 나타납니다. 엄격한 비례 원칙에 따라 책벌하고, 죄와 책벌을 상세히 제시하였던 수도승 규칙들과 달리 프란치스코는 복음적 사랑으로 영혼을 돌보는 데 초점을 맞춥니다.

형제회 장상직은 수도승원의 개별 수도원 장상직과 비슷하지만, 그 직무와 역할은 본질에서 달랐습니다. 장상을 '그리스도의 대리자요 으뜸'이 아닌 '모든 형제의 봉사자요 종'으로 여겼습니다. 총회도 소수의 장상만의 모임이 아니라 모든 형제의 모임으로 친교를 목적으로 했습니다. 순종을 이야기하면서도 상호 순명을 이야기합니다.

설교와 해외 선교를 수도 규칙에 넣은 것도 새로운 변화였습니다.

변화하는 세상에서 프란치스코는 복음적 생활양식을 구체적으로 제시합니다. 프란치스코 수도 규칙은 프란치스칸의 신앙 고백이자, 영성 지침이며 형제회의 근본입니다. 그의 수도 규칙은 형제 개인의 고유함과 인격을 평등의 바탕 위에서 존중하기 때문에 자유와 민주주의의 기념비라고 할 수 있습니다.

프란치스코의 복음적 삶은 하느님 사랑의 체험에서 시작되었습니다. 그는 가난한 하느님을 체험했기에 그에게 가난은 그분께 가는 길이었습니다. 당시 돈이 막강한 권력을 발휘하고 인간의 존엄을 뒤흔드는 상황에서 그는 돈을 멀리하고 하느님께 의탁하는 것을 선택합니다. 그리고 공동체적으로도 재산을 포기하는데, 이 점은 수도승의 삶과 달랐습니다. 자발적 가난으로 형제들은 사회 경제적 측면에서 믿을만한 사람으로 생각되어 새로운 사회 경제망을 만드는 역할을 했습니다.

가난의 이상은 '더 작아짐'에 대한 선택과 연결되었습니다. 이것은 당시의 다른 복음적 운동들과 구분 짓는 결정적 특징으로 그리스도의 가난을 구체적인 방법으로 살도록 요청합니다. 가난과 작음은 그 자체로 목적이 아니지만, 그것은 자유의 출발점이었고, 형제애를 살아가기 위한 기본이었습니다.

당시 세상에는 코뮌이 성행하면서 사회는 토지 소유권이나 귀족 신분이 아니라 돈, 금, 사업, 물질적 번영이 새로운 권력으로 중요시 되었습니다. 이 새로운 사회에 맞는 이념체계는 자유였습니다. 한편 교회는 그 흐름에 함께 하지 못하였고, 그 과정에서 프란치스코는 세속을 떠남으로써 새로운 길인 자유와 평등을 제시합니다. 구체적으로 모두가 자유롭게 살 수 있도록 그는 사회적 경제적으로 소외된 가난한 이들을 선택하였습니다. 소유하지 않는 것으로 자유를 살았고, 그것으로 하느님을 얻었습니다. 자유로워진 형제들은 모든 계층의 사람들과 관계를 맺을 수 있었고 그로써 사람들이 부를 정당하게 사용하도록 도울 수 있었습니다. 프란치스코의 수도 규칙은 이 자유를 최대한 존중합니다. 프란치스코에게 자유는 가난을 바탕으로 출발해서 평등으로 나아갔습니다. 그의 자유 사상은 인간 중심의 철학과 사상으로 발전되었고, 그 안에서 르네상스가 꽃피고 종교개혁과 근대 프랑스 시민혁명이 영향을 받게 되었습니다.

프란치스코와 초기 형제들은 서로를 형제라고 불렀고, 이것은 수도승들이 서로를 수사라고 불렀던 것과 다릅니다. 형제라는 명칭은 평등성을 기초로 한 말로, 출신의 차이 때문에 서로 간에 차별이 있을 수 없었습니다. 이것은 사회적 신분이 하느님의 뜻에서 온다는 중세의 사고를 넘어가는 것이었습니다. 당시 사람들은 인간관계의 형태를 다시 보게 되었고, 참된 해방으로 나아갈 수 있었습니다.

그는 자유와 평등을 기초로 해서 형제성과 형제애를 살아갔습니다. 그리고 이것은 형제들 공동체를 넘어 모든 인간관계와 창조물과의 관계에까지 확산하였습니다. 형제애는 복음적 불안정을 넘어갈 힘이었고, 사회와 교회를 바꾸는 힘이었습니다.

프란치스칸 운동의 새로움은 하느님과의 만남에서 왔으며, 복음에 기초하여 복음을 살아가는 것에서 드러났습니다. 소유하지 않으면서 자유를 얻었고, 자유와 평등의 기초 위에서 형제애를 살아가는 방식이었습니다. 이 새로움은 교회의 쇄신과 사회의 개혁으로 이어졌으며, 사회 다방면에 영향을 주었습니다.

그 운동의 열매인 프란치스코 수도 규칙에는 다음과 같은 의의가 있습니다. 프란치스코 수도 규칙은 복음을 기초로 하기에 오늘날의 어려움에서 우리가 복음으로 돌아갈 것을 이야기합니다. 또한 인본주의 사고를 담고 있는 그의 수도 규칙은 중세 유럽 역사뿐 아니라 오늘날 우리 삶에서도 변환점으로 작용할 수 있습니다. 더 나아가 그의 수도 규칙은 우리가 복음의 정신으로 어떻게 세상과 연대해야 하는지 알려줍니다, 그의 자유 사상은 인간 중심의 철학과 사상의 원천이 되었고, 자유 운동의 초석이 되었으며 르네상스 예술과 교회 개혁에도 영향을 미쳤습니다. 그의 평등사상은 수직의 위계질서를 무너뜨리는 강력한 메시지였으며, 자유와 평등을 기초로 모든 사람과 모든 피조물과 형제애를 살아가는 길을 제시했습니다. 수평적 모델을 제시하면서 하느님 백성 모두가 주체적으로 참여하는 방식인 시노달리타스를 사는 데 중요한 지표가 되었습니다.

1. 프란치스코 수도 규칙의 새로움과 정신은 한 마디로 복음에서 시작합니다. 복음에서 프란치스코는 하느님의 인성을 경험합니다. 하느님의 인성이 그토록 중요했기에 자신을 포함한 모든 사람을 차별 없이 형제로 받아들일 수 있었고, 그 사상은 인본주의로 꽃을 피웠습니다. 그리스도의 인성은 글의 비교적 앞부분에 언급되는데, 이 부분에서 조금 더 자세하게 설명이 있었으면 좋았겠다는 생각이 듭니다. 또한 그리스도의 인성과 관련해서 육화나 그렉치오 사건과 연결해서 부연 설명이 있는 것도 좋을 것 같습니다.

2. 글은 전체적으로 세 단락으로 나타나지만, 그 흐름은 하나로 보

입니다. 복음에서 시작해서 가난으로, 가난은 작음으로 이어지고 자유로 나아갑니다. 자유는 평등을 불러오고 형제성과 형제애로 열매 맺습니다. 물론 각 단계가 쉽게 넘어간 단계는 없었다고 보입니다. 프란치스칸들과 비슷한 모습을 드러냈던 사람들도 있었지만, 그들은 교회 역사 안에 더는 남아 있지 않습니다. 프란치스칸 운동이 프란치스코 수도 규칙으로 바뀌는 과정에서도 어려움이 있었음을 우리는 보았습니다. 그럼에도 프란치스칸 생활양식이 여전히 이어지는 데에 가장 크게 역할을 한 것은 무엇이라고 생각하시는지요? 앞으로의 전망은 어떻게 보시는지요?

3. 프란치스코의 수도 규칙은 자유와 평등을 살아가는 방식입니다. 수도승적 수도 규칙은 규칙 생활을 위해 만들어졌음을 우리는 보았습니다. 프란치스칸 이상이 자유와 평등을 강조하는 것은 이해하지만, 둘이나 셋이 모인 곳에서 자유와 평등은 그야말로 이상에 머무를 뿐 현실과 너무 다르게 체험되기도 합니다. 그러다 보면 우리는 자유와 평등도 잘 살지 못하고, 규칙적인 부분도 잘 살지 못하게 됩니다. 이런 상황에서 우리가 집중해야 할 것은 무엇이며 어떤 방향으로 나아가는 것이 바람직하다고 생각하시는지요?.

둘째날

서양 윤리사상사 안에서 프란치스코 수도규칙이 끼친 영향
– 요한 둔스 스코투스의 윤리학적 전환

박성호 다미아노

(작은형제회)

I 들어가며 - 프란치스칸 학문 전통

성 프란치스코와 그의 후예들이 유럽 사상사에 남긴 유산에 대해 나누는 이 자리에서, 여러분들과 나눌 수 있는 이야기는 무궁무진합니다. 그만큼 뛰어난 분들이 많았고, 작은형제회의 삶의 양식을 통해서, 가난한 자매회의 전통을 통해서, 재속회와 수도3회의 놀라운 활동들을 통해서 수 세기 동안 이어져 온 프란치스칸 유산을 이야기 하자면, 프란치스칸의 역사를 넘어서 중세, 근대, 현대에 이르기까지의 그리스도교 사상사가 될 것이고, 그리스도교 선교의 역사 그 자체가 될 것입니다. 가톨릭 교회의 이름으로 시성된 프란치스칸 성인만도 100명이 넘고, 교회 박사로 선포된 프란치스칸도 세 분이나 됩니다, 파도바의 성안토니오, 성보나벤투라, 그리고 브린디시의 성라우렌시오가 그들입니다.

이 밖에도 유럽 사상사에 큰 족적을 남긴 프란치스칸 학자들이 있는데, 잠시 간략하게 나열해 보겠습니다. 가장 먼저 언급할 수 있는 분이, 명민한 박사라고 불리는 복자 요한 둔스 스코투스, 제가 이 글에서 나눌 내용 중 대부분이 이 분의 윤리 사상에 관한 것입니다. 우리에게는 현대 가톨릭 교회에서 가장 높이 칭송 받는 성모님의 이름 중 하나인 '원죄 없이 잉태되신 마리아' 교리를 확립하신 학자로 널리 알려져 있습니다. 그리고, 둔스 스코투스와 더불어 역사상 가장 뛰어난 형이상학자로 평가 받는 윌리엄 오컴이 있습니다. 유명론을 펼친 것으로 유명합니다. 당시에는 눈에 보이는 사물 뿐 아니라, 그 사물의 개념, 그리고 관계도 실재하는 것이라고 여겼는데, 그 때문에 오캄은 형이상학이 필요 이상으로 두배, 세배로 과장되어 있다고 불평했습니다. 실제로 존재하는 것들 이외에 있지도 않는 것들을 있다고 규정하고, 하나하나 이름을 붙였다고 생각한 것입니다. 그래서 세상을 실제로 구성하지 않는데 형이상학의 한 자리를 차지하고 있는 것들, 특히 보편 개념들을 잘라내는 유명론을 펼쳤고, 이것은 오캄의 면도날이라는 형이상학적 방법론으로 잘 알려져 있습니다. 스코투스와 오캄은 신학과 철학 뿐 아니라 자연과학, 언어학, 그리고 심리학에 이르기까지 거의 모든 부분에 걸쳐 후대 유럽 사상사에 큰 영향을 미치게 되고, 근대를 대표하는 철학자들도 이들의 영향을 직접 받아 시대를 여는 새로운 철학을 하게 됩니다.

이들 이전에는 13세기 초에 토마스 아퀴나스보다도 먼저 신학대전을 쓴, 파리대학의 석좌교수 알렉산더 헤일즈가 있습니다. 헤일즈 이전에는 파리대학 신학과의 커리큘럼이 오전에는 성서를 배우고, 오후에는 희망하는 사람들에 한해서 과외로 논쟁이 되는 신학적인 문제들을 토론하는 시간이 배치되었다고 합니다. 성서가 더 중요하고, 이론적인 신학토론은 부수적인 것이었죠. 헤일즈가 파리대학에 들어가서 이 순서를 바꾸게 되는데, 결과적으로 이후 스콜라 신학의 학문전통의 방향을 제시하는 역할을 하게 됩니다. 이 형제는 프란치스칸이 되기 이전에 이미 파리대학의 교수였고, 프란치스칸 신학생들을 가르치다가 프란치스칸들에게 감화되어 50세가 되던 해에 작은형제가 되었습니다. 그래서 파리대학 영내에 있던 프란치스칸 신학교 수도원에 살게 되고 자신이 가지고 있던 파리대학 석좌교수 (총 12자리 중 한 자리) 자리를 프란치스칸 석좌로 만들어 파리대학 안에 있던 프란치스칸 학교*(Grand Convent des Cordeliers)*로 들고 오면서 이후에 요한 라로쉘을 비롯한 작은형제들에게 그 자리가 물려지게 되고 이 후 파리대학에 프란스칸 교수들의 명맥이 이어지게 합니다.[1] 이 자리에 보나벤투라, 둔스 스코투스도 앉게 됩니다. 또, 실험 과학의 아버지라고 불리는 로저 베이컨이 있습니다. 활동 분야가 비슷해서 그보다 300년 뒤에 활동한 프란시스 베이컨과 비교되기도 하는데, 자연과학 분야, 특히 광학분야에서 독보적인 업적을 남긴 과학자이자 신학자였습니다. 엄청난 학식에도 불구하고 선생으로서 이름을 떨치지 못하고 말년엔 단죄 받아서 감옥에서 지냈다는데, 엄청난 괴짜였답니다. 이 밖에, 피터 요한 올리비는 인간 영혼의 능력 중에 의지의 자유가 인간을 다른 짐승들과 구분하는 능력이라고 주장하여 지성이 아닌 의지 중심의 윤리학인 주의주의(voluntarism)의 토대를 마련하였습니다. 13세기 말에 활동한 재속 프란치스칸 여성, 폴리뇨의 안젤라도 있습니다. 여성이기에 정식 신학교육을 받지 않았고, 지금 나열되는 신학자들과는 성격이 다르지만, 많은 신비주의 저서를 통해 하느님을 찾고자 하는 이들에게 하느님의 신비를 드러내는 신학자였음은 분명합니다. 2013년에 시성되었습니다.

14세기에, 윌리엄 오캄이 영국에서 이름을 떨칠 때, 프랑스에서는 충만한 박사(Doctor Facundus)라고 불린 피터 아우리올리가 오캄만큼 영향력이 있었습니다. 스코투스와 오캄의 이론을 그들과 대등한 기세로 옹호하고 비판하는 저술 활동을 펼쳤습니다. 스코투스 이후에는 프란치스칸 신학전통은 스코투스주의, 스코티즘이라고 불렸습니다. 도미니칸들의 신학전통이 토마스주의, 토미즘이라고 불리듯 말입니다. 스코투스주의자라고 불렸던 프란치스칸들에 의해 운영되었던 프란치스칸 학교들은 그 후로 삼백 년 동안 매우 활발한 활동을 벌이며, 근대에 들어

---

[1] MATTHEW THOMAS BECKMANN, "FRANCISCAN SOTERIOLOGY AT THE UNIVERSITY OF PARIS TO 1300," PROQUEST DISSERTATIONS & THESES, 2015, 1-26.

서도 스콜라 신학 전통을 이끌었습니다. 당시에 이름을 떨친 스코투스주의자들 중 몇 분만 나열하자면, 프란치스코 마이로니스, 요한 바솔리스, 베드로 토마스, 프란치스코 마르키아, 월터 차튼 등이 있습니다. 이런 분들 이름은 미국이나 유럽의 중세철학 학회에 가면 옆집 친구 이름처럼 자주 친숙하게 들립니다. 16세기에는 예수회가 창설되면서 그리스도교 사상은 프란치스칸, 도미니칸, 그리고 예수회 신학교들 간의 경쟁에 의해 발전되었습니다.

17세기 초, 1633년엔 스페인 톨레도에 엄률주의*(Observantes)* 프란치스칸 (지금의 OFM) 관구 봉사자들이 모여서 스코투스 사상을 집대성하자고 결의하고, 여러분들이 잘 아시는 루크 와딩이 스코투스 비판본을 출판하게 됩니다. 또한, 예수회원 프란치스코 수아레즈를 뒤이어 그의 사상의 영향 아래 활동한 꼰벤뚜알 프란치스칸 학자 바르톨로메오 마스트리가 있습니다. 그는 친구 보나벤투라 벨루토와 함께 스코투스주의를 집대성하는 유명한 신학 교과서를 집필합니다. 그런가 하면, 중세를 부정하면서 새로운 학문을 한다는 기치를 내걸었던 르네 데카르트와 임마누엘 칸트와 같은 근대 사상가들 조차 알고 보면 둔스 스코투스와 윌리엄 오캄의 사상에 깊은 영향을 받았습니다. 칸트의 스코투스주의에 대해서는 뒤에서 언급할 것입니다. 스코투스학파의 사상이 마틴 루터와 같은 개신교 사상가들에게 큰 영향을 미쳤다는 것도 널리 알려져 있습니다. 그 이후, 18세기 계몽주의 분위기에서는 프란치스칸들의 인지도가 약화됩니다. 성 프란치스코가 그저 새들하고 이야기하는 해로울 것 없는 낭만적 신비가로만 기억되었습니다. 그러나, 19세기 후반, 프랑스 개신교 목사인 폴 사바티에의 성 프란치스코 전기, *La vie de St. François d'Assise*의 엄청난 성공을 기점으로 영국 성공회에서만 100편이 넘는 성 프란치스코의 전기가 출간되고, 가톨릭에서도 프란치스칸들이 재평가되고 재발견되어 오늘에 이르게 됩니다.

여러분들이 아실 만한 프란치스칸 사상가들의 이름을 나열해 보았습니다. 이러한 프란치스칸 사상가들이 현대 사상계에 미치는 영향은 직접적인 형태로 드러나는 경우도 많이 있습니다 — 현대의 가장 위대한 철학자 중 한 명인 하이데거 같은 사람은 둔스 스코투스 연구로 박사학위를 받았고, 현대 가톨릭 신학의 발전에서 빼놓을 수 없는 분, 요셉 라칭거, 베네딕도 16세 교황님도 성보나벤투라의 신학 연구로 박사학위를 받았습니다. 이 분들의 사상에서 프란치스칸의 향기를 발견하기는 어렵지 않습니다. 지금은, 세계 곳곳의 유수한 대학에서 중세철학 박사학위를 취득하려는 이들의 상당수가 둔스 스코투스와 윌리암 오캄, 그리고 그들의 프란치스칸 후계자의 사상을 공부하고 있습니다. 여기에 프란치스칸보다도 더 프란치스칸적이신 예수회원, 프란치스코 교황님을 빼놓을 수 없습니다. 아주 작정하고 프란치스칸 영성과 사상을 가톨릭 교회의 기둥으로 삼기로 마음먹으신 분이십니다. 프란치스칸 사상은 후기 중세 그리스도교 사상을 사백 년 동안 선도하였기 때문에, 이렇게 가시적으로 드러나는 경우가 아니더라도, 현대의 많은 신학자와 철학자의 사상의 기반을 이루고 있다고 말해도 전혀 어긋난 이야기가 아닐 것입니다. 둔스 스코투스나 오캄의 사상을 부정적으로 묘사하며 그것을 비판하면서 자신의 학자적 경력을 키워가는 사람들도 포함해서 말입니다.

이쯤되면, 프란치스칸인 여러분은 프란치스칸이라는 자부심으로 어깨가 으쓱해지시죠? 저도 이번 학기에 중세철학사 강의를 하는데, 프란치스칸들의 활약상을 설명할 때면 제 입꼬리가 올라가는 것을 감출 수가 없습니다. 하지만, 프란치스칸들의 업적에 대한 자랑은 여기까지 하도록 하겠습니다.

프란치스칸 사상가들이 대단한 업적을 남겼지만, 그들의 진정한 위대함은 이러한 학문적 업적 너머에 있습니다. 개별 사상가들이 각자의 저작에 담은 사상들은 "프란치스칸"이라는 연결고리를 통해 하나의 거대한 패러다임으로 자리잡았고, 학자들의 책꽂이에 두껍고 무겁게 꽂혀 있는 사상적 틀로서 뿐만이 아니라 정치적 슬로건으로, 사회적 규범으로, 그리고 문화적 교양으로, 삶 속에서 우리를 일깨우고 기존의 사고방식들에 도전을 가하고 가치들에 대한 새로운 해석을 요구하는 운동의 원동력이 되어 왔습니다. 프란치스칸 운동을 통해 자유, 평화, 인간존엄성, 관계, 개별성, 생태적 회심 등 우리가 뚜렷하게 프란치스칸 가치라고 말할 수 있는 것들이 형성되었고, 이제 우리에게는 프란치스칸으로서의 자부심에 취해 있을 여유보다, 프란치스칸 운동을 이어 나가고 프란치스칸 패러다임을 세상에 펼쳐야 하는 사명감이 요구되고 있습니다. 이 자리에서 프란치스코 수도규칙에 담겨 있는 프란치스칸 패러다임이 유럽 사상에 미친 영향을 하나하나 이야기하는 것은 불가능합니다. 저에게 그럴 역량도 부족합니다. 그래서 오늘 저는 그 중에 극히 일부, 특별히 요한 둔스 스코투스의 윤리사상의 측면에서만 여러분과 프란치스칸 패러다임에 대해 나눠보도록 하겠습니다. 제가 오늘 스코투스의 사상을 선택하여 나누는 것은 그가 유럽사상에 가장 큰 영향을 미친 프란치스칸 사상가이기 때문이고, 그의 윤리학을 선택한 것은 윤리학이 우리가 왜, 무엇을 위해 사는가를 묻고, 또 그 무엇을 향해 어떻게 나아가야 하는가를 묻는 학문이기에, 우리 일상에 가장 가깝게 다가와 있는 철학 분야이기 때문입니다.

저는 오늘 성 프란치스코 수도규칙에 들어있는 프란치스칸적인 사고방식이 둔스 스코투스의 윤리학을 통해서 서양철학의 윤리학 분야에 제시한 새로운 패러다임에 대해 여러분과 이야기 나누려고 합니다.

그것의 사상적 원천은 성 프란치스코의 삶과 영성에서 찾아야 할 것입니다. 그분이 쓰신 권고들, 편지들, 기도문들, 그리고 무엇보다도 형제적 삶의 가이드라인으로 주신 수도규칙들에서 풍겨 나는 성인의 영성에서 프란치스칸 사상의 새싹이 돋아 나왔습니다. 하지만, 프란치스코 성인의 삶과 영성은 프란치스칸 사상의 완성이라기 보다는 출발점이라고 보아야 하겠습니다. 성 프란치스코의 삶에서 완성된 영성적 메뉴얼을 후대의 형제 자매들이 그대로 살고자 노력하고 있는 것이라기 보다는, 지금을 사는 우리도 프란치스칸 패러다임을 성인에 이어서 창조해 가는 것이라고 이해하는 것이 더 적절하기 때문입니다. 그래서 이 자리에서는 프란치스코 수도규칙에 드러나는 중심 사상이 어떻게 유럽 윤리 사상의 흐름에 영향을 미치고, 살아있는 사상으로서 하나의 패러다임으로 자리잡게 되었는지를 나누면서, 현대를 사는 우리가 이 프란치스칸 패러다임에 어떻게 참여할 수 있을지 생각해 보는 시간이 되었으면 좋겠습니다.[2]

먼저, 이어지는 장에서는 1223년 인준받은 성 프란치스코 수도규칙에 드러난 프란치스칸 사상 중 스코투스의 윤리학에 영향을 준 것으로

---

[2] 칼 포퍼는 옛 사고방식이 사라지고 새로운 사고방식이 자리 잡는 과정을 이렇게 설명합니다. 예를 들어, 천동설이 거부되고 지동설이 받아들여지게 된 것은 누군가가 천동설이 틀렸다는 명백한 증거를 찾았기 때문이다. 이것을 "반증이론"이라고 합니다. 그런데, 토마스 쿤은 이 반증이론이 불충분하다고 주장합니다. 하나의 지식 체계가 거부되고 새로운 지식 체계가 받아들여지는 것은, 그런 몇가지 개별적인 발견으로 이루어지는 것이 아니라고 했습니다. 우리가 지동설을 받아들이게 된 것은, 단순히, 누군가가 천동설이 틀렸다는 증거를 발견하고 지동설이 맞다는 것을 보였기 때문이 아니라, 천동설이 틀렸다는 결정적인 증거들이 차고 넘치는 와중에도, 천동설이 옳다고 믿는 그룹하고 지동설이 맞다는 그룹이 대결해서 결국 지동설이 맞다는 것이 받아들여지는 정치적인 대결과정을 거쳐서 우리의 믿음체계가 바뀌게 된다는 것입니다. 이것이 그 유명한 토마스 쿤의 "패러다임 전환 이론"입니다. "프란치스칸 패러다임"이란 것이 있다면, 이것이 등장하고 유지되는 이유는 그것의 정당함 내지 옳음에 그치지 않고 그 것을 주창하는 프란치스칸들이 있기 때문입니다.

보이는 지점들을 살펴보겠습니다. 스코투스가 수도규칙의 장절을 인용하면서 그의 윤리학을 전개한 것이 아니기에 수도규칙이 준 영향의 증거를 직접 제시하기는 불가능합니다. 하지만, 그가 작은형제라는 사실만으로도 수도규칙과 그의 사상 간의 연결고리는 당연한 것으로 받아들여도 될 것이라 믿습니다. 이렇게 인준규칙을 살펴 본 후, 둔스 스코투스에 이르는 서양 윤리 사상사를 개괄적으로 먼저 살펴보고, 스코투스의 사상을 통해 어떤 지점에서 서양 윤리학의 혁신이 이루어졌는지 살펴보도록 하겠습니다. 이 과정에서 프란치스코 수도규칙과 스코투스의 윤리학 사이의 연결고리를 다루고, 이를 통해, 성 프란치스코에게서 시작되어 스코투스를 거쳐 우리에게 전해지는 윤리적 과제를 나누는 기회가 되기를 바랍니다.

Ⅱ 본론

1. 「인준받은 수도규칙」의 중심 사상

우리가 잘 알고 있듯이, 1223년에 호노리오 3세 교황에게 인준받은 수도규칙은, 1221년에 성 프란치스코가 작성한 비인준 규칙의 수정본입니다. 지금은 그 형태를 정확히 알 수 없지만, 1209년에 인노첸시오3세에게 구두로 인준받은 원 수도규칙의 내용을 또한 주요하게 담고 있을 것으로 짐작됩니다. 1223년 수도규칙은 인준을 받기 위해 다듬어지면서 성 프란치스코 이외에도 학식 있는 작은형제들과 성청의 자문단, 특히 우골리노 추기경의 의견이 다수 반영되었을 것이라는 것이 학자들의 의견입니다. 그런 연유로, 첫 두 수도규칙에 성 프란치스코 개인의 영성과 사상이 크게 도전 받지 않고 남아 있는 것으로 이해되며, 그래서 우리는 프란치스칸 영성의 뿌리를 찾기 위해 1221년 성령 강림 총회에서 마무리 된 인준받지 않은 수도규칙에 더 눈길을 주기도 합니다. 하지만, 이 발제문을 읽으시면서, 인준받은 수도규칙이 이러한 교회와 형제들의 비판과 수정의 과정을 거쳐 완성된 것임을 생각할 때 비로소 이 인준 규칙의 진가가 더욱 드러나는 것은 아닐까, 하고 생각해 보시기를 청합니다.

저는 인준 규칙의 정신을 순종과 가난의 두 가지 덕을 통해 이해해 보고자 합니다. 사실, 순종과 가난은 정결과 함께 복음 삼덕으로 예로부터 그리스도인들이 숭상해 온 덕으로서 프란치스칸의 전유물이라고 할 수 없습니다. 하지만, 성 프란치스코는 이렇게 잘 알려진 덕을 통하여 자신의 고유한 영성을 표현하는데, 순종은 프란치스칸 안에서 자유의 의미를 얻고, 가난은 관계적 덕이 됩니다. 프란치스칸 순종의 덕은 프란치스칸들이 교회에 순종하면서 그 안에서 자유로이 복음의 이상을 추구한 모습을 잘 담고 있고, 프란치스칸 가난의 덕은 육화하신 그리스도의 가난한 삶을 따라 삼위일체 하느님과의 관계성 안에 머물고자 하는 지향성을 담고 있습니다. 프란치스칸 영성 안의 이 두 핵심 사상은 둔스 스코투스의 윤리학에 그대로 녹아 들어 유럽 윤리학의 흐름에 큰 영향을 끼치게 됩니다.

1) "순종 안에"

"순종 안에(in obedientia)"라는 구절은 장소적 의미를 갖고 있습니다. 당시 기존의 수도생활이 '대수도원 안'에 머무는 것이라면, 프란치스칸들의 삶은 '형제 자매들 간의 인간 관계 안'에 머무는 것입니다.[3] 인준규칙 첫 장에서 작은형제들의 수도규칙과 생활을 이렇게 정의합니다. "순종 안에, 소유 없이, 정결 안에 살면서 우리 주 예수 그리스도의 거룩한 복음을 실행하는 것입니다." 성 프란치스코께서 교회 안에서 새로운 형태의 삶을 시작할 당시 가장 일반적인 수도생활 형태는 대수도원에서 정주 생활을 하는 베네딕도회의 삶의 형태였습니다. 이들의 수도생활은 "대수도원 안에서" 이루어졌습니다. 그에 반해 프란치스코는 그의 삶의 양식이 울타리를 넘어 세상으로 향하길 바랬습니다. 하지만, 그

---

[3] MICHAEL BLASTIC, OFM., A STUDY OF THE RULE OF 1223: HISTORY, EXEGESIS AND REFLECTION (ONGOING FORMATION COMMITTEE, FRANCISCAN FRIARS OF THE HOLY NAME PROVINCE: NEW YORK), 15. 본 연구에서 2장의 프란치스코 수도규칙 해석의 많은 부분은 마이클 블라스틱 형제의 이 책에 의존하고 있음을 밝힙니다.

가 원한 삶은 무작정 밖으로 무질서를 향하여 뻗어 나가는 삶과는 거리가 멀었고, 하고 싶은 대로 하고 사는 방종한 삶도 아니었습니다. 그 정신을 표현한 것이 "순종 안에"입니다. 이 "순종 안에"가 갖는 장소적 의미는 인준 규칙 2장에서 이 삶을 원하는 이들이 "이 생활과 수도규칙을 항상 지키기로 서약함으로써 순종에로 *(ad obedientiam)* 받아들여"[4]진다는 구절에서 더욱 명확해집니다. 즉, 새로운 형제들은 이 삶을 먼저 살고 있는 형제들의 상호 관계로 형성된 촘촘한 "관계의 집" 안으로 받아들여지는 것입니다. 따라서, "순종 안에" 사는 것은 형제들과 인격적인 관계를 맺으며 살아간다는 의미입니다. 수도생활의 법과 문화가 안정적으로 확립된 수도원 시스템 안이 아니라 구성원들이 개개인의 의지를 드러내며 좌충우돌하는 관계의 집 안에 살아 간다고 하는 수도규칙의 표현은, 흔히 순종이라는 단어가 잘못 암시하는 단순한 명령과 복종으로 이루어진 경직된 삶을 넘어, 형제 각자가 존엄성을 갖는 개인으로서 스스로의 의지로 자유로이 선택하여 서로를 따르는 사랑의 삶으로 나아가겠다는 의지의 표현입니다.

이렇게, 한편으로는, "순종 안에" 살고자 하는 프란치스칸 정신은 전체에 대한 순종의 덕 안에서 개별자로서의 자유를 찾아 내기도 하지만, 다른 한편으로는, 개별성 안에 꽃피는 자유로움 안에서도 공동체로의 사랑의 순종 안에 머물고자 하는 방향으로도 이해됩니다. 프란치스칸 신학의 권위자 마이클 블라스틱 형제는, 1223년 인준 규칙을 주석하면서, 성 프란치스코가 자신의 혁신적인 복음적 이상을 이루고자 하

---

4   작은형제회 한국관구,『아씨시 프란치스코와 클라라의 글』, 프란치스칸 사상 연구소 프란치스칸 원천 01, 256. 이하, 인준받은 회칙의 구절들은 모두 이 책에서 인용합니다.

는 그 열정만큼 교회의 울타리 안에서 교회에 순종하며 그 이상을 추구하고자 하는 원의가 강했음을 말합니다.[5] 아씨시의 성벽 안에 안주하지 않고, 성벽을 넘어 가난한 이들, 소외된 이들, 그리스도를 모르는 이들에게 다가가려 했던 성 프란치스코가, 삶의 마지막 순간까지 그 안에 머물기를 원했던 울타리가 교회임은 우리 모두 잘 알고 있습니다. 교회는 프란치스코에게 생명과 구원의 원천입니다. 그리스도의 몸과 피를 받아 모실 수 있는 곳이고, 말씀이신 그리스도가 선포되는 곳이며, 그가, "가서 무너져가는 교회를 고쳐라"라는 말씀을 듣고 형제들과 함께 수도생활을 시작한 곳이 바로 산다미아노 성당, 즉 교회입니다. 하지만, 그리스도께서 보여 주신 복음적 삶을 추구해야 마땅한 교회가 복음과 멀어져 있을 때, 당시의 많은 사도직 단체가 교회의 문제점을 고발하면서 예수님께서 보여 주신 가난과 십자가의 복음적 이상으로 돌아가고자 했지만, 그 과정에서 교회의 인정을 받지 못하거나 교회와 갈등을 빚으면서 대부분 교회의 울타리에서 벗어나기를 감수했음에 주목할 때, 프란치스코와 형제들이 교회에 순종하며 그 뜻을 펼치기를 고수함으로써 복음적 이상을 역사적 교회와 조화해 나갔음은, 그리하여 교회와 복음 어느 것도 그 안에 머물기를 포기하지 않았음은, 분명 "순종 안에" 능동적으로 머물고자 한 프란치스칸의 고유한 모습이었다고 말할 수 있을 것입니다.

형제회의 교회에 대한 자유로운 순종에 대한 실마리를 인준 규칙 1장의 이어지는 구절에서 찾을 수 있습니다. 인준 규칙은 이렇게 말합니다. "프란치스코 형제는 호노리오 교황님과, 교회법에 따라 선출되는

---

5 BLASTIC, A STUDY OF THE RULE OF 1223, 15.

그의 후계자들과 로마 교회에 순종과 존경을 약속합니다. 그리고 다른 형제들은 프란치스코 형제와 그 후계자들에게 순종할 의무가 있습니다." 이 부분을 해설하면서 마이클 블라스틱 형제는 이와 같은 형태의 순종서약은 프란치스코 이전엔 그 어떤 수도규칙에서도 찾아볼 수 없는 것이라고 덧붙입니다. 인준받지 않은 수도규칙에서는 복음적 삶에 대한 작은형제회의 삶의 규정을 말하기도 전에 그 첫머리에서 이 순종서약을 하고 있는데, 이는 분명 이 내용이 1209년도에 인노첸시오 교황에게 구두로 인준받은 수도 규칙에도 들어있을 것임을 알 수 있는 부분이라고 합니다.

 일찍이 그 어떤 순종 서약에도 없었던 특이할 점은 바로 이것입니다: 교회와 수도회와의 관계를 개개인의 인격적 관계의 집합으로 해석하는 점입니다. 다시 말해, 수도회의 교회에 대한 순종은, 프란치스코는 호노리오 교황과 그의 후계자들에게 순종하고, 또 다른 형제들은 프란치스코와 그의 후계자들인 총봉사자에게 순종함으로써 교황과 순종의 관계로 매여 있게 된다는 것입니다.[6] 같은 연장선 상에서, 성인이 주교와 사제들을 누구든 가리지 않고 존경하였고 그들에게 순종하기를 원했다는 점은 그의 전기 곳곳에서 그 증거를 찾을 수 있는데, 교회의 사람들에게 순종하는 것은 프란치스코가 교회의 울타리 안에 머무는 방식이었습니다.

 교회에 대한 순종 서약을 교도권을 구성하는 구체적인 사람들에 대한 순종으로 이해하는 것에는 어떤 뜻이 담겨 있을까요? 이러한 순종 이해는 단순히 교회법을 준수한다든지 교회의 가르침을 따른다든

---

6 BLASTIC, A STUDY OF THE RULE OF 1223, 18.

지 하는 표현이 담지 못하는 부분, 즉 순종이 수반하는 건강한 긴장 관계를 표현하고 있습니다. 순종은 맹종이 아니라는 것입니다. 순종의 관계를 이루는 양자에게, 지시하는 이의 역할과 따르는 이의 역할은 어느 정도 정해져 있는 것이겠지만, 마치 버튼을 누르는 손가락과 자동문의 관계처럼, 누르면 반드시 열려야 하는 맹목적인 관계가 순종의 관계는 아닐 것입니다. 둘의 관계가 인간 관계이고 이들 간의 의사소통이 어떤 형태이든 대화로 이루어지는 것이라면, 상호 간의 인격적인 존중을 바탕으로 소통하는 내용에 대한 이해와 동의에 이르기 위한 긴장관계가 전제되어야 순종하는 관계라고 볼 수 있습니다. 수도규칙이 교회에 순종함을 개인적인 인간 관계로 풀어서 이해하였다는 것은 교회와 수도회 간의 대화의 가능성이 함축된 표현이라고 보여집니다.

성 프란치스코가 그린 복음적 삶, 즉, 그리스도의 구체적인 발자취를 따르는 삶은 종종 교회의 권위자들의 의견과 상충되었고, 그 이상이 수도회의 형제들 안에서 항상 일치된 모습으로 드러나지도 않았음을 우리는 잘 알고 있습니다. 전기에서 그 예를 찾을 수 있듯이, 형제들에게 설교권을 주지 않으려 했던 한 주교와의 관계가 그랬고,[7] 교회가 손을 뗀 나환자들에게 형제들이 가서 봉사하길 원했던 때가 그랬고, 십자군 원정에서 무슬림들에게 칼을 겨누기보다 그들의 친구가 되려고 했던 때가 그러했습니다.

1223년 수도규칙이 작성되던 때도 그런 혼란이 가득했던 시기였습니다. 성인은 1219년 여름에 십자군 원정 격전지였던 다미에타로 선교를 떠났다가 1220년 여름에 이태리로 돌아옵니다. 프란치스코가 자리

7　대전기 6.8; 2첼라노 147.

를 비운 사이 형제들 가운데에는 삶의 방식에 대한 논쟁이 생겼고 일부 "나이 많은" 형제들에 의해 인노첸시오 3세 교황에게 구두 인준받은 수도규칙에 다른 내용이 덧붙여지기도 했습니다. 이러한 상황에서 프란치스코는 로마로 가서 형제회의 "교황"으로 모실 수호자 추기경을 청했고, 우골리노 추기경이 그 자리에 임명됩니다. 형제회는 이제 덩치가 커져서, 서로에게 보여주는 복음적 삶의 내적인 모범으로는 유지되기 힘들었고, 작은형제회는 로마 교황청의 눈에 더 이상 "교황청으로부터 인준받은 신심 깊은 형제들의 작은 모임"의 차원을 넘는 하나의 수도회 (Ordo)로 인식되기에 이르렀습니다. 이런 상황에서 성인은 1220년, 총봉사자의 자리에서 사임합니다. 악화된 건강이 표면상의 이유였지만, 페루지아 전기가 묘사한 바에 의하면 프란치스코는 법적인 제도에 의해 관리되고 이끌어 가야 할 수도회의 수장으로서는 자신이 적합하지 않다고 느꼈던 것 같습니다. 그럼에도 그는 세상을 떠날 때까지 새로 선출된 총봉사자와 공동체 봉사자에게 순종하는 모범을 보였고, 1223년 수도규칙이 인준받을 때까지 그 수정 과정에 깊숙이 관여하여, 형제회의 책임 맡은 형제들과 우골리노 추기경과 함께 작업합니다.

바로 이 인준 규칙의 작성 과정이야 말로 성 프란치스코가 살고자 했던 비전이 우골리노 추기경의 지도를 통해 내려지는 교도권의 방향과 순종의 긴장관계에 놓여 있던 상황이었고 수도회 창설자와 수도회 구성원들 사이의 순종의 긴장관계를 직접적으로 느낄 수 있었던 공간이었을 것입니다. 수도규칙의 한 구절 한 구절을 써 내려가고 확정하기 위해서 서로의 입장을 관철시키려 침묵으로 시위하고 때로는 언성을 높이는 순간도 있었을 것입니다. 프란치스코에게는 수도회의 물러난 창설자로서 초기 형제회의 복음적 비전을 수도규칙의 구석 구석에 남겨야 한다는 사명감도 있었을 것입니다. 그러나, 그 어떤 순간에도 프란치스코는, 그리고 다른 작은형제들은, 그리스도를 따르는 복음적 삶이라는 자신들의 비전을 위해 교회의 울타리를 포기하지 않았습니다. 이는 자신의 이득을 위한 이기적인 고집과는 명확히 구별되어야 합니다. 교회 안에서, 궁극선이신 하느님께로 나아가기 위한 고집입니다. 서로의 의견을 논박하고 자신의 의견을 주장하는 과정에서도, 호노리오 3세 교황과 프란치스코 그리고 그들의 후계자들의 개인적 상호관계로 치환되어 묘사된 교회와 형제회 사이의 순종의 끈을 놓지 않고 복음과 교회의 조화를 추구하였고, 서로의 합의를 도출하여 이렇게 아름다운 수도규칙을 갖게 된 것입니다.

성녀 글라라도, 또 프라하의 아녜스도 성교회의 울타리 안에서 자신들이 믿는 가난한 삶의 길을 추구하기 위하여 교회의 권위자들과 끊임없이 대화하고 의견을 조율하는 과정을 거쳤다고 전해집니다. 글라라가 아녜스에게 보낸 둘째 편지에 그러한 과정이 잘 드러납니다.

> "그런데 이 점에 있어서 주님의 계명 길을 더 안전하게 걸을 수 있도록, 공경하올 우리 아버지이신 총봉사자, 우리 엘리야 형제의 조언을 따르십시오. 그분의 조언을 다른 이들의 조언보다 더 존중하고 그것을 최고의 선물로 소중하게 여기십시오. 만일 누가 그대의 완덕에 장애가 되고 거룩한 부르심에 반대되는 것으로 보이는 다른 것을 그대에게 말하고 다른 것을 제시하면, 그를 공경은 해야겠지만 그 조언을 따르지 마십시오." (프라하의 아녜스에게 보낸 편지 2, 15-17)

프란치스칸 역사학자들은 "만일 누가 그대의 완덕에 장애가 되고 거룩한 부르심에 반대되는 것으로 보이는 다른 것을 그대에게 말하고 다른 것을 제시"하는 이가 교황 그레고리오 9세를 지칭한다고 입을 모읍니다. 절제된 언어로 표현되었지만, "공경은 해야겠지만 그 조언을 따르지 마십시오"의 구절 속에는 이들 원조 프란치스칸들이 살아 낸 복음과 교회를 조화하려는 정신이 드러납니다. 이 편지는 단순히 가난한 자매들이 교회의 권위를 따르기 보다 프란치스코의 후예의 방침, 즉 자신들이 원하는 바를 고수 했다는 것을 말하는 것이 아닙니다. 교회의 울타리 안에서, 그 구체적인 인간 관계 안에서, 교도권을 공경하고 그들에 대한 순종으로, 교회를 통해 부어지는 은총에 열려 있기를 포기하지 않으면서, 삼위일체 하느님께서 그들에게 직접 보여주셨다고 믿었던 복음적 가난의 가치를 추구하고자 끝까지 애썼다는 것, 그렇게 복음과 교회의 조화를 추구했다는 것을 보여줍니다.

"순종 안에" 사는 삶은 수도규칙 곳곳에서 볼 수 있는 "필요성의 원칙"에서도 잘 드러납니다. 즉, 수도규칙의 개별 조항들은 절대적인 원칙으로 형제들 앞에 서 있는 것이 아니라 사안에 따라서는 개개인이 식별하여 필요하다고 생각되면 달리 생각될 여지를 가지고 있는 살아있는 규칙인 것입니다. 2장에서, "그리고 어쩔 수 없는 이들은 [qui necessitate coguntur] 신발을 신을 수 있습니다", 3장에서, "그리고 꼭 필요한 경우에 [tempore vero manifestae necessitatis], 형제들은 육신의 단식을 할 의무가 없습니다", "그리고 형제들은 꼭 필요한 경우나 아픈 경우가 아니면 [nisi manifesta necessitate] 말을 타서는 안 됩니다", 그리고 4장에서, "오직 봉사자와 보호자들만이 장소와 계절 그리고 추운 지방에 따라 필요하다고 판단되면 [sicut necessitati viderint expedire] 앓는 형제들에게 필요한 것과 다른 형제들의 옷가지를 위해서 영신의 친구들을 통하여 특별한 배려를 할 것입니다"와 같은 구절들에서 드러납니다. 필요성은 형제들 각자 자신만이 알 수 있는 것입니다. 이 필요성의 원칙에 담겨있는 사상은 개인과 공동체의 관계 안에서 적용되는 것으로 그려지지만, 수도회와 교회의 관계 안에서도 위에서 살펴본 바와 비슷한 방법으로 적용될 수 있을 것입니다. 수도회의 필요는 수도자들이 알 수 있는 것이고, 그 필요성이 교회의 방침과 잘 맞아 떨어지지 않는 경우에도, 순종의 정신을 벗어나지 않으면서 교회와 대화할 수 있는 것이기 때문입니다.

위에서 언급한 몇 가지 조항 뿐 아니라, 인준받은 수도규칙 전체가 자유로운 순종의 덕의 기틀 위에 서 있습니다. 형제 개개인이 사는 이 순종은 한편으로는 프란치스코의 교황 호노리오와 그의 후계자들에 대한 순종이고, 다른 한편으로는 형제들의 프란치스코와 그의 후계자들에 대한 순종입니다. 이 순종은 인격적인 관계에 바탕하는 덕으로, 순종하는 개인은 자유로이 자신의 의지에 따라 "순종 안에" 살아갑니다. 인준 규칙은 이렇게 마무리 됩니다. "나는 순종으로 봉사자들에게 명합니다. 이 형제회의 지도자요 보호자요 감사관이 될 분으로 거룩한 로마 교회의 추기경들 중에 한 분을 교황님께 청하십시오. 그리하여 형제들은 거룩한 교회의 발 아래 항상 매여 순종하고, 가톨릭 믿음의 기초 위에 굳건히 서서 우리가 굳게 서약한 가난과 겸손과 우리 주 예수 그리스도의 거룩한 복음을 실행할 것입니다"(인준 규칙 12.3-4). 수도규칙을 받치고 있는 자유로운 순종의 덕은 우리가 3장에서 살펴 볼, 둔스 스코투스의 윤리학 안에서, '자연'과 '의지'의 능동적인 상관관계 안에서 철학적으로 형상화됩니다.

2) "소유 없이"

인준받은 수도규칙에서 "소유 없이" 살고자 함은 그리스도의 발자취를 따름, 즉 그리스도를 모방하는데 그 목적이 있습니다. 그리스도를 모방하여 무엇을 얻으려는 것일까요? 두 가지 측면으로 생각해 보겠습니다. 하나는 가난의 덕을 통해 그리스도의 신성에 참여하는 것, 즉 그리스도처럼 되는 것이고 다른 하나는 가난의 삶을 통해 그리스도와 연결되어 삼위일체 하느님과의 관계성 안으로 들어 가는 것, 즉 하느님을 사랑하고 하느님께 사랑 받는 은총의 차원으로 들어가는 것을 말합니다.

프란치스코가 추구한 가난은 그의 그리스도론으로밖에는 이해할 수 없습니다. 가난에 대한 인준 규칙 6장은 "주님께서 우리를 위하여 이 세상에서 스스로 가난해지셨"(인준 규칙 6.3)음을 말하는데, 이는 코린토 2서 8장 9절의 말씀과 연결됩니다: "그분께서는 부유하시면서도 여러분을 위하여 가난하게 되시어, 여러분이 그 가난으로 부유하게 되도록 하셨습니다." 성인은 바오로 사도의 이 말씀을 그리스도의 육화에 대한 말씀으로 이해하고, 가난이 하느님이신 그리스도께서 인간이 되어 오신 육화의 통로임을 받아들입니다.[8] 가난한 삶을 살아가는 작은형제들의 삶은 그렇게 오신 그리스도가 이 땅에서 살아가신 삶의 발자취를 따라 사는 *Imitatio Christi*, 그리스도를 모방하는 삶인 것입니다. 인준 규칙은 힘 주어 말합니다. "이것이 바로 지극히 사랑하는 나의 형제 여러분을 하늘 나라의 상속자요 왕이 되게 하고, 물질에 가난한 사람이 되게 하면서도, 덕행에 뛰어나게 하는 지극히 높은 가난의 극치입니다"(6.4). 가난하게 삶으로써 그리스도의 지상 삶을 모방하는 것입니다.

가난으로 그리스도를 따름은 첫째로, 그리스도를 모범으로 삼는 완덕에로 초대합니다. 이 수도규칙이 작성되던 1223년의 프란치스코와 형제들은 이미 유럽 전역에 알려졌기에, 먹을 것이 없어 먹지 못하는

---

8 BLASTIC, A STUDY OF THE RULE OF 1223, 55.

가난을 경험하지는 않았고, 이곳 저곳을 떠다니는 나그네라기 보다는 다양한 형태의 집을 얻어 옮겨 다니는 어느 정도의 정착의 삶을 시작하고 있었습니다. 따라서, 이들의 가난은 금욕적인 덕으로서 추구되는 것이었고, 자기 조절의 덕으로 인간이 되어 오신 하느님을 모방하여 그 높은 경지에 이르기 위하여 자유롭게 선택된 가난이었습니다. 위에 인용된 구절의 "가난의 극치"*(altissimae paupertatis)*에서 극치라고 번역된 라틴어 *altissimae*는 프란치스칸들이 하느님을 묘사할 때만 쓰는 단어입니다. 그래서, *altissimae*를 극치로 번역하신 이재성 보나벤뚜라 형제님은 가난의 덕을 하느님이라고 가르치십니다. 이는 하느님의 속성을 하느님에게서 분리할 수 없고, 하느님의 속성과 하느님은 하나이기 때문입니다. 가난의 덕에게 신적인 위치를 부여하는 것은 가난이 육화한 그리스도의 모습, 즉 하느님의 속성이기 때문이고, 이는 분명 프란치스칸적인 생각입니다. 수도규칙은 가난의 삶이 형제들을 하늘 나라의 상속자요 왕이 되게 하고 덕행에 뛰어나게 한다고 말하는데 이는 그리스도를 모범으로 삼는 자기수양으로 최고선이신 하느님께로 나아가는 윤리적 상승을 말하고 있는 것입니다. 프란치스칸들은 욕구를 근본적으로 부정하는 극단적인 금욕주의는 배격했지만, 작은형제들의 가난의 삶이 금욕적인 자기 수양의 측면이 있음은 분명합니다. 덕으로서의 가난은 3장에서, 둔스 스코투스의 의지의 두 성향, 이익성향과 정의성향의 구분과 연결됩니다. 정의성향은 이익성향을 제어하는 금욕적인 성향으로 가난의 덕을 구성하는 의지의 성향이며 인간에게 주어진 선천적인 자유입니다.

둘째로, 가난의 삶은 아무것도 나의 것으로 삼지 않음으로써 삼위일체 하느님과의 사랑의 관계성 안으로 들어가게 합니다. "집이나 거처, 그 어떤 것도 자기 소유로 하지 말 것"(인준 규칙 6.1)을 서원하는 형제들은 자신의 이익을 위하여 살지 않고 그 어떤 것에도 의지 하지 않으며 오직 성자 그리스도와의 관계성 안에서 하느님과 이웃을 위해 살고자 합니다. 성인은 수도규칙의 입을 빌어, 그가 "지극히 사랑하는 형제들"에게 "가난에 완전히 매달려 우리 주 예수 그리스도의 이름을 위하여 하늘 아래서는 평생토록 결코 다른 어떤 것도 가지기를 원치 마십시오."(인준 규칙 6.6)라며 강하게 권면합니다. 아무것도 자기 소유로 하지 말라는 조항의 1223년 수도규칙은, 앓는 형제를 위해서는 금품이나 돈을 받아도 된다고 규정하고, 거처를 위해 금품을 사용할 수는 없지만 다른 봉사를 통해 거처를 얻을 수는 있다고 한 1221년 수도규칙보다도 엄격합니다. "가난에 완전히 매달려" 아무것도 소유하지 않는 가난의 삶은 곧 그리스도만을 사랑하는 삶이고, 그리스도를 모방하여 삼위일체 하느님과의 관계성 안으로 들어가는 삶입니다.

프란치스칸 삶의 양식인 가난과 형제애는 동전의 양면입니다.[9] 인준 규칙은 6장의 가난에 대한 조항에 즉시 이어서 형제애를 말합니다. "형제들은 어디에 있든지 어디서 만나든지 상호간에 한 식구임을 서로서로 보여" 주고 "필요한 것을 서로 간에 거리낌 없이 드러내" 보이라고 말합니다. "어머니가 자기 육신의 자녀를 기르고 사랑"하는 것보다 더 탁월하게 "자기 영신의 형제들을 한층 더 자상하게 사랑하고 길러야" 한다고 말합니다. 다시 강조하자면, 그리스도를 본받아 가난으로 아무것도 나의 것으로 삼지 않는 것은 곧 내가 하느님과 이웃을 위한 삶을 산다는 것이고, "천상 성부의 딸이시며…우리 주 예수 그리스도의 어머니이시며, 성령의 정배"(주님의 수난 성무일도 후렴)이신 가난한 복되

---

9 BLASTIC, A STUDY OF THE RULE OF 1223, 62.

신 마리아처럼 삼위일체와의 관계성 안으로 들어가는 것입니다. 또한 프란치스코가 추구한 가난의 삶은 혼자 가난하게 사는 삶이 아니라 형제들과 함께 가난한 삶을 사는 것이기에, 쉽지 않은 이 가난의 여정에서 서로를 위해 주고 돌볼 뿐 아니라 서로에게 기꺼이 의지할 수 있는 형제애는 가난 영성의 전제가 되어야 하는 것입니다. 이렇게 가난은 곧 사랑이며, 가난한 공동체는 형제애를 가질 때 유지될 수 있습니다. 사랑으로 확장된 가난은 다른 이에게 그리스도를 전하는 선교의 삶으로 나아갑니다. 성부께로부터 우리에게 파견되신 육화하신 그리스도를 본받아 우리도 성부의 파견을 기꺼이 받아 가난을 사는 것입니다.

간략하게나마, 1223년 수도규칙 안에 드러난 자유로운 순종과 관계적 가난의 정신을 살펴보았습니다. 수도규칙의 이 두 가지 프란치스칸 정신은 인간 '본성' 안에서 '자유'의 의미를 새롭게 발견하는 (또, 그 '자유'가 '본성'을 벗어나지 않는) 둔스 스코투스의 윤리학에 선명하게 드러나고, 다시 스코투스의 윤리학적 영감은 고대로부터 이어져 오던 아리스토텔레스의 윤리학이 크게 방향을 바꾸어 근대의 칸트 윤리학으로 이어지게 되는 계기가 됩니다. 다시 언급하자면, 스코투스의 윤리사상과 수도규칙의 관련성을 물리적으로 보여줄 증거는 없습니다. 하지만, 그의 윤리학적 영감은 그가 프란치스코 수도규칙을 사는 프란치스칸 수도자라는 점을 고려했을 때 비로소 명확히 이해할 수 있는 것이고, 우리는 그의 이론들에서 진한 프란치스칸 향기를 맡을 수 있습니다.

한가지 기억할 것은, 스코투스의 윤리학은 '자연'과 '자유'의 조화를 추구한, 윤리학의 역사를 바꿔 놓은 위대한 사상이지만, 안타깝게도 근대 사상가들은 스코투스 윤리학의 핵심의 중요성을 이해하지 못했고, '자연'을 버린 채 '자유'로 나아갔다는 것입니다. 결과적으로 근대 윤리학의 흐름은 스코투스의 영감을 통해 진화되었지만, 그 방향은 스코투스의 의도와는 다르게 흘러 갔습니다. 이제 근대를 지나 현대를 사는 우리는 이 시간을 통해서 프란치스칸적 시각을 가지고 스코투스의 윤리학을 제대로 이해해 보고, 우리의 윤리학적 감성을 다시 한번 조정해 보는 계기가 되었으면 좋겠습니다.

2. 서양 윤리학의 흐름

이 장에서 이정표로 삼을 두 가지 윤리학적 사조가 있습니다. 목적론과 의무론입니다. 목적론은 삶의 목적에 관심을 갖는 윤리학입니다. 왜 사는가?에 대한 답이 삶의 목적입니다. 여러분은 왜 사십니까? 플라톤과 아리스토텔레스를 비롯한 거의 모든 고대 철학자는 이렇게 답합니다. 행복하려고. 우리는 행복하려고 산다. 행복이 삶의 목적입니다. 여러분이 여기 오셔서 공부하시는 것도, 프란치스칸으로 사는 것도, 신앙 생활 하는 것도, 모두 행복하기 위함이 아니시겠습니까? 동의하신다면 여러분은 윤리적 목적론자입니다.

목적론은 우리가 가진 자연본성을 이해하는 윤리학입니다. 우리가 타고난 본성의 완성이 우리 삶의 목적이기 때문입니다. 인간은 좋음에 끌립니다. 맛이 좋은 음식에 끌리고, 재미가 좋은 영화에 끌립니다. 그렇게 우리는 본성적으로 좋음을 추구하며 사는데, 가장 좋은 것, 즉, 우리가 궁극적으로 원하는 최고선을 바로 행복이라고 부릅니다. 행복은 가장 좋은 것, 최고선이기에, 이기적인 좋음이나 홀로 즐기는 좋음이 아니라 공동체적인 좋음이고, 따라서 소유를 위한 완성이 아니라 윤리적인 완성입니다. 행복은 타고난 본성이 완성된 사람, 즉 좋은 사람이 누리는 것이고, 목적론적 윤리학은 우리가 좋은 사람이 되려면 어떻게 살아야 하는가를 말하는 윤리학입니다.

한편, 의무론은 목적론에 대한 비판에서 나왔습니다. 선과 악은 우리의 자연본성과 관계 없다, 나의 본성이 어떻든지 간에, 지금 상황이 어떻든지 간에, 나의 이성이 나에게 말해 주는 보편적 옳음을 따르는 것이 선한 것이고, 따르지 않는다면 그것이 악이라고 주장합니다. 의무론자들은, 우리가 좋은 것에 끌리는 것은 맞는데, 그렇게 끌려서 하는 행동은 본성적인 (혹은 동물적인) 행동에 불과하다, 윤리적인 행동이 아니다, 윤리적으로 옳은 행동도 아니고 그른 행동도 아니다, 라고 말합니다. 윤리적으로 옳은 행동은, 내가 나의 선의지로 나의 이익유무와 상관없이 자유롭게 선택한 옳은 행동이므로, 행복은 우리 삶의 목적도 아니고, 이정표도 아닌 것입니다. 결국, 내가 행복하기 위해 하는 행동은 인간 윤리와는 아무런 상관이 없는 행동이라는 것입니다. 우리는 흔히 말합니다. 어떤 프로젝트를 제안하는 사람한테, "그거 너 좋자고 하는 것이잖아?" 라고 묻습니다. 그 사람이, "그렇다"고 대답한다면, 자신의 이익 때문에 그 일을 하는 것이고, 그 행동을 도덕적으로 훌륭한 행동이라고 말하지는 않습니다. 도덕적으로 좋지 않은 행동인 것도 물론 아닙니다. 의무론은 근대 철학자인 칸트의 윤리학인데, 그가 스코투스의 윤리학적 이론을 참고하여 확립한 윤리학적 체계일 가능성이 크고,[10] 이 역사적 연결고리가 사실이 아니라고 하더라도, 두 윤리학의 유사성 때문에, 많은 학자는 스코투스가 칸트 윤리학의 전조라는 것을 널리 받아들입니다. 칸트의 의무론은 목적론과 더불어 가장 중요한 윤리학적 사조이고, 고대와 중세의 목적론에서 근대의 의무론으로 전환하

---

10 Hare, John E. and The Society of Christian Philosophers. "Kant on Recognizing Our Duties As God's Commands:" Faith and Philosophy 17, no. 4 (2000): 459–78.

는 출발점은 스코투스에 의해 만들어 진 것입니다.

　정리하자면, 목적론은 인간 본성에 초점을 맞추고, 그 자연본성의 완성을 추구하는 윤리학이고, 의무론은, 우리가 타고난 본성과는 별개로, 내 이성의 자유에 초점을 맞추고 내가 지금 여기서 옳은 것을 선택하고 행하는 것을 추구하는 윤리학입니다. 자연본성과 자유가 대비됩니다. 목적론에서는 '자연'이 중요하고 의무론에서는 '자유'가 중요합니다.

　그렇다면, 스코투스의 윤리관의 위치는 어디일까요? 결론부터 말씀드리자면, 프란치스칸 윤리관은 목적론의 테두리 안에서 생겨났고 의무론의 태생에 결정적인 역할을 했지만, 의무론과는 구분되는 윤리 패러다임입니다. 스코투스 윤리학은 교회에 대한 순종 안에서 자유를 추구한 프란치스코가 가졌던 윤리적 감수성을 이어 받아, 우리에게 주어진 '자연'의 테두리 안에서 '자유'를 찾아 내지만, 그 '자유'를 '자연'을 초월하는 것으로 간주하는 오만은 단호히 배격한 윤리학입니다. 하지만, 근대인들은 스코투스의 윤리학의 내용 중에서 자신이 필요한 것만 취해서 의무론을 정립하고, 비록 행복을 말하기는 하지만, 윤리와 밀접하게 결합된 아리스토텔레스로부터 이어지는 행복 개념은 폐기 처분합니다. 프란치스칸 윤리 패러다임은 고대 윤리학의 목적론을 넘어서는 것이긴 하지만, 칸트의 의무론으로는 환원될 수 없는 것으로, 이제 새롭게 재발견 해 나아가야 하는 것입니다. 윤리학의 역사 안에서, 프란치스칸들은 자신의 방향을 놓쳐 버렸고, 칸트로 넘어가 버렸지만, 그 방향을 다시 찾아가야 합니다.

　이 장에서는 첫째로, 간략하게 고대 그리스 로마의 목적론적 윤리학이 어떤 것인지를 먼저 살펴보고, 둘째로 고대의 목적론이 스코투스 안에서 어떻게 진화되었는지, 그리고 스코투스의 입장이 근대의 윤리학인 칸트의 의무론과 어떻게 다른지 알아보도록 하겠습니다. 이 과정에서 스코투스의 윤리학이 어떻게 프란치스칸적인지, 그리고 프란치스칸들이 어떤 윤리학적 사조를 선도할 수 있는지가 분명해 질 것입니다.

1) 고대 윤리학: 자연본성의 완성으로서의 행복 개념

ㄱ. 플라톤의 외재적 목적론

우리가 잘 아는 플라톤의 "동굴의 비유"에 보면, 동굴 벽을 향해 묶여 있는 죄수들이 등장합니다. 그들 등 뒤에 모닥불이 있고, 인형들을 들고 움직이는 사람들이 있습니다. 죄수들은 평생 그 불에 비친 인형들의 그림자만을 바라보며 살아 왔기에 동굴 벽에 비친 그림자가 전부인 줄 알고 삽니다. 그러다가, 누군가에 의해 결박이 풀리고, 동굴 속 자신을 둘러 싼 것들, 모닥불, 인형들을 보게 되지요. 결국 동굴 밖으로 끌려 나와 실제 사물들을 보고, 마침내는 그 모든 것을 보게 하는 태양을 보게 되고 동굴 밖 진짜 세상에 대한 지식을 얻습니다. 그렇게 참된 지식을 얻은 이는 더 이상 동굴 속 가짜 앎에는 관심을 갖지 않고 참된 지식만을 쫓으며 삽니다. 이 비유에서 동굴에서 보는 그림자들은 감각경험으로 얻는 정보들을 뜻하고 동굴 밖 실제 사물들은 지성으로 얻는 영원한 지식, 즉 이데아를 뜻하며, 태양은 모든 이데아를 알 수 있게 하는 기준인 "선" 혹은 "좋음" 이라는 이데아를 뜻합니다.

플라톤의 형이상학을 담고 있는 이데아라는 그리스말은 영어로 하면 아이디어(idea)입니다. 개념이나 뜻으로 이해하셔도 되는데, 철학적으로는 (질료와 구별되는) 형상이라는 개념과 겹칩니다. 이데아론은 플라톤의 형상론입니다. 이데아는, 간단히 말해, 개별 사물들을 인식하고 판단하는 틀이라고 생각하면 됩니다. 우리가 주위를 둘러보면, 어떤 것은 크고 어떤 것은 작습니다. 또 어떤 것은 아름답고 어떤 것은 못 생겼습니다. 우리가 그렇게 판단할 수 있는 것은 "동일성"이나 "아름다움"과 같은 기준인 이데아들을 가지고 있기 때문입니다. 플라톤에게 이 이데아라는 기준은 우리가 경험으로 얻게 된 것이 아닙니다. 선천적으로 가지고 있지만 잊고 있는 것입니다. 우리의 영혼이 육체와 결합하기 이전에 알던 것들입니다. 동굴의 비유를 통해 보는 플라톤의 윤리학은, 우리가 감각으로 얻는 개별 지식을 넘어, 감각 인식을 가능하게 하는 영원한 지식인 이데아들을 얻도록 노력해야 하고, 더 나아가 선 그 자체를 보고 알도록 정진해야 행복으로 나아간다고 하는 그의 윤리학을 말하는 것입니다. 이러한 길은 결국 육체의 한계를 넘어 자유로운 영혼이 되는 길입니다.

플라톤에 의하면, 신은 우리를 창조했는데, 무로부터 창조한 것이 아니고, 원래 있던 이데아들과 질료를 섞어서 창조했습니다. 한계가 없이 자유롭고 선하던 영혼을 육체와 결합시켜서 물리적인 개체로 만든 것입니다. 신은 모든 피조물을 자신의 선성을 사랑하도록 창조했고, 비록 육체와 결합되어 한계를 갖고 있지만, 우리는 영원한 세계를 꿈꾸며 살아가고, 육체를 초월하여 참 선인 신에게 나아가는 궁극적 목적을 가집니다.

플라톤 윤리학의 특징은 이렇게 우리 삶의 목적이 자유로운 영혼에 있고, 그것이 육체와 결합되어 있는 개별적 존재자로서의 우리의 현실 너머에 있다고 생각한다는 점입니다. 현실을 넘어, 육체의 한계를 넘어, 개별자를 넘어, 보편적인 참 빛이고 참 선인 "좋음"의 이데아를 향해 나아가는 외재적 목적론입니다. 그 목적을 향해 나아가게 하는 원동력은 우리 영혼의 본성 안에서 찾을 수 있습니다.

ㄴ. 아리스토텔레스의 내재적 목적론

　아리스토텔레스는 플라톤의 제자였습니다. 플라톤이 세운 학교 이름이 아카데미아인데, 아리스토텔레스는 아카데미아에서 공부하고 나중에 독립해서 리케이온이라는 자기 학교를 세웁니다. 아리스토텔레스의 윤리학, 이것은 그의 아들 니코마코스가 편집 출판했기 때문에 『니코마코스 윤리학』이라고 불리는데, 이 책은 모든 서양 윤리학 책들 중에서 가장 중요한 책 중의 하나입니다. 후대의 모든 윤리학의 기준이 되었고 지금도 그 영향력을 유지하고 있기 때문입니다.

　플라톤의 제자로서 그의 사상의 많은 부분을 계승하지만, 아리스토텔레스는 또한 플라톤을 비판하면서 독자적인 이론을 정립합니다. 그중 하나가 형상에 대한 이론입니다. 방금 보셨듯, 플라톤의 형상론을 이데아론이라고 합니다. 아리스토텔레스도 플라톤처럼 형상이 질료보다 중요하다고 말하는데, 그가 플라톤의 이데아론을 정면으로 반대하는 점은, 바로 형상은 결코 질료와 떨어져서 존재할 수 없다는 것입니다. '아름다움'이나 '정의로움'과 같은 형상들은 질료와 결합되어 개별자들 안에만 존재할 수 있다는 것입니다. 그래서 플라톤의 형이상학은 이데아론, 즉 형상론인데, 아리스토텔레스의 이론은 질료형상론입니다.

　인간들에게는 인간다움, 혹은 "이성적 동물"이라는 형상이 있습니다. 이 형상은 개별 인간에게만 존재하는 것이지, 그것을 담는 그릇인 질료가 없이 따로 어떤 이데아 세계에 존재하는 것이 아니라는 것입니다. 우리가 추구해야 할 목적은 참 인간이 되는 것, 가장 인간다운 인간이 되는 것, 즉 행복한 인간이 되는 것인데, 플라톤에게 참 인간은 육체와 분리된 영혼이고, 아리스토텔레스에게는 육체와 하나 된 영혼, 즉 지상에서의 인간이기에, 아리스토텔레스의 행복은 우리 안에 있는 삶의 목적이고, 행복은 개별적인 행복한 한 인간 안에서가 아니면 이해할 수 없습니다. 아리스토텔레스의 목적론은 그래서 내재적 목적론입니다.

아리스토텔레스의 윤리학은 행복한 인간이 되는 길을 서술합니다. 먼저 행복의 정의는 이렇습니다: 덕에 따르는 영혼의 활동. 즉, 덕을 갖춘 사람의 영혼의 활동이 행복이라는 것입니다.

무엇보다도, 행복은 덕과 관련됩니다. 덕에는 윤리적 덕이 있고 지성적 덕이 있습니다. 윤리적 덕은 중용입니다. 지나침과 모자람의 중간을 중용이라고 합니다. 용기는 무모함과 비겁함의 중간, 즉 중용이고, 진실함은 허풍과 자기 비하의 중용입니다. 온화는 성마름과 화낼 줄 모름의 중용입니다. 이런 용기, 진실함, 온화, 절제와 같은 것들이 윤리적 덕입니다. 윤리적 덕은 덕스러운 행위를 함으로써 몸에 익히는 것입니다. 피아노를 배울 때, 피아노를 치지 않고는 배울 수 없듯이, 용기는 용기 있는 행동을 함으로써 몸에 익혀지는 덕입니다. 첫번째 용기 있는 행동은 두렵고 힘들겠지만, 두번째는 더 쉽겠고, 여러 번 용기 있는 행동을 할 땐 원래 용기 있는 사람이었던 것처럼 행동할 것입니다. 이럴 때 용기의 덕을 가졌다고 말할 수 있습니다. 한편, 철학적 지혜, 실용적 지혜, 기술, 과학적 지식, 직관과 같은 것들이 지성적 덕입니다. 지성적 덕은 가정에서, 학교에서, 교육을 통하여 습득합니다. 아리스토텔레스의 윤리학은 어떻게 덕을 갖출 것인가에 초점이 맞추어져 있기 때문에, 덕 윤리학이라고 불립니다.

이렇게 일단 덕을 갖추게 되면, 웬만한 불행이 덮친다고 하더라도 덕을 잃지 않습니다. 그래서 아리스토텔레스는 행복이 덕을 갖춘 사람의 영혼의 활동이라고 말하면서, 일단 행복에 도달하면 그 행복을 잃어버리지 않는다고 말합니다. 행복한 사람은 참으로 인간다운 사람이고, 인간성, 즉 인간 본성의 완성을 이룬 사람이며 그 본성을 웬만해서는 잃지 않을 사람입니다. 제가 "웬만해서는"이라고 말하는 것은, 정말 큰 불행이 닥치면 행복할 수 없을 것이라고 아리스토텔레스가 말하기 때문입니다. 참 현실적인 철학입니다.

아리스토텔레스의 『니코마코스 윤리학』은 중세 후기가 되도록 서양 그리스도교 왕국에는 알려지지 않았습니다. 1245년경, 영국 옥스퍼드 대학의 총장이었고 영국의 작은형제들의 신학교수였으며, 주교가 되지 않았다면 파리의 알렉산더 헤일즈처럼 작은형제가 되었을 로버트 그로세테스타 주교가 아리스토텔레스의 윤리학을 라틴어로 번역하여 서구 유럽에 알려졌고, 그 후 모든 중세 스콜라 윤리학의 표준이 되었습니다. 성 대 알베르토가 최초로 니코마코스 윤리학의 라틴어 주석서를 썼고, 그의 제자 성 토마스 아퀴나스가 쓴 주석서는 둔스 스코투스를 포함한 후기 중세 사상가들의 아리스토텔레스 윤리학 연구에 막대한 영향을 미치게 됩니다. 요약하자면, 아리스토텔레스의 윤리학도 목적론으로서, 인간 본성이 자연히 추구하는 좋음 중 최고의 좋음인 행복이 인간 삶의 최종 목적이라고 규정하는 윤리학입니다. 플라톤은 그 목적이 외재적이라고 한 반면, 아리스토텔레스는 인간 안에서 그 목적을 찾지만, 둘다 행복을 인간 본성의 완성이라고 말합니다.

ㄷ. 스토아 철학

아리스토텔레스 이후에 고대 그리스, 그리고 이어져 오는 고대 로마에서 융성한 철학이 스토아 철학입니다. 금욕주의라고도 불리는 스토아학파의 윤리학은 아리스토텔레스의 윤리학과 더불어 서양의 덕 철학을 형성합니다. 스토아학파의 중요한 사상가 에픽테토스는 "행복을 얻기 위해 덕 만으로도 충분하다"라고 말했습니다. 다시 말해, 제어할 수 없는 것, 즉 외적인 요인에는 마음 쓰지 말고, 제어할 수 있는 것, 즉 내 영혼을 잘 다루자는 것입니다. 매우 지성적인 윤리학입니다. 불행이 닥

쳐도 덕으로 이겨낸다는 부분은 아리스토텔레스에서도 읽을 수 있는 부분입니다. 하지만, 아리스토텔레스는 내적으로는 지성과 욕구, 감성 전반을 고려하고 외적으로는 인간 관계, 그리고 외부적 환경과 상황을 훨씬 종합적으로 고려하여 행복을 이야기 하는 반면, 스토아학파의 윤리학은 덕에 온전히 집중합니다. 스토아 철학자로는 로마 최고의 문장가 키케로, 명상록을 쓴 아우렐리우스 황제, 네로 황제의 가정교사였던 세네카 등이 있습니다. 둔스 스코투스 윤리학의 세계적인 권위자 메리 베트 잉검 (Mary Beth Ingham) 수녀님은 둔스 스코투스 윤리학을 "강한 의지 윤리학"이라고 부르기도 하는데, 스토아 철학에서 느낄 수 있는 금욕주의적 태도를 스코투스의 윤리 이론에서 보기 때문입니다. 하지만, 스코투스의 저작에서 스토아 철학에 대한 인용은 알려져 있지 않으므로, 성 프란치스코의 가난의 덕에서 이미 충분히 드러나 있는 금욕주의적 사상이 스코투스 윤리학의 배경의 한 부분을 구성한다고 보는 것이 합리적입니다.

ㄹ. 고대 목적론의 한계 - 행복 추구에서 이성理性의 역할

인간이 좋은 것들을 추구하여 성취하다가, 결국 가장 좋은 것인 행복에 도달하는 것이 인간 삶의 목적이라고 말하는 윤리학을 목적론이라고 말씀드렸습니다. 영혼의 초월적 자유에서 우리 삶의 궁극적 목적을 찾는 플라톤의 윤리학도, 이 땅의 인간 본성 안에서 내재적 목적을 찾는 아리스토텔레스의 윤리학도, 덕의 연마로 얻은 강한 지성으로 부정적 감정을 최소화하고 긍정적 감정을 극대화하여 행복으로 나아가고자 한 스토아학파의 윤리학도 인간의 궁극적 목적을 "참 인간다움", 즉 인간 자연본성의 완성에서 찾습니다.

여기서 한 가지 의문이 생기실 것입니다. 행복이 모든 인간이 가진

자연본성의 완성이라면, 왜 모든 사람이 행복하지 않은 것인가? 행복에 도달하는 것이 도토리가 참나무가 되는 것과 같은 의미에서 '자연적'인 완성과 같은 것인가? 모두가 행복에 도달하지는 않았더라도, 행복이 우리의 자연본성의 완성이라면, 모든 도토리가 참나무가 되어가는 과정에 있듯, 싹을 틔우지 못하고 썩어버리는 도토리가 있을지언정 그 성장의 방향에서 벗어나는 도토리는 없는 것처럼, 적어도 모두가 행복으로 향하고 있어야 하는데, 정말 그런가? 윤리학을 자연으로만 설명해도 되는 것인가? 각자가 경험하는 인생의 갈림길을 어떻게 설명할 것인가?

이 질문들에 대한 답을 고대 철학자들은 "이성"의 개념 안에서 시도합니다. 서양에서 "이성적 능력"은 삶의 갈림길을 야기시키는 인간의 능력을 말합니다. 인간을 다른 동물과 구분하는 능력입니다. 강아지는 배가 고프면 먹고 배가 부르면 안 먹습니다. 이성을 가진 인간은 다릅니다. 배가 고파도 맛있는 음식을 앞에 두고 안 먹을 수도 있고, 배가 터질 듯 불러도 억지로 한 숟가락 더 먹을 수도 있습니다. 선행을 선택할 수도 있고, 악행을 선택할 수도 있습니다. 이런 선택은 이성적 능력이 하는 것이고, 이 능력의 선택에 따라서 어떤 이는 행복에 도달하고, 어떤 이는 그렇지 못하는 것이라고 합니다.

아리스토텔레스는 이 세상의 모든 능력을 비이성적 능력과 이성적 능력으로 구분합니다.[11] 비이성적 능력은 한 가지만을 야기시키는 능력입니다. 예를 들어, '뜨거운 것'은 우리를 따뜻하게 만드는데, 우리를 춥게 만들 수는 없습니다. 반면, 이성적 능력은 상반된 두 가지를 야기할 수 있는 능력이 있습니다. 의학적 지식을 가진 사람은 그것으로 사람을

---

11   아리스토텔레스, 『형이상학』 IX.2, 1046b5-15.

살리기도 하고 죽이기도 하는데, 아리스토텔레스는 그가 선택을 할 수 있는 것은 지식이 있기 때문이라고 생각합니다. 도덕적인 선택에서도 옳은 선택을 하는 이는 그 선택이 자신에게 이로움을 가져다 줄 것임을 알기 때문이라고 이해합니다.

결국, 아리스토텔레스를 비롯한 고대 사상가들은 인간의 모든 능력을, 이성까지도, 자연본성(physis)의 울타리 안에서 이해하는 것입니다. 지식을 쌓는 방향으로 인간은 성장하고 그 방향의 끝에는 행복이 있다는 것입니다. 그렇다면, 옳은 선택을 놔 두고 악한 선택을 하는 이는 지식이 부족하기 때문인 것입니다. 지성이 진정으로 옳다고 혹은 선하다고 판단한 것을 의지가 행하지 않을 수는 없다고 생각했기 때문입니다. 선행 뿐 아니라 악행도 행위 주체가 본인에게 이롭다고 생각하기 때문에 행하는 것이라는 것입니다. 그래서, 고대인들에게 인간다움의 완성은 인간이 타고난 자연적 능력의 완성으로 이해됩니다. 바로 이 지점에서 둔스 스코투스는 이성적 능력에 대한 완전히 새로운 이해를 통해 서양 윤리학의 방향을 비가역적으로 바꾸어 놓습니다. 자연의 이해를 넘어서는 이성 개념을 규정함으로써 말입니다.

2) 고대에서 중세로: 의지 개념의 생성

ㄱ. 성경에 드러난 윤리사상

앎의 차원에서 윤리학을 풀어나가려는 서양 고대 윤리학의 방향에 결정적인 가르침을 던지는 것이 바로 성경입니다. 위에서 말씀드렸듯이, 고대 철학에서는 앎이 곧 선이고 무지가 곧 악입니다. 그것이 윤리적인 덕이건 지성적인 덕이건, 덕을 갖추는 것은 앎의 영역이고, 덕을 갖춘 이가 행하는 것이 선이고, 악덕을 가진 이는 무지한 이이기에 악을 행하는 것입니다. 그러나, 성경에 드러나는 선과 악은 앎과 무지의 차원을 넘어섭니다. 죄는 하느님을 거스르는 것입니다. "주님의 말을 무시하고 주님의 계명을 어"기면 "자기 죗값을 져야"(민수 15:31)하고, "좋은 일을 할 줄 알면서도 하지 않으면 곧 죄가 됩니다"(야고 4:17). 즉, 성경은 무엇이 옳은지 알고도 행하지 않는 것, 하느님을 거스르는 것이 죄라고 가르칩니다. 인간의 윤리적 행위를 결정하는 것은 지성의 차원을 넘어, 아는 것을 행하는 의지의 차원이기도 함을 말해 주는 것입니다. 이렇게 지성과 의지가 개념적으로 분리되기 위한 단초는 성경에서 비롯됩니다. 하지만, 성경의 의지 개념이 자연본성을 넘어서는 것으로 이해되기 위해서 둔스 스코투스를 만나기까지 수천년을 기다려야 했습니다.

ㄴ. 아우구스티누스의 윤리 사상

성 아우구스티누스는 가톨릭 교부들 중 그리스도교 사상에 가장 큰 영향을 끼친 성인입니다. 그는 『자유의지론』에서 하느님이 인간에게 자유의지를 준 것은 인간이 선을 행할 수 있게 하기 위함이라고 말합니다. 인간에게 자신의 행위에 대한 선택의 자유가 없다면, 선해 보이는 행동을 하더라도 그것은 자신의 선행이 아니라 그에게 그 행위를 하게 한 이의 선행이 되기 때문입니다. 결국 자유로운 의지가 없이는 인간이 윤리적일 수 없다는 이야기입니다.

『고백록』7권에서는 악의 기원을 인간의 의지에서 찾습니다. 하느님이 창조하신 만물은 모두 선하기에 하느님에게서 혹은 하느님의 피조물에서 악의 기원을 찾을 수는 없습니다. 그래서 아우구스티누스는 존재하는 모든 것은 나름의 선성을 가진다는 고대 그리스와 히브리 사상의 연장에 서지만, 선의 계층구조, 즉 어떤 선은 다른 선보다 더 고귀하다는 것에 주목합니다. 예를 들면, 하느님은 최고선이시고 인간의 쾌락은 낮은 선입니다. 악은 바로, 우리가 어떤 좋음이든 그것을 얻기 위해 행동할 때, 그보다 고귀한 좋음을 저버릴 때 생겨난다는 것입니다 (『고백록』, 7.16.22). 이 선택의 주체는 의지입니다. 의지 자체가 악한 것은 아닙니다. 하느님의 창조물이기 때문입니다. 악은, 고귀한 좋음을 저버리고 상대적으로 저급한 좋음을 선택하는 의지의 선택이 악한 것이고, 따라서 아우구스티누스는 악은 선의 결핍이라고 정의합니다.

아우구스티누스의 의지론은 이후 중세 사상가들에게 큰 영향을 줍니다. 특히 영국 캔터베리의 주교였던 성 안셀무스는 아우구스티누스 사상을 심화하고 발전시켜 둔스 스코투스 윤리학의 중요한 한 축이 되는 의지의 두 성향 이론을 정립합니다. 아우구스티누스와 안셀무스가 프란치스칸 사상가들의 주의주의(主意主義)사상의 형성에 준 영향이 지대하기에 에티엔 질송 같은 현대의 중세철학자들은 프란치스칸 사상가들을 아우구스티누스주의자들이라고 부르기도 합니다.

의지 개념의 발전을 이야기할 때 아우구스티누스를 빼놓고는 이야기할 수 없습니다. 그의 철학은 지성과 분리된 의지의 개념을 가지고 있습니다. 하지만, 아우구스티누스에게도 의지는 지성과 함께 인간 자연본성의 영역에 놓여 있습니다. 그는, 그 누구도 불행을 원하지는 않기 때문에 누구나 행복을 추구한다고 말합니다. 이는 의지가 필연적으로, 혹은 본성적으로 행복을 추구한다는 말이고, 의지가 항상 좋은 것을 추구하고 나쁜 것을 꺼린다면, 의지가 자유롭다는 그의 주장과 상충됩니다.

3) 요한 둔스 스코투스의 윤리사상

요한 둔스 스코투스 사상의 프란치스칸 혁신은 그가 경험한 프란치스칸 삶의 깊이를 담아 내기 위해 두 거대한 사상체계, 즉 아우구스티누스로부터 이어져 오는 그리스도교 신학전통과, 새롭게 라틴 그리스도교 왕국에 등장하여 신학체계에 도전을 가하던 아리스토텔레스의 철학체계를 조화시켜 가는 과정에서 이루어집니다. 1223년 수도규칙의 프란치스칸 영성은 여러 다른 각도로 이야기될 수 있겠지만, 이 글에서 저는, 마이클 블라스틱 형제의 연구를 바탕으로, 두 지점, 즉, 교회 안에 살아 숨쉬는 자유로운 순종의 영성, 그리고 가난의 덕을 통해 나아가는 삼위일체 하느님과의 관계성으로 간략히 정리해 보았습니다. 이제, 스코투스가 제시한 윤리학의 혁신이 성 프란치스코의 수도규칙의 핵심 영성, 즉 순종과 가난의 영성을 어떻게 담아내는지 살펴보겠습니다. 이를 세 가지 맥락으로 소개하고, 이어서 각각 설명하도록 하겠습니다.

첫째로, 자유로운 순종의 영성에서 볼 수 있는 것은 '주관성'과 '관계성'의 언어에 대한 필요성입니다. 현대 인식론에서는 '상호주관성'(intersubjectivity)이라는 개념으로 설명합니다. 같은 대상에 대한 나의 주관적 인식과 너의 주관적 인식이 공존할 수 있는 가능성을 이야기합니다. 순종하는 프란치스칸 수도자라는 개별적 주체와 교회를 대표하는 교황과 성직자라는 개별적 주체가 만나 가치를 공유하는 대화를 기술하기엔 '객관성'과 '개별성'의 언어로는 부족합니다. 스코투스는 아리스토텔레스의 철학에서 '개별자', 혹은 '개인'의 개념은 보지만, 그리스도교 신학에서 찾을 수 있는 인격(persona)의 개념은 찾지 못합니다. 또한, 아리스토텔레스의 '개인'에 대한 개념에도 불구하고, 그의 윤리학에서 다루는 '인간'은 개별자로서의 인간이라기 보다는 보편적 인간입니다.[12]

---

12 LUDGER HONNEFELDER, "FRANCISCAN SPIRIT AND ARISTOTELIAN RATIONALITY: JOHN DUNS SCOTUS'S NEW APPROACH TO THEOLOGY AND PHILOSOPHY," *FRANCISCAN STUDIES*, 2008, VOL. 66,

조직과 체계, 그리고 법을 마주한 보편 인간을 '자연'과 '지성'으로 '객관적'으로 기술하는 것은 어렵지 않습니다. 그러나, 시대를 초월하는 영성을 가진 그리스도인 개개인들의 공동체인 프란치스칸들이 교도권의 명령을 맹종하는 것을 넘어 교회와 소통하며 능동적인 순종 안에 머물고자 할 때, 그 관계성을 기술함에 있어서 개개인의 주관성에 더욱 무게를 두며 주관성을 갖는 개인들의 만남을 표현하기 위해 '상호주관성'의 언어가 필요했고 그 주관성을 다룰 수 있는 '자유'와 '의지'의 언어로 옮겨 갈 필요가 있었습니다. 스코투스의 윤리학이 '자연' 만큼이나 '자유', '지성' 만큼이나 '의지'의 언어에 무게를 두게 됨은 당연한 흐름입니다.

둘째로, 스코투스는 "가난에 완전히 매달려 우리 주 예수 그리스도의 이름을 위하여 하늘 아래서는 평생토록 결코 다른 어떤 것도 가지기를 원치" 않기를 다짐하는 프란치스칸들의 가난의 이상을 기술하기 위해서, 이성이 갖는 자유를 명확히 정의할 필요가 있었습니다. 의지를 인간의 자연본성 안에서 이해하는 아우구스티누스와 안셀무스의 의지론은 원죄의 그늘을 피해 선성을 유지하는 의지를 생각할 수 없었고, 스코투스는 '자연'으로부터 독립된, 그러나 '자연'과 함께 작용하는 '의지'를 고안합니다. 이 구조를 안셀무스가 이미 규정해 놓은 의지의 내적 구조로 그대로 가지고 와서, '자연'으로서의 의지와 '자유'로서의 의지를 구분합니다. 스코투스의 새로운 의지론은 목적론의 틀을 유지하면서 인간 이성의 자유를 명확히 규정합니다.

셋째로, 스코투스는 한 명의 작은형제와 수도 공동체 간에, 그리고

JOHN DUNS SCOTUS DOCTOR SUBTILIS. IN MEMORIAM 1308-2008 (2008), 473.

일개 수도회인 작은형제회와 성교회 간에 종종 형성되는 긴장관계에 대한 경험을 기술하는 입체적인 윤리학적 체계를 구축합니다. 인간 행위의 윤리성은, 이를테면, 십계명을 따르면 선이고 따르지 않으면 악이라고 규정하는 등의 일차원적인 윤리체계로는 그 깊이를 다 설명할 수 없습니다. '무엇'을 추구하는가도 중요하지만, 그것을 '어떻게' 추구하는가 또한 중요합니다. 성 프란치스코와 작은형제들이 가진 그리스도를 따르는 복음적 삶의 이상은 참으로 숭고한 것이었습니다. 하지만, 그렇게 숭고한 이상을 따르는 삶에도 '어떻게'의 문제는 여전히 그들 앞에 서 있었습니다. 성 프란치스코의 시대에 그 못지 않게 숭고한 이상을 쫓는 공동체들이 많이 있었지만, 그들 중 대다수는, 그리스도께서 사도들을 통해 세우신 교회를 신뢰하지 못하여 교회를 떠났고 교회로부터 이단으로 단죄를 받았습니다. 스코투스는 인간 삶의 궁극적 목적을 자연본성에 의해 추구한다고 말하는 일차원적인 설명 만으로는 행복을 설명할 수 없다고 생각했습니다. 행복이 우리가 본성적으로 인지하는 "좋음"인 것은 분명하지만, 그 좋음을 실제로 추구하기로 선택하는 것은 입체적인 자유의 영역이고 사랑의 영역이기 때문입니다. 그는 '자연'과 '자유'가 입체적으로 조화를 이루는 행복론을 제시하여 우리가 삶의 궁극적 목적에 대하여 두 가지 질문을 함께 다차원적으로 묻기를 초대합니다. 행복이란 무엇인가? 그리고 행복을 어떻게 추구해야 하는가?

이 세가지 측면에서 스코투스 윤리학이 구체적으로 성취한 중요한 혁신을 살펴보도록 하겠습니다.

ㄱ. 지성 보다 의지가 더 '이성적'

첫째로, 스코투스는 지성이 아닌 의지를 인간 이성의 옥좌에 앉힙니다. 스코투스에게 인간 이성은 의지에 대한 이야기이지 지성에 대한 이야기가 아닙니다. 인간은 이성적 동물이라고 정의되는데, 아리스토텔레스를 비롯한 고대 그리스 로마 철학자들이 인간이 이성적인 것은 지성 덕분이라고 이해한 반면, 스코투스는 의지가 바로 이성적인 것, 즉 인간을 다른 동물들과 구분하는 점이라고 규정합니다. 이성이 지성이 아니라 의지의 문제라면, 즉, 이성적인 동물인 인간 행동에 있어서 원의(願意)가 앎 보다 더 본질적인 역할을 담당하는 것이라면, 윤리학은 지성이 아니라 의지 중심으로 탐구 되어야 하는 것입니다.

스코투스는 아리스토텔레스가 『형이상학』 9권에서 규정한 "이성적 능력"의 개념을 분석하여 지성 중심의 이성 이해의 문제점을 지적합니다. 아리스토텔레스는 "비이성적 능력"과 "이성적 능력"을 구분할 때, 이 능력들이 영향을 미치는 대상에 따라 구분했습니다. 비이성적 능력은 대상에 대해 한 가지 결과를 야기하는 능력이고 (예를 들어, 난로의 뜨거움은 방을 따뜻하게 하고 차갑게 하지는 않습니다) 이성적 능력은 대상에 대해 상반된 결과를 야기합니다 (예를 들어, 의술은 사람을 살리기도 하고 죽이기도 합니다). 스코투스는 어떤 능력에 대해 정의하려면, 그것이 영향을 미치는 대상을 중심으로 삼기보다는 그 능력 자체가 어떤 행위를 야기하는가를 보아야 한다고 말합니다. 그에 따라 인간의 능력을 '자연'과 '의지'로 구분합니다.

> "한 능력이 행위를 야기하는 방법은 두 가지 뿐이다. [1] 방해 받지 않는 한, 그 능력이, 그 자신에 관한 한, 행동하지 않을 수 없도록 결정되든지, [2] 그렇게 [행동하도록] 결정되지 않고, 한 행위나 그에 반대되는 행위를 행할 수 있거나, 아니면 행동할 수도 행동하지 않을 수도 있거나 이다. 첫번째 종류의 능력을 보통 '자연'(natura)이라

부르고, 두번째 종류는 '의지'(voluntas)라 부른다."[13]

즉, 스스로 자신의 행위를 야기하는 능력을 의지라고 하고, 다른 것들에 의해 행위가 결정지어지는 능력을 자연이라고 한 것입니다. 스코투스의 새로운 구분의 포인트는 지성의 위치입니다. 지성은 아리스토텔레스의 구분에 따르면 '이성적 능력'인데, 스코투스의 구분에 따르면 '자연'에 속합니다. 지성은 마주한 대상을 알 수 밖에 없는 능력, 즉 알지 않기를 선택할 수 없는 능력이기에 스스로 행위할 수 있는 능력이 아니라 대상에 의해 그 행위가 결정되는 능력이기 때문입니다. 대상이 주어졌을 때 "자연적으로" 알게 되는 능력인 것입니다. 이 관점에서 봤을 때, 지성은 다른 감각들과 다르지 않은 '자연'인 것입니다. 그에 반해서 의지는 스스로를 결정하는 능력입니다. 맛있는 것(즉, 의지의 대상)을 마주하고 의지가 그 음식을 먹거나 먹지 않는다면, 의지가 그렇게 결정했기 때문입니다. 어떤 대상이 의지의 행위를 결정짓지 않습니다. 이렇게 자연과 의지가 구분되며, 스코투스는 의지야말로 진정으로 이성적인 능력임을 보입니다. (아리스토텔레스의 이성적 능력과 비이성적 능력의 구분을 유지하지 않은 이유는 지성을 비이성적 능력이라고 부르는 것이 어색하기 때문이었을 것입니다.)

ㄴ. 의지가 갖는 선천적 자유

윤리학의 역사에서 스코투스의 두 번째 혁신은 아우구스티누스와 안셀무스의 의지론을 발전시킨 점에 있습니다. 아우구스티누스는 자신

---

[13] DUNS SCOTUS, *QUAESTIONES SUPER LIB. MET. ARIST.* IX, Q. 15, N. 22, (OPH. III) 680-1.

의 결정적 회개가 이루어지는 과정을 그린 『고백록』 8권에서 자신 안에서 상반된 두 의지, 즉 세속적인 선에 대한 욕구와 하느님이신 최고선을 향한 욕구가 충돌을 일으키는 것을 묘사합니다. 안셀무스는 아우구스티누스가 가볍게 묘사한 두 의지의 내적 충돌을 그의 중요한 저작, 『악의 기원에 대하여』에서 구체적인 의지 이론으로 발전시킵니다. 의지 안에서 두 가지 성향을 정의하는데, 하나는 좋음을 추구하는 이익성향(affectio commodi), 다른 하나는 옳음을 추구하는 정의성향(affectio iustitiae)입니다. 인간의 윤리적 행위는 의지의 이 두 성향의 발로로 이루어지는데, 여기서 가장 중요한 점은 이것입니다: 어느 하나의 성향만으로는 어떠한 윤리적 행위도 일어날 수 없다는 것입니다. 예를 들어, 정의성향이 없이 이익성향만 가진 의지가 있다고 합시다. 이익성향에 의해 행복을 원하겠지만, 정의를 추구하지는 않기에 정의롭지 않은 방법으로 한계가 없는 이익을 추구할 것입니다. 그렇다고 하더라도 이것을 악한 행동이라고 규정하고 책임을 물을 수 없는데, 그 이유는, 그런 의지는 원래부터 정의를 추구할 수 없는 의지이기 때문입니다. 반대로, 이익성향이 없이 정의성향만을 가진 의지가 있다고 합시다. 그런 의지는 옳은 행동만 할 것입니다. 따라서 정의롭지 않은 행위는 처음부터 할 수 없는 의지이기에 그 의지의 행위를 윤리적으로 선하다고 평가할 수 없을 것입니다. 따라서 안셀무스는 두 성향을 함께 갖는 의지만이 윤리적으로 행동할 수 있다고 말하면서, 인간의 윤리적 행동의 심층을 분석해 냅니다.

둔스 스코투스는 자신의 윤리학을 구축하면서 이러한 안셀무스의 의지의 두 성향 이론을 이어 받아 발전시킵니다. 그가 옥스포드에서 집필한 롬바르드 명제집 주석은 이렇게 정의성향의 역할을 정의합니다.

그러므로, 정의성향은 이익성향의 주된 제어자이다. 이는, 이익성향이 이끄는 대로 의지가 실제로 추구하지 않을 수 있다는 면에서, 또한 의지가 다른 어떤 것보다 더 우선적으로 (다시 말해서, 이익성향에 의해 이끌리는 대로) 그것을 추구하지 않을 수 있다는 면에서 그러하다. 이 정의성향은, 그것이 이익성향에 대한 위와 같은 주된 제어자이기 때문에, 의지에 선천적으로 주어진 자유이다.[14]

스코투스의 윤리학적 틀 안에서 의지의 두 성향은 이제 하나의 의지가 갖는 두 측면으로 이해되는데, 그는 여기에 위에서 설명한 자연과 의지의 구분을 적용합니다. 이익성향은 대상으로서의 선을 추구하는 '자연'에 해당하는 능력으로, 정의성향은 스스로를 결정하는 '의지'에 해당하는 자유로운 능력으로 구분됩니다. (여기서 의지의 두 측면을 '자연'과 '의지'로 부르게 되면 매우 혼란스러워질 것이기에, 스코투스는 자신의 글에서 의지의 두 측면을 '자연'과 '자유'로 부릅니다. 저도 이 후자를 따르도록 하겠습니다.) 의지는 '자연'으로서 선에 끌리는 동시에, '자유'로서, 끌리는 선을 선택하기도 하고 거부하기도 하는 것입니다. '자유'로서의 의지는 '자연'인 의지를 제어하는 역할을 맡으면서 의지의 모든 선택을 좌우합니다.

이를 바탕으로 우리는 스코투스의 의지의 자유개념을 이해할 수 있습니다. 우리의 의지는 좋은 것에 이끌립니다. 이것은 '자연'스러운 것입니다. 예를 들어, 예쁜 접시를 보고 사고 싶은 생각이 들 때, '자연'의지가 이끌리는 것입니다. 하지만, 이 예쁜 접시를 '자연'의지가 사기로 선택할 수 있는 것은 아닙니다. '자연'의지는 예쁜 접시에 매료될 뿐입니다. '자연'의지를 매료시킨 선을 실제로 추구할 것인지 여부를 선택

14　DUNS SCOTUS, *ORDINATIO* II, D. 6, Q. 2, N. 49.

하는 것은 '자유'의지입니다. '자유'의지가 사기로 결정하면 그 예쁜 접시는 나의 것이 되는 것입니다. 그런가 하면 '자유'의지는 '자연'의지가 끌리는 것을 보면서도 이를 추구하지 않을 수도 있고, 그러면 접시를 사지 않을 것입니다. 이 예를 일반화하여 설명하면 이렇습니다. '자연'의지는 모든 선에 이끌립니다. 하지만, '자유'의지는 '자연'의지가 매료된 좋은 것을 추구할 자유도 있고 추구하지 않을 자유도 있습니다. '자유'의지가 추구하지 않는다고 해서 '자연'의지가 끌리지 않는 것은 아닙니다. 예쁜 접시를 사지 않는다고 해서, 그 예쁜 접시에 대한 끌림이 없는 것은 아니기 때문입니다. 이는 악에 대해서도 마찬가지입니다. '자연'의지가 꺼리는 악을 '자유'의지가 반대할 수도 있고 반대하지 않을 수도 있습니다. '자유'의지가 반대한다면 '자연'의지의 악을 꺼리는 경향성을 따르는 것이고, 반대하기를 거부한다면 그 경향성을 따르지 않는 것입니다. '자유'의지가 '자연'의지가 꺼리는 악을 반대하기를 거부한다고 해서 그 악을 수용하는 것은 아닙니다.

위에서, 아우구스티누스는 고대 사상가로서 의지를 자연으로 이해한다고 했습니다. 그래서 그는, "모든 이는 행복하기를 원한다, 왜냐하면 그 누구도 불행하기를 원하지는 않기 때문이다"라고 말하면서 행복 추구의 '자연'스러움만을 말합니다. 이를 스코투스는 바로 잡으면서 말하기를, "모든 이가 행복을 추구하는 것은 아니다"라고 합니다. 이를 풀어서 말해보자면, 모든 이가 '자연'의지에 의해 행복에 끌리는 것은 사실이지만, 모든 이가 '자유'의지에 의해 행복을 추구하는 것은 아니다, 라고 이해할 수 있겠습니다. 불행도 마찬가지입니다. 모든 이가 '자연'의지에 의해 불행을 꺼리지만, '자유'의지로 불행을 적극적으로 거부하는 것은 아닙니다. 가난이 싫다고 모두가 적극적으로 가난을 벗어나려고 노력하는 것은 아니며, 아픈 것이 싫다고 모두가 적극적으로 몸을 돌보는 것은 아니듯 말입니다. 우리의 행위는 자연만으로는 설명할 수 없습니다.

여기서, 스코투스도 안셀무스와 마찬가지로 '자연'의지나 '자유'의지가 결코 독자적으로는 그 어떤 행위를 야기시킬 수 없음을 강조합니다. 의지는 하나의 실체이며 결코 독립된 부분으로 나뉘어지지 않습니다. '자연'의지와 '자유'의지가 구분되는 것은 오로지 '형식적인 구분'에 의해서 입니다. 이는 삼위일체 하느님이 성부, 성자, 성령으로 구분되지만, 한 분이신 실체인 것과 마찬가지입니다. '자연'의지가 '자유'의지의 측면 없이 따로 존재할 수 없고, 그 반대도 마찬가지입니다. 의지의 선택이 이루어질 때면, 의지의 두 측면이 반드시 함께 작용해야 되는 것입니다.

이는 두 가지 방향으로 이해해야 합니다. 첫째로는, 이성적 행위에 있어서 '자유'의지의 주도적인 역할에 대한 방향입니다. '자연'의지의 선에 대한 끌림은 그 자체로는 이성적 행위가 아닙니다. 의지의 자연적 끌림만으로는 그 어떤 일도 일어나지 않기 때문이고 그 어떤 윤리적인 책임도 부과되지 않기 때문입니다. 행위의 윤리성을 결정하는 것은 '자유'의지가 '자연'의지의 끌림을 추구하는가가 결정적입니다. 둘째로는, '자연'의지에서 윤리적 행위의 뿌리를 찾는 방향입니다. 아무리 '자유'의지가 윤리적 행위를 주도하더라도 '자연'의지의 끌림이 없이는 아무런 행위도 시작되지 않는다는 것입니다. 이 두 번째 방향에 관하여 위의 접시 예를 다시 들어보자면, '자유'의지는 '자연'의지가 끌리지 않는 접시를 결코 사지 않습니다. '자유'의지가 어떤 접시를 산다면 그것은 예쁘기 때문이고, 혹 예쁘지 않다면 그가 구매하는 행위에 따르는 다른 어떤 좋은 점이 있기 때문입니다. 스코투스의 예를 들어 보자면, 우리의 '자연'의지는 하느님에게 반드시 끌립니다. 하느님은 최고선이시기 때문입니다. 하지만, 우리의 '자유'의지는 하느님을 사랑하지 않을 수 있습니다. '자유'의지의 선택은 '자연'의지의 끌림과는 독립적이기 때문입니다. 그러나, 우리는 결코, 하느님을 싫어할 수는 없습니다. 참 선이시고 결핍이 없는 이를 싫어하는 것은 우리의 자연본성에 어긋나기 때문입니다. 이 두 방향이 조화를 이루어 의지의 통일된 선택이 행해지고, 이와 똑같은 방법으로 '자연'인 지성과 '자유'인 의지가 조화를 이루어 영혼의 통일된 행위가 행해집니다. 이렇게 조화를 이룬 영혼이 얻게 되는 것이 바로 인간의 최고선인 행복입니다. '좋음'에 대한 끌림을 '자유'롭게 (즉 윤리적으로) 추구하는 스코투스의 "행복"은 아리스토텔레스의 "행복"보다도 더욱 윤리적인 측면이 강조된 입체적인 행복 개념입니다.

ㄷ. 행복은 앎을 넘어선 사랑

스코투스 윤리학에서 이루어지는 세 번째 혁신은 바로 이 '자연'과 '자유'의 조화로 도달하는 삶의 목적인 행복에 관한 내용입니다. 요한 둔스 스코투스는 토마스 아퀴나스의 행복론을 창조적으로 계승하여 행복의 새로운 의미를 찾습니다.

아퀴나스는 아리스토텔레스의 철학적 행복(felicitas)에 대한 윤리학을 그리스도교 사상 안에서 신학적 행복(beatitudo)으로 재해석합니다. 아퀴나스에게 행복은 이제 하느님과의 합일이고, 참 선이신 하느님을 대상으로 삼는, 덕을 갖춘 영혼의 활동으로 이해됩니다.

영혼을 구성하는 능력은 지성과 의지인데, 행복은 어떤 능력의 활동일까요?[15] 아퀴나스는 하느님을 대상으로 삼는 영혼의 활동은 첫째로, 지성을 통하여 하느님을 아는 것, 지복직관(visio beatifica; 1코린 13:11-2)이라고

---

15 토마스 아퀴나스, 『신학대전』 2부 1편 3문.

합니다, 그리고 둘째로, 의지를 통하여 지성으로 하느님을 알게 된 기쁨을 맛보는 것, 이렇게 지성과 의지 모두의 활동으로 이해합니다. 그 중에서도, 행복은 본질적으로는 지성적인 활동인데, 그 이유는 하느님을 보게 (알게) 되는 순간 '행복'이라는 활동이 성립되고, 그에 이어지는 감정으로서의 기쁨을 의지의 활동으로 주어지는 것으로 이해하기 때문입니다. 그렇다면, (한 세대 이후에 등장한 스코투스의 철학을 빌려 설명하자면,) 아퀴나스에게 (지성과 함께) 의지는 대상적 선에 이끌리는 '자연'의 영역에 아직 머물러 있는 것입니다. 아퀴나스에게는 하느님에 대한 지성의 활동이 행복이기 때문에, 지성의 활동의 완전성 정도에 따라 행복의 완전성이 결정됩니다. 즉, 천국에서 하느님을 직관할 때는 '완전한 행복'을 얻게 되고 이승에서 하느님을 희미하게 보고 어렴풋이 알 때는 '불완전한 행복'을 얻게 됩니다.

    스코투스는 행복을 본질적으로 의지의 활동으로 정의합니다. 그는 아퀴나스의 행복에 대한 이해의 틀을 그대로 가져옵니다. 행복은 여전히 영혼의 활동이고, 지성과 의지의 활동입니다. 우리의 영혼이 하느님 앞에 서면 하느님을 보고 아는 지복직관이 이루어집니다. 그런데, 지성의 하느님에 대한 직관은 행복을 본질적으로 구성하지 못합니다. 아직 가장 중요한 하나의 활동이 남아 있는데, 그것이 바로 의지의 자유로운 활동, 즉 '자유'의지의 하느님에 대한 사랑입니다. 위에서 언급한 '자연'과 '의지'의 구분을 다시 상기하시면, 대상인 하느님을 '자연'인 지성이 보고, '자연'의지가 매료되더라도, '자유'의지는 그 대상을 사랑하거나 사랑하지 않을 자유가 있습니다. (하지만 싫어할 자유는 없습니다. 의지의 본성상 불가능하기 때문입니다.) 그 자유로 하느님을 사랑할 때, 비로소 그 활동을 행복이라고 합니다. 스코투스에게 행복이 하느님에 대한 의지의 활동이기에, 천국에서도 지상에서도 나의 '자유'로운 의지로 하느님을 사랑하는 것을 가로막을 것은 없습니다. 그렇게 하느님을 사랑할 때, 이 삶에서도 우리는 참다운 행복을 누릴 수 있는 것입니다.[16]

우리의 하느님에 대한 사랑을 행복, 즉 우리 삶의 궁극적 목적으로 정의하는 스코투스의 윤리학은 우리의 삶의 의미를 하느님과의 궁극적 관계성 안에서 찾습니다. 그렇다면, 하느님과의 사랑의 관계성 안에 내포되어 있는 윤리성 또한 궁극적으로 관계적입니다. 스코투스는 하느님께서 모세에게 내리신 법, 즉 십계명을 지키는 우리의 삶을 관계적으로 설명합니다. 십계명을 지키는 삶의 동기는 하느님의 명령에 따르기 위함이 아니라 우리가 하느님을 사랑하기 때문입니다. 하느님과의 관계성으로 나아가기 위함입니다.

정리하자면, 스코투스는 첫째로, 자연과 의지의 구분을 통해 인간 이성의 중심을 지성이 아니라 의지로 규정하고, 둘째로, 의지의 내적 구분, 즉 '자연'의지와 '자유'의지의 구분을 통해 이성의 자유를 설명했고, 마지막으로, 행복이, 인간 본성의 자연적 완성으로 추구되는 것도 아니

---

16   Duns Scotus, Ord. IV, d. 49, n.196-7 (Vat. XIV), 338 : "[아퀴나스의] 증명에 대하여, 대상을 결하는 갈망의 활동을 통해서는 [궁극적] 목적에 대한 성취가 이루어지지 않는다는 점에 나는 동의한다. 그러나, 또 다른 활동에 의해서 [그 성취가 일어나는데], 그것은 현전하는 대상에 대한 사랑이자 [궁극적] 목적에 대한 최초의 성취이다. 최초의 성취에 관해서 말하자면, 지성의 활동에 의해서 그보다 먼저 어떤 성취가 일어나기는 한다. 하지만, 아리스토텔레스의 형이상학 9권에서, "나중에 생겨난 것들은 완성도에 있어서는 첫째이다"라고 말하는데, 궁극적 목적은 온전한 완성이고, 나중에 생겨나는 것들은 그것에 더 가깝기 때문에 옳은 말이다. [직관에 이어지는] 두 번째 활동에 대한 주장을 검토하자면, 그것이 궁극적 목적에서의 안식이고, 결과적으로 그 목적의 성취에 뒤따르는 것이기에, 나는 그 '안식'을 즐거움이라고 바르게 이해한다고 말한다 (...) 그리고 몇몇 이들은 이 논리를 이해하기를, 의지가 현전하는 대상에 관하여 갖는 [활동]은 지성의 직관의 결과로서 비롯된 즐거움 뿐이라고 한다. 그리고 만일 이 '안식'이 이런 식으로 즐거움으로 이해된다면, 나는 그것이 궁극적 목적의 성취에 뒤따른다는 것에 동의하는데, 그 [궁극적 목적의 성취는] 첫 번째로 생겨난 성취 [즉, 지성의 직관] 뿐 아니라 완성도에 있어서 첫째인 성취 [즉, 의지의 사랑]이다. 왜냐하면, [즐거움은] 알려진 궁극적 목적에 대한 사랑 혹은 향유의 활동, 즉 의지가 진정으로 능동적으로 야기하는 활동을 뒤따르는 것이기 때문이다."

고 자연을 무시한 자유로운 완성도 아니라, '자연'인 지성과 '자유'인 의지의 조화로 이성적으로 추구되는 것임을 보였습니다. 결론적으로, 스코투스는 자연과 자유의 조화를 통해 제도적인 교회와 영적인 프란치스칸 정신의 조화, 즉 "순종 안에"를 그려내고, 자연을 제어하는 자유 개념을 통해, 가난의 덕에 매달려 자신을 제어하여 사랑으로 나아가는 영성, 즉 "소유 없이"를 형상화합니다.

4) 근대 윤리학의 방향

서양 윤리학의 역사에서 가장 큰 영향력을 가지는 철학자를 꼽으면 하나는 아리스토텔레스이고 다른 하나는 칸트입니다. 칸트의 윤리학은 아리스토텔레스의 윤리학에 대한 신랄한 비판에서 비롯되는데, 그 비판의 중심내용은 칸트가 이해한 스코투스의 윤리학에서 비롯됩니다. 첫머리에서 말씀드렸듯이 프란치스칸 신학교는 17세기까지 가톨릭 고등 교육기관으로서 매우 성공적이었고, 그들을 통해 스코투스의 철학과 신학은 개신교 종교개혁가들에게 잘 알려져 있었습니다. 그 중 크리스찬 어거스트 크루시우스(Christian august crusius)라는 독일 철학자가 있었는데, 스코투스주의자였고, 그의 크리스찬 울프 사상에 대한 비판이 임마누엘 칸트에게 큰 영향을 미쳤습니다. 크루시우스는 스코투스의 의지의 두 성향 이론을 잘 알고 있었고, 정의성향('자유'의지)이 자기 결정적인 선택의 주체임도 잘 알고 있었습니다.[17] 그래서, 칸트가 크루시우스의 저작을 통해 스코투스의 영향 하에 자신의 의무론에 대한 밑그림

---

17 JOHN HARE, "KANT ON RECOGNIZING OUR DUTIES AS GOD'S COMMANDS."

을 그렸을 것이라는 것은 매우 개연성이 있는 이야기로 받아들여지고 있습니다.

의지의 두 성향이론을 통해 스코투스의 자연과 의지 구분을 알고 있었을 칸트는, 스코투스의 의지에 대한 강조를 취하여 의지 중심의 윤리학을 전개하지만, 그 의지가 자연과 떨어져서는 결코 존재할 수 없다는 스코투스의 형이상학을 무시합니다. 결국 칸트는, "이 세상에서, 혹은 세상 밖에서라도 아무 조건 없이 선한 것은 선의지 말고는 아무것도 생각할 수 없다"[18]라고 말하며, 의지를 인간이 선을 행할 수 있는 유일한 능력으로 규정합니다. 그에 의하면, 주어진 대상에 대하여 자연적으로 반응하는 '자연'은 윤리적인 선악과는 관련이 없으며, 우리 본성이 갖는 '경향성'에 불과하다고 규정하고, 결과적으로 인간 자연본성의 완성인 행복은 윤리학과는 상관 없는 개념이며, 따라서 칸트에게 행복 추구는 윤리적이지 않은 인간 활동이 되고 맙니다. 칸트의 윤리학은 근대 이후 전개된 윤리학 역사의 흐름을 지배하게 됩니다.

---

18 임마누엘 칸트, 『윤리형이상학 정초』, 백종현 역, 1부, 393.

III 나가며

표면적으로 드러나는 서양 윤리학 역사의 흐름은 이렇습니다. 아리스토텔레스의 윤리학을 중심으로 한 다양한 형태의 목적론이 고대와 중세에 융성했다가, 근대에 이르러 데카르트에 의해 결정적으로 제시된 '자연'과 '이성', 혹은 육체와 영혼, 혹은 연장적 실체와 생각하는 실체의 이분법의 영향으로 갈 길을 잃고[19] 그 후 칸트가 목적론에 대한 결정적인 비판과 함께 제시한 의무론에 압도되어 소멸의 길을 걸어, 종교적인 맥락 아래에서 겨우 언급되는 정도에 이릅니다. 그러다가, 최근에 다시 고대와 중세 사상에 대한 학문적 관심이 높아지면서 다시 연구되고 있다는 것입니다. 이 역사의 흐름에서, 데카르트와 칸트에게 실마리를 제공한 가장 중추적인 역할을 한 사상가가 프란치스칸 사상가 둔스 스코투스입니다.

이런 스코투스를 바라보는 상반된 두 가지 시각이 있습니다. 하나는 스코투스를 중세의 하느님 중심의 사고 방식을 끝내고 인본주의적 사고를 기치로 내세워 시작된 근대를 연 장본인이라는 시각입니다. 이는 비교적 오래된 시각인데, 주로 그리스도인 철학자들이 스코투스를 깎아 내릴 때 갖는 시각입니다.[20] 다른 하나는 그리스도교의 둘레를 벗어

---

19 인간 안에 자연과 이성이 따로 존재하여 자연에는 본성의 완성이라는 목적이 있으나 이성에는 방향성을 말하기 어려워지는 것입니다.
20 이러한 시각을 가지고 비교적 최근에 활발한 활동을 하는 그룹으로는 밀 뱅크라는 신학자를 중심으로 구성된 영국 캠브리지 대학의 "RADICAL ORTHODOXY"라는 그룹이 있습니다. 근대적 사상의 가치를 거부하는 것이 이들의 특징인데, 이들이 가장 신랄하게 비판하는 이

난 넓은 독자들의 시각으로 근래에 주로 접하는 시각인데, 근대 사상가들에게 큰 영향을 준 근대적 사고 방식을 일찍부터 가졌던 위대한 철학자라는 것입니다. 이 두 가지 주된 시각 어느 것에도 속하지 않는 것이 프란치스칸 학자들의 시각입니다. 그것은 스코투스의 저작을 문자 그대로 평가하여, 그를 그 누구보다도 신 중심의 사고를 했던 인물로 보고, 그가 근대적 사고의 씨앗을 제공한 것은 분명하지만, 그의 사상 안에서는 하느님의 창조 섭리와 인간 이성의 자유가 조화를 이루고 있다는 시각입니다.[21] 바로 이 관점이 제가 이 글에서 여러분과 함께 나눈 관점입니다.

1223년 프란치스코 수도규칙이 전하는 프란치스칸 사상은 작은형제 스코투스가 숨 쉬던 공기와도 같은 것이었습니다. 그는 자신의 철학 체계 안에서 자신이 살던 프란치스칸 정신을 기술하고자 했고, 자유, 형제애, 인격, 인간 존엄, 개인 존중 등 많은 가치를 창조적으로 재발견하고 후대의 사상가들에 지대한 영향을 미쳤습니다. 하지만, 윤리학 분야에서의 바로 이 스코투스의 혁신은 자연과 이성의 조화라는 키워드로 읽어야 합니다. 아리스토텔레스의 '이성적 능력' 개념과 아우구스티누스의 의지론에 대한 비판과 계승으로 탄생된 스코투스의 '이성적 의지' 개념 안에서 '자연'과 '의지'가 명확히 구분됩니다. 하지만, 인간 실체 안에서 '자연'과 '의지'가 분리된 두 실체가 아닌 결코 분리될 수 없는 하나의 실체를 구성한다는 것을 잊는다면, 이는 그를 오해한 근대 사상가들의 전철을 밟는 것이고, 스코투스의 윤리학적 영감 중 가장 중요한

가 바로 둔스 스코투스입니다.
21   이 그룹에 속하는 학자들은 ALLAN WOLTER, O.F.M.와 MARY BETH INGHAM, C.S.J.이 대표적입니다.

부분을 놓치는 것입니다. 인간 이성은 외부 대상으로부터 받는 정보나 자극에 대해 독립적으로 자유롭게 행위할 수 있는 주체이나, 결코 주어진 본성에서 분리되어 행위할 수 없습니다. 즉, 행복을 추구하는가의 여부는 이성적 의지가 자유롭게 선택할 수 있는 것이지만, 행복을 거부할 수는 없고, 또한 불행을 거부하는가의 여부는 이성적 의지가 자유롭게 선택할 수 있는 것이지만, 불행을 추구할 수는 없다는 것입니다. 이성적 의지는 자연에 독립적으로 행위하지만, 자연과 떨어져서는 결코 존재할 수 없기 때문입니다. 성 프란치스코의 삶으로부터 비롯되어 복자 요한 둔스 스코투스의 사상 안에서 꽃피운 윤리사상이 오늘을 사는 우리들에게 다시 새로운 질문들을 던지게 되길 바랍니다.

논평

둘째날
―――

서양 윤리사상사 안에서
프란치스코 수도규칙이 끼친 영향 (논평)

오수록 프란치스코
(작은형제회)

논평을 시작하면서

작은형제회는 올해로 수도규칙 반포 800주년을 맞이하고 있습니다. 역사를 돌이켜 볼 때 수많은 수도회가 생겼다가 사라지는 부침(浮沈) 속에서도 작은형제회가 아직 건재한 이유는 「프란치스코 수도규칙」이 담고 있는 시대적 의미가 있기 때문이라고 생각합니다. 주지하다시피 현대사회는 성 프란치스코와 그의 동료들이 살았던 시대와는 다르게 복잡다단하고 변화무쌍한 사회입니다. 과학은 고도로 발달되어 가고 직업은 세분화 되었습니다. 따라서 세상은 전문가로 넘치고 사람들의 관심사는 다양합니다. 젊은이들은 각자 받은 고유한 은사를 펼치기 위해 자아실현을 하고 싶어 합니다. 이러한 시대에 「프란치스코 수도규칙」이 유럽사상과 문화에 끼친 영향을 살피고 점검하는 작업은 분명 의미가 있다고 생각합니다. 그런 면에서 이번 학술회의에 소중한 작업을 맡아주신 박성호 신부님께 깊은 감사를 드립니다.

논문 요약

박성호 신부님(이하 발표자로 칭함)의 논문, 「서양 윤리사상사 안에서 프란치스코 수도규칙이 끼친 영향」은 세 개의 단원으로 구성되어 있습니다. '프란치스칸 학문 전통', '인준받은 수도규칙의 중심 사상', '서양 윤리학의 흐름'이 그것입니다. 발표자는 수도규칙을 프란치스칸 학문 전통 안에서 시대의 흐름을 짚어 가면서 요한 둔스 스코투스의 윤리학으로 풀었습니다.

발표자는 프란치스칸 학문 전통의 큰 스승들인 교회의 박사 파도바의 성 안토니오, 바뇨레죠의 성 보나벤뚜라, 브린디시의 성 라우렌시오를 간략하게 소개하고 있습니다. 다음으로 명민한 박사로 불리는 복자 요한 둔스 스코투스, 역사상 가장 뛰어난 형이상학자로 평가 받는 윌리엄 오캄을 비롯한 프란치스칸의 저명한 철학자들도 간단히 소개하고 있습니다. 더 나아가 인간 영혼의 능력 중에 의지의 자유가 인간을 다른 짐승들과 구분 짓는다는 면에서 **"지성이 아닌 의지 중심의 윤리학인 주의주의主意主義"**가 프란치스칸 학문 전통임을 명시하고 있습니다.

발표자는 도미니칸들의 신학전통이 토마스주의, 토미즘이라고 한다면, 프란치스칸 신학전통은 스코투스주의, 스코티즘이라고 표현하고 있습니다. 특히 프란치스칸 사상은 후기 중세 그리스도교 사상을 사백 년 동안 선도하였으며, 현대의 많은 신학자와 철학자들의 사상에 토대가 되어주고 있다고 말합니다. 이를테면 데카르트, 칸트와 같은 근대 사상가들뿐만 아니라 마틴 루터와 같은 개신교 사상가에게도 큰 영향을 끼쳤다고 말합니다.

그러나 이들 프란치스칸 사상가들의 큰 업적은 "사상적 기틀로서뿐만 아니라 정치적 슬로건으로, 사회적 규범으로, 그리고 문화적 교양으로, 삶 속에서 우리를 일깨우고 기존의 사고방식들에 도전을 가하는 가치들"이라고 말합니다.

발표자는 프란치스코 수도규칙의 중심 사상을 **'순종과 가난'**에서 찾고 있습니다. 발표자에 의하면, 성 프란치스코는 덕(德)들을 통하여 자신의 고유한 영성을 표현해 내는데, 순종은 프란치스칸 안에서 자유의 의미를, 가난은 관계적 덕(德)을 표현해 내고 있다고 설명합니다. 더 나아가 프란치스칸 순종의 덕은 교회에 순종하면서 자유로이 복음의 이상을 추구하고, 가난의 덕은 육화하신 그리스도의 가난한 삶을 따라 삼위일체 하느님과의 관계성 안에 머문다는 것입니다.

성 프란치스코가 "순종 안에" 살고자 했던 원의는 교회의 울타리 안에서 교회에 순종하며 복음적 이상을 추구하려는 것이었으며, 교회의 성직자들에게 순종하는 것은 프란치스코가 교회의 울타리 안에 머무는 방식이었던 것입니다. 그뿐만 아니라 그의 삶은 아씨시의 성벽 안에 안주하지 않고, 성벽을 넘어 가난한 이들, 소외된 이들, 그리스도를 모르는 이들을 향해 다가가는 것이었습니다. 프란치스코에게 있어서 교회와 수도회와의 관계는 개개인의 인격적 관계의 집합으로 해석되고 있습니다.

한편 프란치스코의 "소유 없이" 살고자 하는 가난의 덕은 가난하신 예수 그리스도의 삶을 통해 이해될 수 있습니다. 그것은 가난의 덕을 통해 그리스도의 신성에 참여하고, 가난의 삶을 통해 그리스도와 연결되어 삼위일체 하느님과의 관계성 안으로 들어가는 것이라는 설명입니다. 이처럼 성 프란치스코의 가난은 하느님이신 그리스도께서 인간이 되어 오신 육화의 통로임을 받아들이는 것입니다. 이는 자신이 몸소 가난하게 삶으로써 가난한 그리스도의 삶과 일치하는 일이기도 합니다.

성 프란치스코가 추구한 가난의 삶은 혼자 가난하게 사는 삶이 아니었습니다. 형제들과 더불어 가난한 삶을 사는 것이었습니다. 그렇기에 서로가 서로를 돌봐주고 서로가 서로에게 기꺼이 의지할 수 있는 형제애가 전제된 가난이었습니다. 프란치스코에게 가난은 사랑이며, 관계성 안에서 이뤄지는 사랑의 연대인 것입니다.

발표자는 성 프란치스코의 수도규칙의 핵심을 "**순종 안에**", "**소유 없이**"라는 언명의 선상에서 해석하고 있으며, 서양 윤리학의 흐름 안에서 논리를 펼치고 있습니다. 그것은 목적론과 의무론입니다. 목적론은 자연본성을 이해하는 윤리학입니다. 반면에 의무론은 목적론에 대한 비판에서 나왔고 자연본성을 넘어서는 의지를 말합니다. 목적론적 윤리학은 인간에게 가장 좋은 것, 인간 본성의 완성, 즉, 행복에 도달하는 것, 이것이 삶의 목적이라고 말합니다. 그러나 의무론자들은 윤리적으로 옳은 행동은, 나의 이익 유무와 독립된 행동이므로, 행복은 삶의 이정표도 목적도 아니라는 것입니다. 결국, 내가 행복하기 위해 하는 행동, 즉 본성적인 욕구에 따르는 행동은 인간 윤리와는 아무런 상관이 없고, 옳음을 선택하는 의지에 의한 이성적 행동만이 윤리적인 선이라고 말합니다.

발표자에 의하면 목적론은 인간 본성에 초점을 맞추고, 자연본성의 완성을 추구하는 윤리학이고, 의무론은 타고난 본성과 별개로, 이성의 자유에 초점을 맞추고, 옳은 것을 선택하고 행하는 윤리학입니다. 따라서 목적론에서는 '**자연**'이 중시 되고 의무론에서는 '**자유**'가 중시 됩니다. 둔스 스코투스 윤리학에는 교회에 대한 순종 안에서 자유를 추구한 성 프란치스코의 윤리적 감수성이 자리하고 있고, 우리에게 주어진 '**자연**'의 테두리 안에서 '**자유**'를 찾아내지만, 그렇다고 해서 '**자유**'가 '**자연**'을 초월하는 것으로 인식되지는 않습니다.

발표자에 의하면, 둔스 스코투스는 '**자연**'과 '**자유**'가 조화를 이루는 행복론을 세 가지 관점에서 조명하고 있습니다. 첫째, 지성 보다 의지가 더 '**이성적**'이라는 관점입니다. 스코투스는 의지를 이성적 요소로 인식함으로써 인간을 다른 동물들과 구분합니다. 즉 지성은 마주한 대상을 알 수밖에 없는 능력이기에 대상에 의해 그 행위가 결정 됩니다. 그러나 의지는 스스로를 결정하는 능력을 가지고 있다는 것입니다. 둘째, 의지가 갖는 선천적 자유의 관점입니다. 스코투스는 '**자연**'의지나 '**자유**'의지가 결코 독자적으로 어떤 행위를 야기시킬 수 없다고 말합니다. 의지의 선택이 이루어질 때, 의지의 두 측면이 모두 작용하게 됩니다. 이와 같은 방법으로 '**자연**'인 지성과 '**자유**'인 의지가 조화를 이루어 추구하는 최고의 것, 이것이 인간의 최고선인 행복이라고 말합니다. 셋째, 행복은 앎을 넘어선 사랑이라는 관점입니다. 스코투스는 행복을 본질적으로 의지의 활동으로 정의합니다. 행복은 여전히 영혼의 활동이고, 지성과 의지의 활동입니다. 그것이 '**자유**'의지의 하느님에 대한 사랑입니다.

논평을 마치면서

철학은 물음에 답하는 학문입니다. 인간은 무엇을 위해 사는가? 또 무엇을 향해 어떻게 살아가야 하는가? 묻습니다. 수도생활 또한 '**그렇다**'고 여깁니다. 나는 지금 창설자의 정신에 비춰볼 때 합당한 삶을 살고 있는가? 나는 수도자로서 살아 있는 복음이 되었는가? 물어보는 것입니다.

성 프란치스코는 "**순종 안에서**" 복음적 이상을 살았으며, "**소유 없이**" 가난의 덕을 실천함으로써 자유를 얻었습니다. 그는 가난한 생활을 몸소 실천함으로써 경제적 갈등에서 자유로웠으며 육신의 아버지를 넘어 하느님을 아버지라고 고백함으로써 만인의 형제가 되었습니다.

발표자는 프란치스코의 수도규칙에 담긴 웅숭깊은 의미를 요한 둔스 스코투스의 윤리학의 관점에서 잘 조명해주고 있습니다. 특히 프란치스칸 학문 전통인 주의주의(主意主義) 관점을 밀고가면서 '**자연**'인 지성과 '**자유**'인 의지가 조화를 이룬 상태가 곧 인간의 최고선이요 행복임을 밝혀주는 소중한 논문이라 여겨집니다. 어려운 주제를 쉽게 풀어주신 신부님께 감사드리면서 세 가지 질문을 드리고 싶습니다.

질문1. 발제자께서는 아리스토텔레스의 윤리학을 설명하시면서 윤리적 덕이 중용이라 하셨는데, 단순히 '지나침과 모자람의 중간이 중용이다'고 한다면 쉽게 납득이 가지 않습니다. 그렇다면 동양사상에서 말하는 중용과 아리스토텔레스의 중용은 어떤 차이점이 있는지요?

질문2. 발표자께서는 성 아우구스티누스의 『자유의지론』에 대해 설명하시면서 "하느님이 인간에게 자유의지를 준 것은 선을 행할 수 있게 하기 위함"이라 하셨는데, 자유의지는 선과 악 모두에게 열려 있기 때문에 선을 행하면 자신의 공로가 되고, 악을 저지르면 자신의 죄가 될 터인데, 그렇다면 선을 행할 수 있게 하기 위함보다는 인간에게 책임성을 부여한 것 아닐까요?

질문3. 이번 학술 발표회 주요 흐름 중의 하나가 '자유, 평등, 형제성'의 관점에서 프란치스코의 수도규칙과 그 이후의 영향을 조명하는 것인데, 프란치스칸들이 르네상스, 계몽주의 이후에 펼쳐지는 개인주의 또는 자유주의에 대해 어느 정도 영향을 미쳤는지? 이에 대한 박신부님의 고견을 듣고 싶습니다.

둘째날

종교 개혁 사상에 담긴 자유, 평등, 형제애

이양호
(연세대학교 신과대학 명예교수,
교회사 전공)

1. 서언

프란치스코 성인은 예수님과 바울 사도와 함께 교회 역사에 큰 영향을 끼쳤다. 파리에 있는 루브르 박물관에는 프란치스코 성인에 관한 지오토의 그림이 소장되어 있다. 그림 윗부분에는 프란치스코 성인이 그리스도의 상흔을 받는 그림이 있다. 그림 아랫부분에는 세 개의 작은 그림들이 있다. 첫째 그림은 프란치스코 성인이 무너져 내리는 라테라노 대성당을 떠받치고 있고 그 옆에 교황이 꿈을 꾸고 있는 그림이다. 둘째 그림은 프란치스코 성인이 교황 앞에 무릎을 꿇고 수도회의 규칙을 인준 받는 그림이다. 셋째 그림은 프란치스코 성인이 새들에게 설교하는 그림이다. 프란치스코 성인이 무너져 내리는 라테라노 대성당을 떠받치고 있는 그림처럼 프란치스코 성인은 중세 교회를 구해내는 일을 했다.

또한 프란치스코 성인은 제3회를 창립하여 세상 속에서의 금욕적 삶을 가르쳤다. 그런데 이 사상은 개신교회의 지도자들인 마르틴 루터, 장 칼뱅, 존 웨슬리 등을 통하여 개신교회에도 영향을 미쳤다. 독일의 종교사회학자인 막스 베버(Max Weber)에 의하면 세상 속에서의 금욕주의라고 하는 사상은 자본주의의 발달에도 공헌했다. 그런 점에서 프란치스코 성인은 현대 사회에도 큰 영향을 끼쳤다.

2. 자유와 평등: 종교 개혁과 민주 사회

루터는 1520년 『그리스도인의 자유』라는 책을 썼다. 그는 이 책에서 "그리스도인은 만물 가운데 가장 자유스러운 주인이다. 아무에게도 종속되지 않는다"라고 말했다. 그는 이런 관점에서 새로운 정치 질서를 제시하려고 노력했다.

알렌(J. W. Allen)은 『16세기 정치 사상사』에서 루터는 엄격한 의미에서 정치 사상가라고 할 수 없다고 주장했다. "루터는 위대한 정치 사상가라고 말해 왔다. 나 자신은 그가 엄격한 의미에서 결코 정치 사상가라고 볼 수 없다"[1]라고 그는 말했으며, 또한 "루터의 사상은 본질적으로 비정치적이었음이 매우 분명한 것 같다"[2]라고 말했다. 그러나 카질 톰슨(W. D. J. Cargill Thompson)은 1984년 그의 유작 『마르틴 루터의 정치사상』의 결론에서 "이 연구의 목적들 가운데 하나는 루터가 중요한 정치 사상가로 진지하게 고려될 가치가 있음을 보여 주는 것이었다"[3]라고 말했다. 루터 자신은 자기가 확고한 정치사상을 피력했다고 확신하고 있었다. 루터는 1526년 한 저작에서 "나는 사도 시대 이후 세속적 검과 세속적 정부를 나만큼 분명하게 서술하거나 높이 찬양한 사람이 결코 없었다고 여기서 자부할 수 있다"[4]라고 말했으며, 또한 1529년의 한 저작에서도 "사도 시대 이후 아마 성 아우구스티누스를 제외하고 나는 어떤 선생보다도 세속 정부를 높이는 글을 써 왔다"[5]라고 말했다. 우리가 여기서 말할 수 있는 것은 루터 자신이 스스로 분명한 정치사상을 가지고 있음을 확신하고 있었다는 것과 그리고 그의 이런 정치적 저작들이 루

---

1 J. W. Allen, *A History of Political Thought in the Sixteenth Century* (London: Methuen & Co., Ltd., 1928), 15.
2 Ibid., 28.
3 Cargill Thompson, *The Political Thought of Martin Luther*, ed. Philip Broadhead (Sussex: The Harvester Press, 1984), 170.
4 Luther, *Whether Soldiers, Too, Can Be Saved*, *Luther's Works*, ed. J. Pelikan and H. T. Lehman (54 vols.; Philadelphia: Fortress Press, 1955-1968), 46:95. (이하 *LW*로 약함).
5 Luther, *On War Against the Turk*, *LW* 46:163-64.

터를 존경하는 사람들에게 큰 영향을 미쳤다는 것이다.

루터는 시편 82편 주석에서 바람직한 통치자가 해야 할 일을 그리스도의 사역에 비교하여 이렇게 말했다. "그리스도는 위에서 언급한 세 가지 신적 덕목들을 바르게 실천한다. 그는 하나님의 말씀과 그 말씀의 설교자들을 장려한다. 그는 가난한 자들을 위해 법을 만들고 지킨다. 그는 비참한 자들을 보호하고 구조한다."[6] 그래서 루터는 통치자의 세 가지 악덕을 이렇게 열거했다. "첫째는 그들이 하나님의 말씀을 진전시키는 의무를 받아들이지 않는 것이다." "둘째 악덕은 그들이 그들의 세상적 정부에 주의를 기울이지 않고 법과 보호로 가난한 자들과 비참한 자들에게 필요한 것을 공급하지 않는다는 것이다." "셋째 악덕은 … 마치 단지 그들이 자신들의 이익과 명예, 자신들의 쾌락과 이기적 욕망, 자신들의 자존심과 허영을 구하고 추구하기 위해 통치력을 가진 것처럼 단지 자신들을 위해서만 산다는 것이다."[7]

루터는 『세속 권위: 어느 정도로 복종해야 하는가』에서는 통치자의 임무는 사중적이라고 했다. "첫째, 하나님을 향해서는 참된 신뢰와 진지한 기도가 있어야 한다. 둘째, 그의 신민들을 향해서는 사랑과 그리스도인의 봉사가 있어야 한다. 셋째, 그의 보좌관과 관리들에 대해서는 자유로운 이성과 자유로운 판단을 지녀야 한다. 넷째, 악행자들에 대해서는 절도 있는 엄정함과 확고함을 나타내야 한다"[8]라고 루터는 말했다.

루터는 정부 형태에 대해 어떤 특정한 정치 형태가 하나님에 의해 제정되었다고 믿지 않았지만 안정성과 일관성이 없는 민주정보다는 군

---

6   Luther, *Selected Psalms 2*, 82:8, *LW* 13:72.
7   Luther, *Selected Psalms 2*, 82:5, *LW* 13:69.
8   Luther, *Temporal Authority: To What Extent It Should Be Obeyed*, *LW* 45:126.

주정을 더 낮게 생각했다.[9] 그러나 루터가 군주정을 선호했다고 해서 그를 전제 정치의 주창자로 보는 것은 옳지 않다. 루터는 『독일 민족의 크리스천 귀족에게』에서 "우리 모두는 세례를 통해 사제들로 성별되기" 때문에 "모든 그리스도인들은 참으로 영적인 계급에 속하며 그들 사이에는 직책의 차이 이외 다른 아무 차이도 없다"고 말했으며, 그러므로 "교황, 주교, 사제 및 수도사들은 영적 계급이라 부르고, 군주, 영주, 장인 및 농부들은 세속적 계급이라 부르는 것은 순전히 조작적인 것이다"라고 말했다.[10] 루터는 이처럼 교권으로부터 속권의 독립을 주장했다는 점에서 근대적 정치 발전에 공헌했을 뿐만 아니라 만인 사제설에 의한 인간의 평등성과 그리스도인의 자유성에 근거한 개인의 자유를 옹호했다는 점에서 민주주의의 발전에 기여했다. 루터는 "그리스도인은 만물 가운데서 완전히 자유로운 주인이며 아무에게도 예속되지 않는다"[11]라고 말했으며 "우리는 왕들 가운데 가장 자유로운 왕일 뿐만 아니라 또한 우리는 영원히 제사장이다"[12]라고 말했다.

루터는 권력에 대한 저항의 문제에 있어서 변화를 일으킨 것 같다. 루터는 1522년 급진적 개혁자들의 소요에 반대하여 한 저작을 쓰면서 이렇게 말했다.

> 나는 반란을 일으키는 자들의 반대편 — 그들의 대의가 아무리 불의하더

---

9 Cf. David C. Steinmetz, *Luther in Context* (Bloomington: Indiana University Press, 1986), 123.
10 Luther, *To the Christian Nobility of the German Nation Concerning the Reform of the Christian Estate*, *LW* 44:127.
11 Luther, *The Freedom of a Christian*, *LW* 31:344.
12 Ibid., *LW* 31:355.

라도 — 에 서 있으며 또 항상 그러할 것이다. 나는 반란을 일으키는 자들이 아무리 대의가 의롭다 하더라도 그들을 반대할 것이다. 왜냐하면 어떤 반란도 무죄한 자를 해치고 그들의 피를 흘리지 않고는 있을 수 없기 때문이다.[13]

그러나 1530년 아우그스부르크 제국 의회 후 법학자들이 황제가 불의한 힘을 사용할 경우 제국의 법에 따라 제후들이 저항할 수 있다는 주장을 폈으며, 그리고 선제후 요한의 주선으로 1530년 10월 25-8일에 토르가우에서 루터와 동료들이 법학자들과 만나게 되었다.[14] 루터는 이 모임 후 1531년에 한 저작을 썼는데, 거기서 황제에 대한 제후들의 저항권을 이렇게 인정했다.

> 나의 진지한 조언은 다음과 같다. 만일 황제가 교황을 위해서 혹은 우리의 가르침 때문에 교황주의자들이 지금 끔찍하게 만족해하고 자랑하듯이 — 하지만 나는 아직 황제가 이렇게 하리라 예상하지 않지만 — 우리에 대해 병력을 동원한다면 아무도 그것에 응하거나 이 사건에 있어서 황제에게 복종해서는 안 된다. 모두가 하나님이 황제의 그런 명령에 맹종하는 것을 엄히 금함을 확신할 것이다. 그에게 복종하는 자는 누구나 하나님에게 불복종함을 확신할 수 있을 것이며 전쟁에서 육체와 영혼 둘 다 영원히 잃을 것이다.[15]

---

13 Luther, *A Sincere Admonition by Martin Luther to All Christians to Guard Against Insurrection and Rebellion*, LW 45:63.

14 Cf. Euan Cameron, *The European Reformation* (Oxford: Clarendon Press, 1991), 353.

15 Luther, *Dr. Martin Luther's Warning to His dear German People*, LW 47:30.

근대에 와서 민주주의가 일찍 발전한 국가들은 영국, 스코틀랜드, 네덜란드, 스위스, 미국 등이었으며, 이들 국가들에서 민주주의의 발전을 위해 공헌한 사람들은 대체로 칼뱅의 사상을 따르는 칼뱅주의자들이었기 때문에 전통적으로 칼뱅을 근대 민주주의의 주창자로 여겨왔다. 그러나 1937년 셰네비에르(Marc-Edouard Chenevière)는 그의 저서 『칼뱅의 정치사상』에서 이런 전통적인 해석에 대해 비판을 가했다. 셰네비에르는 프랑스와 영국에서는 오래 전부터 칼뱅주의적 종교 개혁을 "근대 민주주의 정신적 어머니"(la mère spirituelle de la démocratie moderne)로 간주해 왔으나 그것은 자유주의적 프로테스탄트주의와 종교 개혁자들의 종교 개혁을 혼동한 데서 기인한 것이라고 했다.[16] 그는 몇몇 나라들에서 칼뱅주의자들이 종교적 소수자로 그들의 자유를 위해 민주주의 발전에 공헌을 한 것은 사실이지만 종교 개혁과 근대 민주주의 사이에는 심연이 가로 놓여 있다고 했다.[17] 한 저명한 『정치 사상사』에서도 "홀란드, 스코틀랜드, 아메리카의 칼뱅주의 교회들은 저항의 정당성을 서유럽에 전파한 주된 매개체였다. 그러나 [루터파와의] 이런 차이는 결코 칼뱅 자신의 일차적 의도에 근거한 것은 아니었다"[18]라고 말했다.

반면에 허드슨(Winthrop S. Hudson)과 맥니일(John T. McNeill)은 칼뱅과 후대의 칼뱅주의자들을 구별하여 후대의 칼뱅주의자들이 근대 민주주의의 발전에 공헌한 것은 사실이지만 칼뱅 자신은 민주주의의 주창자가 아니었다고 하는 이런 주장들에 대해 그들의 논문을 통해 반박했다. 허드

---

16 Marc-Edouard Chenevière, *La Pensée politique de Calvin* (Genève: Slatkine Reprints, 1970), 9.

17 Ibid., 10.

18 George H. Sabine and Thomas L. Thorson, *A History of Political Theory* (Hinsdale, Illinois: Dryden Press, 1973), 339.

슨은 "칼뱅의 사상은 민주주의적 관념을 정교화하는 데 잠재적인 근거를 제공했다. 그는 독재에 대한 저항의 근거를 제공했을 뿐만 아니라, 그의 사상은 명백한 민주주의적 정치 철학의 구성을 배제하지 않았다. 칼뱅주의적 관념은 필연적으로 선택된 자에 의한 정치를 의미한다고 하는 가정은 단순히 허구에 지나지 않는 것이다"[19]라고 말했다. 맥니일도 칼뱅은 "내심에 있어서 정치적 공화주의자"[20]였으며 귀족정과 민주정의 혼합이라고 하는 칼뱅의 관념은 "우리의 대의 민주주의의 개념에 가까운 것"[21]이라고 했다. "그의 후기 저서를 보면 정부의 이상적 기초는 시민에 의한 선거임이 분명히 드러난다"[22]라고 맥니일은 덧붙였다.

최근에 와서 마르틴 반 헬데렌(Martin van Gelderen)은 칼뱅주의와 아르미니우스주의를 비교하면서 예정론을 주장한 칼뱅주의보다는 아르미니우스주의가 근대 자유의 정신을 형성하는 데 더 공헌했다고 보았다. 그는 이렇게 말했다. "코른헤르트(Coornhert)가 생애 말에 본 것처럼 양심의 자유와 예정론은 양립할 수 없었다."[23] 한편 회플(Harro M Höpfl)은 칼뱅주의자가 아니었던 엘리자베스 1세가 가톨릭을 박해했던 것과는 달리 칼뱅주의자였던 제임스 1세가 종교관용 정책을 썼음을 환기시켰다.[24] 그

19　Winthrop S. Hudson, "Democratic Freedom and Religious Faith in the Reformed Tradition," *Church History*, 15(1946):179.

20　John T. McNeill, "The Democratic Element in Calvin's Thought," *Church History*, 18(1949):162.

21　Ibid., 169.

22　Ibid.

23　Martin van Gelderen, "Hot Protestants: Predestination, the Freedom of Will and the Making of the Modern European Mind," *Calvinism and the Making of the European Mind*, ed. Gijsbert van den Brink & Harro M Höpfl (Leiden: Brill, 2014), 138.

24　Harro M Höpfl, "Predestination and Political Liberty," *Calvinism and the Making of the European Mind*, 168. "Elizabeth I, the patron of persecution of Catholics and of some spectacularly sadistic persecutors, was not a Calvinist at all as far as any one KNOWS,

리고 회플은 칼뱅주의에서는 교회와 세속 권위를 분리시켰는데, 이것은 "우리의 모든 자유의 기초이다"라고 말했다.[25]

칼뱅은 루터가 제시한 민주주의의 정신을 더욱 발전시켰다. 칼뱅은 고대 철학자들이 논의한 바에 따라 정부를 세 가지 형태로 나눌 수 있다고 했다. 그것은 군주정, 귀족정, 민주정이다. 칼뱅은 귀족정과 민주정이 혼합된 형태가 다른 모든 형태들보다 탁월하다고 했다.[26]

칼뱅은 혼합 정부가 최선의 정부가 되는 이유를 이렇게 설명했다. 즉, 군주정에서 왕이 자기 뜻을 정의에 따라 조절하는 일이 매우 드물기 때문에, 이런 인간적 결점들 때문에 많은 사람들이 정치를 하는 것이 더 안전하고 바람직하다. 많은 사람들이 정치를 하면 그들은 서로 돕고 서로 가르치고 충고를 줄 수 있을 것이며, 어떤 한 사람이 잘못하면 다른 많은 사람들이 그의 잘못을 억제할 수 있을 것이라고 했다.[27] 그리고 칼뱅은 국민이 관리를 선거하는 것을 탁월한 은사로 보았다. "만약 우리가 법관과 관료를 선택할 자유를 가진다면(…) 그것은 탁월한 은사이기 때문에 그것을 보존시키며 선한 양심으로 그것을 사용해야 한다."[28] "만약 우리가 인간의 정부에 대해 논의한다면 우리는 자유 국가에 사는 것이 제후 아래 사는 것보다 훨씬 더 나은 상태라고 말할 수

---

whereas James I/VI, who *was* a Calvinist, was dispositionally tolerationist."

25 Ibid., 176.
26 *Calvin: Institutes of the Christian Religion*, ed. John T. McNeill and trans. Ford Lewis Battles, Library of Christian Classics (Philadelphia: The Westminster Press, 1960), 4.20.8. (이하 Inst. 라 약함).
27 Inst. 4.20.8.
28 Sermon on Deuteronomy. 16:18-19, (이하 Serm. Deut.처럼 약함), *Ioannis Calvini opera quae supersunt omnia*, ed. G. Baum, E. Cunitz, and E. Reuss (59 vols., "Corpus Reformatorum"; Brunsvigae: Schwetschke et Filium, 1863-1900), 27:411. (이하 CO라고 약함).

있다."²⁹ "이유 없이 명령을 내리는 제후를 가지는 것보다 선출 받아 그 직임을 수행하며 법을 준수하는 통치자를 가지는 것이 훨씬 더 지지할 만한 일이다."³⁰

칼뱅은 『기독교 강요』 초판에서는 귀족정을 좋게 생각했으나 제네바에서 7년간 지나고 난 뒤에는 "귀족정 혹은 귀족정과 민주정이 혼합된 형태"를 좋게 생각했다. 그리고 그 후 16년 뒤 1559년 판 『기독교 강요』에서는 "더 많은 사람들이 정부를 관장하는 것이 더 완전하고 더 좋은 것"이라고 강조했다. 그런데 허드슨이 지적한 것처럼 미국 혁명의 지도자들이 옹호한 정부 형태도 바로 귀족정과 민주정의 혼합이며, 그것은 오늘날 우리가 대의 민주주의라고 부르고 있는 것이다.

칼뱅의 정치사상에 대해 오랫동안 논란되어 온 문제는 칼뱅이 신정 정치를 지향했는가 하는 것이다. 신정 정치(theocracy)라는 말이 통속적 용법에 따라 성직자가 정치를 하는 성직자 통치(hierocracy)를 의미한다고 할 때 칼뱅은 결코 신정 정치를 표방하지 않았다. 칼뱅은 제네바에서 관리와 성직자를 구별했으며, 그와 그의 동료 목사들은 정치적 직임이나 관리의 권한을 지니고 있지 않았다. 심지어 칼뱅은 1559년 크리스마스 때에 와서 비로소 제네바의 소의회로부터 시민권을 받았다. 몬터(E. William Monter)가 지적한 것처럼 "제네바에서 칼뱅의 영향은 특히 1555년 이후 두드러졌지만, 그러나 이 영향은 일차적으로는 정치적인 것이 아니었다."³¹ 칼뱅이 제네바 시정부에 대해 여러 가지 조언을 했으며 제네바

---

29 Serm. Deut. 17:14-18, CO 27:458.
30 Serm. Deut. 17:14-18, CO 27:460.
31 E. Willam Monter, *Calvin's Geneva* (Huntington, New York: Robert E. Krieger Publishing Company, 1975), 107.

시정부가 칼뱅에게 조언을 구한 경우도 많았지만 칼뱅의 조언이 반드시 수용된 것은 아니었다. 예컨대 1560년 칼뱅은 성찬을 받을 자격이 있는 사람들에게 성찬표를 나누어 주자는 제안을 했으나 시정부는 이를 거부했으며, 그 후 한 사보이 사절을 선동자로 여겨 투옥하자는 칼뱅의 제안도 시정부가 거부했다.[32]

칼뱅은 민중의 저항권은 인정하지 않으나 백성의 관리들의 저항권은 인정했다. "왕들의 방자함을 견제하기 위해 임명된 백성의 관리들(populares magistratus)[33]이 있다면(…) 나는 그들이 그들의 임무에 따라 왕들의 심한 방자함을 저지하는 것을 금지하는 것이 결코 아니다."[34] "만약 그들이 낮은 일반 민중을 난폭하게 습격하고 욕보이는 왕들에 대해 눈을 감아 준다면 그들의 가식은 극악한 배신이 아닐 수 없다고 나는 선언한다. 왜냐하면 그들은 자기들이 하나님의 배정에 의해 백성의 보호자들로 임명되었음을 알면서 기만적으로 백성의 자유를 배반하기 때문이다."[35] 말하자면 백성의 관리들이 독재자의 독재를 보고도 저지하지 않는다면 그것은 배임이고, 나아가서 그것은 하나님의 명령을 저버리는 것이라는 것이다.

칼뱅은 백성의 관리에게만 저항권을 인정하고 사인에게는 저항권을 인정하지 않았지만, 그러나 종교의 문제에 있어서는 사인의 저항권을 인정하고 있다. 관리에 대한 복종이 우리로 하여금 하나님에 대한 복

---

32 Ibid., 107-108.
33 칼뱅은 여기서 스파르타의 민선 장관(Ephorus), 로마의 호민관(Tribunus plebis), 아테네의 시민장관(Demarchus), 그리고 당시의 삼부회(tres ordines) 등을 예로 들고 있다.
34 Inst. 4.20.31.
35 Inst. 4.20.31.

종을 떠나게 하는 일이 있어서는 안 된다.[36] 이스라엘 사람들은 왕의 악한 선포에 맹종했기 때문에 정죄를 받았다. 예언자는 백성들이 사악한 왕의 칙령을 받아들인다고 심하게 책망했다. 주님은 왕들 중의 왕이다. 그러므로 주님의 명령 때문에 왕들에게 복종하는 우리가 왕들을 만족케 하기 위해 주님을 불만케 하는 것은 어리석은 일이라고 칼뱅은 말했다.[37]

독재자에 대한 백성의 관리들의 저항권을 인정한 칼뱅의 가르침은 스위스, 프랑스, 네덜란드, 스코틀랜드, 잉글랜드, 미국 등지에서 민권을 강화시키고 민주주의적 방향으로 나가는 데 큰 공헌을 했다. 프랑스에서는 칼뱅주의적 위그노 운동이 실패함으로써 한동안 절대 왕정으로 나갔지만 위그노 운동 때 나온 저항 사상은 마침내 프랑스 시민 혁명으로 결실을 맺게 되었다. 1579년에 익명의 위그노에 의해 출판된 『폭군 토벌론』에서는 권력은 하나님에게 속한 것으로 하나님이 인간들에게 위임한 것이며, 다시 민중들이 계약에 의해 그 권력을 왕에게 위임한 것으로 보았다. 그래서 왕이 하나님의 뜻에 반할 때와 왕이 민중과의 계약을 위반하고 폭군이 될 때 민중들이 저항하는 것을 합법적으로 보았다.

스코틀랜드에서는 칼뱅의 제자인 존 녹스와 "하나님의 말씀의 회중"이라는 집단이 협력해서 메리 여왕을 축출하고 의회의 기능을 강화시키고 종교 개혁을 완성했다. 영국에서는 칼뱅주의자들인 청교도들이 1642년 청교도 혁명을 일으켜 국왕을 처형하고 공화정을 실시했다. 청교도 혁명의 지도자인 크롬웰이 죽고 평등주의자들의 과격한 요구

---

36 Inst. 4.20.32.
37 Inst. 4.20.32.

에 불안을 느낀 중산층이 왕당파로 기울어짐으로 1660년 왕정복고가 이루어지긴 했지만 청교도적인 민주주의의 이상은 지속되었고 1688년 명예혁명으로 영국은 세계 최초로 입헌 군주제 국가가 되었다. 영국에서 박해받던 청교도들이 신대륙으로 건너가서 개척한 미국은 일찍부터 민주주의적 방향으로 나아갔으며 마침내 독립 전쟁으로 민주주의가 정착하게 되었다.

루터는 두 왕국론을 가르쳤다. 루터는 1525년 『농민들에 대한 심한 책에 관한 공개서한』에서 이렇게 말했다.

> 두 왕국이 있는데, 하나는 하나님의 왕국이고, 다른 하나는 세상의 왕국이다. … 하나님의 왕국은 은총과 자비의 왕국이지 진노와 형벌의 왕국이 아니다. 그 안에는 단지 용서, 상호간의 고려, 사랑, 봉사, 선행, 평화, 기쁨 등등이 있다. 그러나 세상의 왕국은 진노와 가혹함의 왕국이다. 그 안에는 악인들을 억압하고 선인들을 보호하기 위해 단지 형벌, 억압, 심판 및 정죄가 있다.[38]

칼뱅도 두 개의 정부를 구별했다. 칼뱅은 이 두 개의 정부가 구별되긴 하지만 분리되지는 않는다고 한다. 왜냐하면, 이 두 개의 정부가 다 궁극적으로는 왕들 중의 왕인 하나님에게 속하기 때문이다. 칼뱅은 이 점에서 시민 정부에 대한 두 개의 서로 다른 입장을 배격했다. 첫째는 재세례파의 입장으로, 그들은 양심의 자유에 따라 법정도 법도 관리도 없는, 그리고 자기들의 양심을 속박한다고 생각되는 그 외 무엇도 인정하지 않는 어떤 새 세계를 세워야 한다고 생각하며 그래서 기존의 정부

---

38 Luther, *An Open Letter on the Harsh Book Against the Peasants, LW* 46:69-70.

형태를 배격한다고 했다.³⁹ 다음으로 마키아벨리를 지향한 비판으로 보이는 것으로, 어떤 사람들은 제후들에 아첨하며 그들의 권력을 지나치게 과장하여 하나님 자신의 통치와 대립시키기를 주저하지 않는다고 했다.⁴⁰ 영적 통치와 시민 통치는 다 한 하나님께 속하지만 서로 다른 경륜에 속한 것으로, 시민 통치를 하나님의 통치와 대립시켜서도 안 되며 시민 통치를 하나님의 영적 통치로 대치시켜도 안 된다는 것이다.

종교 개혁자들은 두 왕국론 혹은 두 정부론을 가르쳤다. 하나님은 오른 손인 영적 왕국을 통해서는 복음과 사랑으로 통치하신다. 그리고 왼 손인 세상적 왕국을 통해서는 법과 칼로 통치하신다. 세상적인 왕국에서는 법을 만들고, 법을 지키게 하고, 법을 지키지 않으면 칼로 처벌한다. 그러나 영적 왕국에서는 법이 아니라 복음으로 다스리며, 칼이 아니라 사랑으로 다스리신다. 루터는 이 두 왕국은 분리되지는 않지만 구별되는 것이라고 가르쳤다. 루터의 두 왕국론은 종교의 자유를 찾아 미국으로 간 청교도들에 의해 정교가 분리됨으로써 완결되게 되었다.

3. 자유와 형제애: 종교 개혁과 자본주의적 복지 사회

독일의 종교 사회학자 막스 베버(Max Weber)는 그의 『프로테스탄트 윤리와 자본주의의 정신』에서 루터는 "세상적 의무들을 성취하는 것이 모든 상황에서 하나님께 받아들일 만하게 사는 유일한 길"이라고 보고 "모든 합법적 소명이 하나님 보시기에 똑같은 가치를 갖는다"고 봄으

---

39 Inst. 4.20.1.
40 Inst. 4.20.1.

로써[41] 직업 소명설을 형성하는 데 공헌했으나, 루터는 이 새로운 직업 관념에 잠재해 있는 경제적 가능성을 발전시키지 못하고 오히려 경제적 전통주의로 복귀했다고 보았다. "루터에게 있어서 소명의 개념은 전통주의적인 것으로 머물렀다. 그의 소명은 인간이 자신을 적응시켜야 하는 신적 질서로 받아들여야 하는 어떤 것이다"[42]라고 베버는 말했다. 트룈취도 루터가 윤리의 이원성, 즉 "개인을 위한 내적 도덕성"과 "외적인 '공적' 도덕성"[43]을 가르침으로써 "세상은 받아들여지는 것이 아니라 무관심과 극복의 문제로 간주되게"[44] 되었으며, 여기서 세상에 대한 부정인 금욕주의는 더 이상(…) 개인적 성취와 연결된 것이 아니라 삶의 전 구조에 스며들어 있어서 최후의 날을 기대하는 일 이외 아무것도 남지 않게 되었다고 했다.[45] 요컨대 트룈취는 루터의 윤리적 가르침은 사회 구조와 제도에 대해 무관심하게 만들었다고 보았다.[46] 근래에 와서 스택하우스(Max Stackhouse)도 루터는 "일차적으로 영적이고 좁은 의미의 교회적인 혁명에 몰두했다. 그는 [그의 시대의] 정치적이고 사회적인 운동들에 대해 전혀 공감하지 않았다"[47]라고 말했다.

---

41 Max Weber, *The Protestant Ethic and the Spirit of Capitalism*, trans. Talcott Parsons (London: George Allen & Unwin, 1978), 81. 막스 베버의 이 저작은 1904-1905년에 처음으로 발표되었다.

42 Ibid., 85.

43 Ernst Troeltsch, *The Social Teaching of the Christian Churches*, trans. Olive Wyon (2 vols.: London: George Allen & Unwin Ltd., 1931), 2:308.

44 Ibid., 2:511.

45 Ibid.

46 Cf. Carter Lindberg, *Beyond Charity: Reformation Initiatives for the Poor* (Minneapolis: Fortress Press, 1993), 161.

47 Max Stackhouse, *Creeds, Society, and Human Rights: A Study in Three Cultures* (Grand Rapids, Michigan: Eerdmans, 1984), 54-55.

그러나 린드버그(Carter Lindberg)는 그의 한 저작에서 트뢸취나 스택하우스의 루터 해석들은 "루터의 신학과 실천에 대한 왜곡들"[48]이라고 보았으며, "루터는 사회에 대한 신앙의 신학적 적용의 결정적 역할을 위한 분명한 모형을 제공할 뿐만 아니라 좀 더 중요하게 성서에서 그 신학의 위치를 정하는 분명한 모형을 제공한다"[49]라고 말했다.

루터는 당시 급진주의자들이 주장하던 공유 재산 제도를 비판하고 사유 재산 제도를 주장했다. 그러나 재산에 관한 루터의 견해에 있어서도 두 왕국론이 작용하고 있다. 영적 왕국에 속한 그리스도인은 재산에 대한 욕망을 가져서는 안 된다. 그리스도인은 누가 빼앗으며 빼앗기고 달라고 하면 거저 주고 꾸어 달라고 하면 이자를 받지 않고 꾸어 주어야 한다. 그러나 세상적 왕국은 그렇지 않다. 루터는 마태복음 5:3에 관한 설교에서 "돈, 재산, 명예, 권력, 땅 및 종들을 소유하는 것은 세상적 영역에 속한다. 세상적 영역은 이것들 없이 지탱될 수 없다. 그러므로 군주나 영주는 가난해서는 안 되고 가난할 수 없다. 왜냐하면 그의 직임과 신분상 이것들과 같은 것들을 모두 가져야 하기 때문이다. … 가정의 가장이 아무 것도 가지지 않으면 그의 식구와 종들을 부양할 수 없을 것이다"[50]라고 말했다. 또한 루터는 이렇게 말했다. "그리스도인이 어떤 것을 주려면 그는 그것을 이미 가지고 있어야 한다. 아무 것도 가지지 않은 사람은 아무 것도 주지 못한다. … 그러므로 우리 주 그리스도께서 우리에게 주라고 명령했기 때문에 그는 어떤 것을 소유하여서

---

48 Lindberg, 162.
49 Ibid.
50 Luther, *The Sermon on the Mount* (Matt. 5:3), *LW* 21:12.

그것을 줄 수 있는 자들에게 명령한 것이다."⁵¹ 또한 루터는 "네 가진 것을 팔라"는 예수님의 말씀에 대해 이것은 사유 재산을 전제한 것이라고 말했으며, 도적질하지 말라는 계명도 역시 사유 재산을 인정한 것이라고 했다.⁵²

이런 관점에서 루터는 급진주의자들의 공산주의적 사상을 비판했다. 급진주의자들은 재산의 공유화를 주장한다. 그러나 성서는 사도행전 4장의 경우 이외에는 재산의 공유를 주장하지 않았다. 사도행전 4장의 경우에도 사도들과 제자들이 자발적으로 자기의 소유를 공유화했지 다른 사람들의 재산을 공유화하라고 요구한 것은 아니었다. 루터는 『약탈하고 살인하는 농민 떼들에 대항해서』에서 이렇게 말했다. "우리의 농민들은 다른 사람들의 재산을 공유화하기를 원하고 다른 사람들의 것을 자신들이 가지기를 원한다." 그러나 "복음은 사도행전 4[:32-37]에서 사도들과 제자들이 행한 대로 자유 의지로 재산을 공유화하는 자들의 경우 외에는 재산을 공유화하지 않는다." 사도들과 제자들은 "우리의 광적 농민들이 광기에 차서 하듯이 다른 사람들의 재산을 공유화하라고 요구한 것이 아니라 단지 자기 자신들의 재산을 공유했다"라고 루터는 말했다.⁵³

루터가 상업보다 농업을 중시한 것은 사실이었다. 루터는 『독일민족의 크리스천 귀족에게』에서 "농업을 증가시키고 상업을 감소시키는 것이 훨씬 더 경건한 일이 될 것임을 나는 잘 알고 있다. 나는 또한 성서

---

51 Luther, *An die Pfarrherrn wider den Wucher zu predigen, Luthers Werke.* Kritische Gesamtausgabe (Weimar: Böhlau, 1883 ff.), 51:384, 4-9. (이하 *WA*라 약함).

52 Cf. Paul Althaus, *The Ethics of Martin Luther* tr. Robert C. Schultz (Philadelphia: Fortress Press, 1972), 105.

53 Luther, *Against the Robbing and Murdering Hordes of Peasants, LW* 46:51.

에 따라 땅에서 일하고 그것으로부터 생계를 구하는 사람들이 훨씬 더 선하게 행하는 것을 알고 있다"[54]라고 말했다. 그렇다고 해서 루터가 상업을 전적으로 배격한 것은 아니었다. 루터는 『상업과 고리 대금업』에서 "사고파는 일이 필수적임을 부인할 수 없다. 매매는 없앨 수 없으며, 특히 상품들이 필수적이고 명예로운 목적에 기여할 매매는 기독교적 방식으로 실시될 수 있다"[55]라고 말했다. 이처럼 루터는 상업을 필요악 정도로 취급한 것이 아니라, 기독교적 방식으로 이루어질 수 있다고 보았다. 왜냐하면 성서의 족장들도 "가축, 양모, 곡식, 버터, 우유, 기타 물품들을 이런 방식으로 매매했기 때문이다."[56]

루터가 상업에 대해 인정했다고 해서 그 당시의 상업적 관행을 그대로 인정한 것은 결코 아니었다. 그는 당시의 잘못된 상업적 관행들을 시정하려고 노력했다. 우선 루터는 상품 가격에 대해서 공정한 가격을 주장했다. 루터는 당시 상업에 있어서 "이웃의 필요가 마치 상품의 가치와 가격의 척도인 양 된다"[57]라고 비판했다. 그래서 루터는 상인의 규칙이 "나는 내 상품을 내가 할 수 있는 한, 혹은 내가 뜻하는 한 비싸게 팔 수 있다"는 것이 아니라 "나는 내 상품을 내가 해야 하는 만큼, 혹은 옳고 공정한 만큼 비싸게 팔 수 있다"고 해야 한다고 말했다.[58] 여기서 루터는 공정한 가격(just price)이라고 하는 로마법의 개념을 따르고 있다. 루터 이전에 스콜라 신학자들도 공정한 가격이 시장 가격이 되어야 한

---

54 Luther, *To the Christian Nobility of the German Nation Concerning the Reform of the Christian Estate*, *LW* 44:214.
55 Luther, *Trade and Usury*, *LW* 45:246.
56 Ibid., *LW* 45:246.
57 Ibid., *LW* 45:248.
58 Ibid., *LW* 45:248.

다고 주장했다. 루터는 공정한 가격이란 일률적으로 정해질 수 없다고 말했다. 루터는 같은 물품이라도 이동 거리나 부대비용에 의해 다른 가격이 매겨져야 한다고 보았으며 같은 도시에서 같은 길로 운송했다 하더라도 작년과 금년이 같을 수 없다고 보았다.[59] 그래서 루터는 공정한 가격이란 경비와 상인의 수고, 노력, 위험성을 계산한 비용을 합친 것으로 보았다.[60] 루터는 "누가 아무 소득도 없는 것을 위해 봉사하거나 일하겠는가"라고 묻고, 복음은 "일꾼이 그 삯을 얻는 것이 마땅하니라"(눅 10:7)고 말한다고 했다.[61] 루터는 상인이 상품의 비용에 첨가하는 이윤의 폭을 결정할 때 그 상품에 투입된 시간과 노동의 양을 계산하고 다른 직업에서 일하는 날품 근로자의 노력과 비교하고 그들이 받는 일당을 계산하여 결정하는 것이 최선의 방법이라고 말했다.[62] 루터는 여기서 상인의 노동과 함께 위험성을 포함시키라고 함으로써 상인은 날품 근로자의 임금에 해당하는 이윤 이상의 이윤을 남길 수 있음을 말한 것 같다.

　루터는 당시의 상업의 관행에 대해 여러 가지로 비판했다. 루터는 무엇보다 독점을 비판했다. "어떤 사람들은 한 나라나 한 도시에 있는 어떤 물품이나 상품들을 전량 사들여서 이 물품들을 자기들의 통제 아래 전적으로 두려고 한다. 그 다음에 그들은 자기들이 원하는 대로 혹은 할 수 있는 대로 비싸게 가격을 결정해서 판매한다"[63]라고 루터는 말했다. 이런 일은 가증스러운 일이며 제국과 세속의 법도 이것을 금한

59　Ibid., *LW* 45:249.
60　Ibid., *LW* 45:249.
61　Ibid., *LW* 45:249.
62　Ibid., *LW* 45:251.
63　Ibid., *LW* 45:262.

다고 루터는 말했다. 루터는 또한 상품을 지나치게 싸게 팔므로 다른 사람들을 망하게 하고 결국 독점하려고 하는 사람들을 비판했다. 루터는 "그런 자들은 인간이라 불리거나 인간들 중에 살 가치가 없다"[64]라고 말했다. 세속 당국자들은 그들의 소유를 다 빼앗고 추방해야 한다고 루터는 말했다.[65] 또한 루터는 과점에 대해서도 비판했다. 즉, 3, 4명의 상인이 한두 물품을 지배하고 다른 사람들이 그 물품을 가지고 있으면 구입해서 자기들이 독점하면 담합해서 마음대로 비싸게 파는 행위를 비판했다.[66] 루터는 또한 물품이 품귀 현상을 빚을 때 평소보다 비싸게 파는 것을 비판했다. 루터는 그런 사람들은 절도요 강도요 고리 대금업자라고 했다.[67]

이자에 대한 루터의 견해는 일관성이 없다는 비판을 받아 왔다. 사실상 얼핏 보기에 루터는 어떤 곳에서는 이자를 전혀 부정하는 말을 하기도 하고 어떤 곳에서는 이자를 용인하는 말을 하기도 했다. 그러나 좀 더 깊이 살펴보면 이자에 대한 루터의 견해에도 두 왕국론이 일관되게 작용하고 있음을 알 수 있다.

루터는 우선 영적 왕국에 속한 그리스도인은 성서의 말씀에 따라 이자를 받아서는 안 된다고 주장했다. 루터는 『상업과 고리 대금업』에서 "세상적 물질을 공정하고 이롭게 다루는 세 가지 등급 혹은 방법이 있다"[68]라고 말했다. 첫째 등급은 "어떤 사람이 우리의 세상적 재물 가운데 어떤 것을 폭력으로 탈취한다면 우리는 그것을 허락하고 그 소유

---

64   Ibid., *LW* 45:264-65.
65   Ibid., *LW* 45:265.
66   Ibid., *LW* 45:266.
67   Ibid., *LW* 45:262.
68   Ibid., *LW* 45:273.

를 포기할 뿐만 아니라 그가 원한다면 더 많이 가져가도록 하는 것이다. 우리의 사랑하는 주 예수 그리스도는 이것에 대해 마태복음 5[:40]에서 '또 너를 송사하여 속옷을 가지고자 하는 자에게 겉옷까지도 가지게 하며'라고 말씀하신다"[69]라고 루터는 말했다. 둘째 등급은 "우리가 우리의 물질을 필요로 하거나 그것을 요구하는 사람에게, 거저 돌려받지 않고 주는 것이다. 이것에 대해 주 예수 그리스도는 마태복음 5[:42]에서 '네게 구하는 자에게 주며'라고 말씀하신다"[70]라고 루터는 말했다. 셋째 등급은 "우리가 이자나 zinss를 받지 않고 기꺼이 즐겁게 빌려주는 것이다. 이것에 대해 우리 주 예수 그리스도는 마태복음 5[:42]에서 '네게 꾸고자 하는 자에게 거절하지 말라'고 말씀하신다. … 이 등급은 모든 것 중에 가장 낮은 것이다"[71]라고 루터는 말했다. 루터는 여기까지에서 이자 받는 것을 전적으로 금지했다. 루터는 "빌려 준 것보다 더 많은 것이나 더 좋은 것을 돌려받기를 기대하고 빌려 주는 자는 공개적이고 정죄 받을 고리 대금업자에 불과하다"[72]라고 말했다.

그러나 그 다음에 루터는 "이 세 등급 아래 세상적 물질을 거래하는 다른 등급들과 방법들이 있다"[73]라고 말함으로써 세상적 왕국에서는 이자를 받는 것이 가능함을 말했다. 루터는 "100굴덴에 대해 4, 5, 6굴덴을 지불하는 것이 교회법을 범하지 않고 행해질 수 있다면 그것은 허락될 수 있다"[74]라고 말했다. 또한 루터는 "내가 위에서 말한 것처럼 비록

---

69 Ibid., *LW* 45:273.
70 Ibid., *LW* 45:280.
71 Ibid., *LW* 45:289.
72 Ibid., *LW* 45:255.
73 Ibid., *LW* 45:295.
74 Ibid., *LW* 45:305.

모든 사람이 10퍼센트를 부과한다 하더라도 교회 제도들은 여전히 엄격하게 ― 두려움을 가지고 ― 그 법을 지켜서 4 혹은 5퍼센트를 지켜야 한다"[75]라고 말했다. 루터는 결국 5퍼센트 정도의 이자를 받는 것을 인정한 것이다.

　막스 베버는 칼뱅주의적 윤리가 자본주의의 발전에 큰 공헌을 했다고 주장했다. 칼뱅은 루터의 직업 관념을 계승하고 전통주의적인 면을 일소하여 근대적 직업 관념을 발전시켰다고 보았다. 자기의 직업에 충실한 것이 하나님께 충실한 것이라고 가르침으로써 일에 전념하는 인간형을 발전시켰다는 것이다. 다음으로 베버는 칼뱅주의의 예정론이 자본주의의 발달에 공헌했다고 보았다. 예정론에 의하면 어떤 사람은 하나님으로부터 선택되었고 어떤 사람은 버림을 받았으며, 이것은 인간이 돌이킬 수 없는 결정이라는 것이다. 여기서 사람들은 자기가 선택받았는가를 묻게 되고 그 선택의 표징을 찾게 되었으며, 자기가 선택받은 자임을 확신하기 위해 금욕적 노동에 충실하게 되었다는 것이다. 요컨대 베버는 칼뱅주의의 직업관과 예정론이 근면하고 검소하고 절약하는 인간형을 형성했으며, 그런 사람들에 의해 자본주의가 발달했다고 주장했다.

　막스 베버를 이어 트뢸취(Ernst Troeltsch)는 『기독 교회와 집단들의 사회적 교훈들』에서 베버의 주장을 받아들여 칼뱅주의의 직업관과 예정의 확증을 위한 금욕적 노동, 그리고 이와 결부되어 나태를 금기시하고 소득 획득을 하나님의 축복으로 보는 가르침이 자본주의의 발달에 공헌했다고 주장했다.[76] 그러나 트뢸취는 칼뱅주의에서는 노동과 이익이 순

75　Ibid., *LW* 45:306.
76　Troeltsch, 2:644 ff.

전히 개인적 유익을 위한 것이 되어서는 안 된다고 가르쳤으며 자본가는 하나님의 청지기로서 자본을 증가시켜 자기를 위해서는 최소한의 액수만 쓰고 나머지는 사회 전체의 유익을 위해 써야 한다고 가르침으로써 기독교 사회주의적 요소를 품고 있었으며, 그것은 후에 기독교 사회주의로 발전했다고 주장했다.[77]

한편 비엘러(André Biéler)는 『칼뱅의 경제 사회적 사상』에서 베버의 논제를 비판적으로 검토하면서 베버가 언급한 칼뱅주의는 칼뱅의 칼뱅주의가 아니라 칼뱅의 사상과는 다른 후의 칼뱅주의자들의 사상이었다고 주장하고, 칼뱅의 경제 사상은 "각자로부터 그의 능력에 따라, 각자에게 그의 필요에 따라"[78]로 요약할 수 있다고 보았다. 그는 이런 칼뱅의 사상을 인격주의적 사회주의로 명명할 수 있다고 말했다.[79]

비엘러를 이어 그레이엄(W. Fred Graham)은 『건설적 혁명가 장 칼뱅과 그의 사회 경제적 영향』에서 역시 베버의 논제를 비판하면서 베버가 칼뱅주의자로 언급한 사람들 중에 리처드 백스터(Richard Baxter)만이 진정한 칼뱅주의자였다고 주장하고 리처드 백스터의 사상에 대한 막스 베버의 설명도 리처드 백스터의 원래 정신과는 다른 것이라고 주장했다. 백스터는 직업이 얼마나 부를 줄 것인가를 생각하기 전에 먼저 하나님과 공익을 위한 봉사인지, 그 직업이 영혼과 육체에 유익한지를 고려해야 한다고 주장했다는 것이다.[80] 또한 칼뱅주의의 예정론이 인간에게 불안과

---

77   Ibid., 647 ff.

78   André Biéler, *La Pensēe économique et sociale de Calvin* (Genève: Georg, 1961), 337. "de chacun selon ses capacitēs á chacun selon ses besoins."

79   André Biéler, *The Social Humanism of Calvin*, trans. Paul T. Fuhrmann (Richmond: John Knox Press, 1964), 62. "This is why it would be fitting to call Calvin's concept of economic life a 'personalist socialism', or, if one prefers, a 'social personalism.'"

80   W. Fred Graham, *The Constructive Revolutionary: John Calvin and His Socio-Economic*

공포를 주어 금욕적 노동에 몰두하기보다 오히려 위로를 주었다고 주장했다.[81] 그레이엄은 이렇게 베버를 비판하고 칼뱅의 사상은 "16세기 중부 유럽에 하나의 조그마한 복지 국가를 탄생시키는 데 공헌했다. 토니(Tawney)의 표현으로 하면 그것은 기독교 사회주의였다"[82]라고 말했다.

그레이엄 이후 리이드(W. Stanford Reid)는 "장 칼뱅은 자본주의의 아버지인가?"하는 논문에서 자본주의는 여러 가지 다른 요인들에 의해 발달되었다고 주장하면서 베버의 논제를 비판했다.[83] 리이드는 베버가 칼뱅을 철저하게 연구하지 않았다고 지적하고 베버는 칼뱅의 가르침에 관심을 둔 것이 아니라 그 가르침이 미친 결과에 대해서만 관심을 두었다고 말했다. 리이드에 의하면 예정론이 칼뱅주의의 중심 교리가 아니라 이신득의가 중심 교리이며, 그래서 재산을 모으는 등 예정의 표징이 없다 하더라도 하나님의 은총에서 제외되었다고 하는 불안을 가질 필요가 없었다는 것이다. 또한 칼뱅은 가난한 사람들을 나태의 죄 때문이라고 비난한 것이 아니라 집사들을 통해 이들을 도와주어야 한다고 주장했다는 것이다. 그래서 리이드는 칼뱅은 자본주의의 아버지일 수 없다고 주장했다. 또한 월리스(Ronald S. Wallace)는 『칼뱅, 제네바 및 종교개혁』이라는 저작에서 칼뱅의 가르침은 자본주의의 경쟁적 원리와는 상반된다고 주장함으로써 역시 칼뱅의 정신과 자본주의의 정신은 다르다고 주장했다.[84]

    Impact (Atlanta: John Knox Press, 1978), 193.
81   Ibid., 193-94.
82   Ibid., 196.
83   W. Stanford Reid, "John Calvin: the Father of Capitalism?" *Themelios*, Vol. 8, No. 2(January, 1983), 19 ff.
84   Ronald S. Wallace, *Calvin, Geneva and the Reformation* (Grand Rapids, Michigan: Baker Book House, 1988), 94.

칼뱅의 경제사상이 "자본주의적"이었는가 아니었는가, 아니었다면 "기독교 사회주의적"이었는가 하는 문제에 대해 부스마는 『장 칼뱅: 하나의 16세기 초상화』에서 하나의 칼뱅이 아니라 두 개의 칼뱅을 상정함으로써 칼뱅 안에는 이 두 면이 공존해 있다고 주장했다.[85] 부스마는 칼뱅은 한편으로는 사유 재산 제도를 옹호하고 상업과 이자를 인정하고 빈부 격차를 용인하고 빈부의 차이에 따라 풍부한 생활과 빈핍한 생활을 하는 것을 받아들이며, 노동을 존중하고 게으름과 시간의 낭비를 비판하고 검약을 주장하는 등 자본주의의 발달에 공헌한 면을 가지고 있었으며, 다른 한편으로는 개인에 대한 공동체의 우위성을 주장하고 집사들에 의한 사회사업 활동을 장려할 뿐만 아니라 모든 인간은 이웃을 돕는 청지기로 임명되었다고 보는 등 인간의 공동체성을 주장하는 면이 있었다고 한다.

최근에 와서 베네딕트(Philip Benedict)는 베버 논제를 비판하면서 칼뱅주의가 합리적 자본 축적과 경제적 성공을 자극했다는 주장은 설득력이 없다고 주장했다.[86] 그리고 흐라플란트(Johan J. Graafland)는 칼뱅의 저작을 보면 칼뱅은 자본주의의 근거를 제공했지만 자본주의를 무조건적으로 받아들이지는 않았다고 주장했다.[87] 그는 칼뱅이 자유로운 기업

---

85 William J. Bouwsma, *John Calvin: A Sixteenth Century Portrait* (New York: Oxford University Press, 1988), 191 ff.

86 Philip Benedict, "Calvinism and the Making of the Modern European Economic Mind: A Comment and Call for more Research," *Calvinism and the Making of the European Mind*, 200. "After three generations of research devoted to pertinent aspects of this topic, the preponderance of the evidence clearly seems to be running in favor of the view that features distinctive to the theological or religious makeup of Calvinism or of the Reformed tradition more generally cannot convincingly be shown to have provided an important stimulus to rational capitalist accumulation or economic success."

87 Johan J. Graafland, "Weber Revisited: Critical Perspectives from Calvinism on Capitalism in Economic Crisis," *Calvinism and the Making of the European Mind*, 179.

활동을 어느 정도 인정했지만 제한을 두었다고 말했다.[88] 그래서 그는 2007년 금융 위기를 겪고 난 오늘날 사업가와 정치인들은 칼뱅이 주장한 원리들을 받아들일 필요성을 느낄 것이라고 주장했다.[89]

칼뱅도 일부 재세례파가 재산의 공유를 주장한 데 대해 사유 재산 제도를 옹호했다. 재세례파에서는 에덴동산과 신천지에는 사유 재산이 없고 교회의 원형인 예루살렘 원 교회는 재산의 공유를 실시했기 때문에 참된 교회가 되려면 재산을 공유해야 한다고 주장했다.[90] 또한 그들은 예수님이 자기를 부정하고 모든 소유를 버리고 예수님을 따르라고 했기 때문에 사유 재산을 포기해야 한다고 주장했다.[91] 이에 대해 칼뱅은 사유 재산제는 인간이 타락한 후 하나님이 정해준 제도라고 주장했다. "각 개인이 자기의 사유 재산을 소유하도록 허락하는 시민적 질서가 문란되지 말아야 한다. 왜냐하면 재산의 소유권이 인간들 사이에서 구별되고 개인적이 되는 것은 인간들 사이에 평화를 유지하기 위해 필수적이기 때문이다"[92]라고 칼뱅은 말했다. 예루살렘 원 교회가 공유 재산 제도를 택했다는 재세례파의 주장에 대해 칼뱅은 사도행전에서 밭을 팔아 그 값을 바친 두 사람을 특별히 언급하고 있는데, 만일 모든 사람이 재산을 바쳐 재산을 공유했다면 이 두 사람을 특별히 언급하지 않았을 것이라고 반론을 폈다. 그래서 칼뱅은 예루살렘 원 교회는 재산을 공유한 것이 아니라 다만 신앙이 돈독한 신도들이 재산을 팔아 구제할 정도로 열성을 보였다고 해석했다. 그래서 칼뱅은 이렇게 말했다.

---

88 Ibid.
89 Ibid., 198.
90 Ibid., 432 f.
91 Ibid., 433 f.
92 Inst. 4.1.3.

광신주의자들 때문에 이 구절[행 2:44]에 대한 건전한 해석이 필요하다. 그들은 재산의 κοινωνία를 주장하는데, 그것에 의해 모든 시민적 질서가 전복된다. 이 시대에 재세례파가 소요를 일으켜 왔다. 왜냐하면 그들은 각자의 재산을 한 덩어리로 모아 놓고 모든 사람이 그것을 공동으로 사용하지 않는다면 교회가 존재하지 않는다고 생각했기 때문이다.[93]

칼뱅은 시편 주석에서 구제 활동을 할 때 자기 것으로 어느 정도 구제할 수 있는지 합리적으로 계산할 것이며, 지나친 구제 활동으로 가족을 곤궁에 빠뜨리는 일이 있어서는 안 된다고 경고하기도 했다.[94]

칼뱅은 사유 재산 제도를 옹호함과 동시에 부의 편재를 인정했다. 재산의 불평등은 하나님의 섭리에 따른 것이라고 보았다. 하나님이 어떤 사람에게 재물을 많이 준 것은 부유함 속에도 교만에 빠지지 않고 가난한 사람들에 대한 사랑을 갖고 도와주는지를 시험하기 위한 것이며, 어떤 사람을 가난하게 한 것은 가난 속에서도 하나님을 원망하지 않고 감사하면서 살아가는지를 시험하기 위한 것이라고 보았다.[95] 재세례파는 재산의 공유가 그리스도인의 사랑의 표현인 것으로 본 데 반해, 칼뱅은 재산을 공유하면 그리스도인의 사랑의 실천인 자선을 행할 수 없다고 보았다. "이 광기에 의해 성취되는 일이란 아무도 선한 양심으로 구제할 수 없게 되는 것이다"[96]라고 칼뱅은 말했다.

칼뱅은 소유의 불평등을 인정함과 동시에 생활의 불평등도 인정했다. "우리는 부자가 빈자보다 더 잘 사는 것이 잘못되었다고 할 정도로

---

93 Commentaries on Acts, 2:44. (이하 Comm. Act.처럼 약함)
94 Comm. Ps. 31:19.
95 Serm. Deut. 15:11-15.
96 Comm. 2 Cor. 8:13.

평등을 주장하지 않는다. 빈자는 거친 빵과 검소한 식사를 하고 부자는 그의 상황에 따라서 더 잘 먹을 수 있다"[97]라고 칼뱅은 말했다.

칼뱅은 이처럼 사유 재산 제도를 옹호함과 동시에 상공업에 대해 긍정적으로 평가했다. 칼뱅은 상공업도 하나님이 정한 천부적 직업으로 보았으며 상인들의 매매 활동이 건전한 사회생활에 있어서 귀중한 역할을 하고 있음을 인정했다. "상업의 거래 없이 공적 정부가 지탱될 수 없다"[98]라고 칼뱅은 말했다. 칼뱅은 상품을 쉽게 수입하고 수출할 수 있는 강이 있는 지역은 급속도로 번영할 수 있다고 평가하기도 했으며, 무역은 사람들에게 큰 도움을 준다고 말했다. 또한 상인들은 부지런히 활동할 뿐만 아니라 많은 불편과 위험을 무릅쓰고 일하면서 이윤을 남긴다고 말했다.[99]

칼뱅은 상공업을 긍정적으로 평가하면서 이자를 받는 것을 허용했다. 당시 교회는 이자를 받는 것을 금지했다. 교회가 이자를 금지한 것은 우선 성경에 이자를 받지 말라는 말씀이 있고, 다른 한편 아리스토텔레스의 주장에 의하면 돈에는 증식성이 없기 때문이었다. 그러나 칼뱅은 성경에서 이자를 받지 말라고 한 것은 가난한 자들이 소비 자금으로 빌린 돈에 대해 이자를 받지 말라고 한 것이지, 사업을 하는 사람이 돈을 더 벌기 위해 사업 자금으로 빌린 돈에 대해서까지 이자를 받지 말라고 한 것은 아니라고 주장했다. 돈에는 증식성이 없다는 주장에 대해 칼뱅은 돈을 단순히 금고 속에 넣어 두면 증식성이 없지만 사업하는 사람은 사업을 통해 돈을 증식시킨다고 주장했다. 칼뱅은 이렇게 말했다.

---

97 Comm. 2 Cor. 8:15.
98 Comm. Isa. 24:2.
99 Comm. Ps. 15:5.

돈은 돈을 낳지 않는다고 한 성 암브로시우스와 크리소스토무스의 이론은 내 판단으로는 너무 피상적이다. 바다가 무엇을 낳는가? 땅이 무엇을 낳는가? 나는 집을 빌려 주고 수입을 얻는다. 거기서 돈이 자라기 때문인가? … 그리고 우리가 말할 수 있는 어떤 다른 소유에서보다 상업에서 돈이 더 결실이 있지 않는가? 농지를 빌려 주고 지대를 받는 것은 합법적이고 돈을 빌려 주고 그 열매를 받는 것은 불법적이란 말인가?. … 상인들은 어떻게 그들의 이윤을 얻는가? 그들의 노력에 의해서라고 말할 것이다. 확실히 돈을 금고 속에 넣어 두면 열매를 내지 못한다는 사실을 아동들도 알고 있음을 나는 인정한다. 그러나 우리에게 돈을 빌려 달라고 하는 사람은 이 돈을 한가하게 간직하여 아무 소득도 얻지 않으려고 하는 것은 아니다. 이윤은 돈 자체로부터 오지 않으나, 그러나 그것이 유통됨으로써 온다.[100]

프랑스에서는 칼뱅주의자들에게 신앙의 자유를 주었던 낭트 칙령이 루이 14세에 의해 폐지되고 칼뱅주의자들이 프랑스를 떠나게 되었을 때 그 당시 투레느라고 하는 곳에서는 무두질 공장이 400에서 54로, 베틀이 8,000대에서 1,200대로, 견직 기계가 40,000대에서 4,000대로, 제분기가 700대에서 70대로 줄었다고 하는 통계가 남아 있는데, 이것은 상공업에 종사하는 사람들이 칼뱅의 가르침을 선호했음을 잘 보여주는 것이라고 하겠다.[101]

---

100   CO 10a:247.
101   그러나 다른 연구 결과도 있다. Philip Benedict는 "Faith, Fortune and Social Structure in Seventeenth-Century Montpellier" (*Past and Present*, 152[1996], 46-78)라는 논문에서 프랑스 도시인 Montpellier의 1605-59년간의 상황을 연구했다. 그 도시는 칼뱅주의자들과 가톨릭 교인들의 숫자가 거의 비슷했다. 그는 칼뱅주의자들이 가톨릭 교인들보다 더 많은 부를 축적한 증거를 찾을 수 없었다고 한다. Philip T. Hoffman, "the church in economy and society," *Cambridge History of Christianity*, Vol. 7, ed. Stewart J. Brown and Timothy Tackett (New York: Cambridge University Press, 2006), 84 참조. 그래서 Hoffman은 베버의 논제가 잘못된 것처럼 보인다고 말했다. Ibid., 85.

칼뱅의 이런 사상에 정념을 억제하고 이성을 따르라는 스토아적 인문주의의 정신에 근거한 금욕주의적 기상과 합리주의적 사고가 결부되어 칼뱅의 사상은 베버가 말한 "자본주의의 정신"의 형성에 크게 기여한 것이 사실이었다. 그레이엄은 막스 베버를 비판하면서 막스 베버가 칼뱅주의자라고 인용한 벤저민 프랭클린을 비 칼뱅주의적 퀘이커 교도의 세속화한 아들이라고 혹평했지만,[102] 그러나 나태를 비판하고 노동을 강조한 점에서 칼뱅과 프랭클린은 같은 정신을 가지고 있었다. 막스 베버의 인용에 의하면 프랭클린은 이렇게 말했다. "시간은 돈이라는 것을 기억하라. … 당신의 채권자가 당신의 망치 소리를 새벽 다섯 시나 저녁 여덟 시에 듣는다면 그는 지불 기일이 6개월이나 연장된다 해도 만족해 할 것이다. … 5실링 가치에 상당하는 시간을 허비하는 자는 5실링을 상실하는 것이며, 5실링을 바닷물에 버린 것과 마찬가지이다."[103] 칼뱅도 이렇게 말했다. "우리는 일하기 위해 태어났다. 하나님은 우리가 이 세상에 살고 있는 동안 게으르기를 원하지 않는다. 왜냐하면 하나님은 인간들에게 손발을 주었고 산업을 주었기 때문이다."[104] "우리에게 할당된 짧은 삶의 시간을 볼 때 우리는 나태 속에 빈둥빈둥 지내는 것을 부끄러워해야 한다."[105]

칼뱅은 시간을 아껴 일할 것을 강조함과 동시에 검소하고 절약하는 삶을 강조했다. 칼뱅은 하나님은 우리에게 검소한 생활과 절제를 요구하며 무절제하고 사치스러운 생활을 금한다고 말했다.[106] 그는 성경에

102　Graham, 193.
103　Weber, 48-50.
104　Quoted in Bouwsma, 199.
105　Comm. Jn. 9:4.
106　Comm. 2 Cor. 8:15.

나오는 마리아와 마르다의 이야기에 대해 마르다의 잘못은 손님 접대를 위해 지나치게 준비한 것이었으며 "그리스도는 오히려 절약과 간소한 식사를 좋아했다"라고 말했다.[107]

요컨대, 칼뱅이 사유 재산 제도를 인정하고 상공업과 상공업상의 이윤과 사업 자금의 이자를 긍정적으로 평가하고 근면하고 검소한 삶을 강조한 것은 막스 베버가 말한 칼뱅주의자들의 가르침과 다르지 않으며, 이런 요소들이 자본주의의 발달에 큰 공헌을 했다고 할 수 있을 것이다.

루터는 세상적 왕국에 있어서 사유 재산 제도를 인정했지만, 자기 것을 자기만을 위해서 쓸 수 있다고 보지는 않았다. 루터는 가난한 자들은 제도적으로 보살펴져야 한다고 보았다. 루터는 "곤궁한 사람들을 돕고 섬기는 그리스도인의 사랑보다 하나님에 대한 더 큰 섬김은 없다."[108]라고 말했다. 또한 루터는 『독일 민족의 크리스천 귀족에게』에서 "그리스도인들 중에서는 아무도 구걸하러 가서는 안 된다. … 모든 도시는 그 도시의 가난한 자들을 부양해야 하며 그 도시가 너무 작으면 주위에 있는 촌락들에 있는 사람들이 기부금을 내도록 해야 한다"[109]라고 말했다. 루터가 서문을 쓴 바 있는 라이스니히의 조례에서는 걸인들의 구걸 행위를 금지했으며, 가난한 사람들은 당국에서 보살펴 주도록 했다.[110] 또한 가난한 아동들은 당국에서 교육시키도록 했다. "우리의 전

107　Comm. Lk. 10:38.

108　Luther, *Ordinance of a Common Chest: Preface*, LW 44:189.

109　Luther, *To the Christian Nobility of the German Nation Concerning the Reform of the Christian Estate*, LW 44:189.

110　*Fraternal Agreement on the Common Chest of the Entire Assembly at Leisnig*, LW 45:186 ff.

교구의 도시나 마을들에 있는 가난하고 버림받은 고아들은 그들이 일할 수 있고 자기들의 빵을 벌 때까지 관리들에 의해 공동 금고로부터 교육 및 물질적 필수품들을 제공받을 것이다."[111]

칼뱅은 사유 재산제는 신적 제도이긴 하지만 기금을 형성하여 곤란에 처한 사람들을 도와서 풍부한 사람도 없고 결핍한 사람도 없는 공동체를 만드는 것이 주님의 뜻이라고 가르쳤다. 칼뱅은 빈부의 격차를 인정했지만 우리의 재물을 가난한 사람들을 위해 사용해야 한다고 주장했다. 칼뱅은 이렇게 말했다.

> 하나님이 우리에게 선을 행할 기회를 주려고 하지 않았다면 왜 이 세상에 빈곤이 있게 했겠는가? 따라서 우리가 어떤 사람은 부하고 어떤 사람은 가난한 것을 볼 때 운명의 탓으로 돌리지 않는다. … 하나님이 인간의 용기를 시험하기 위해 이 세상의 덧없는 재물을 불공평하게 분배해 준다. … 만일 어떤 사람이 그의 도움을 필요로 하는 사람들에게 선행을 행한다면 … 이것은 좋은 증거이다.[112]

그래서 칼뱅은 우리의 도움을 필요로 하는 가난한 사람들은 하나님이 보낸 수납인이며, 우리가 그들에게 자선을 베푼 것을 하나님께 한 일로 간주해 준다고 말했다.[113] 칼뱅은 이렇게 말했다.

> 우리 주님이 우리 앞에 가난한 사람들을 둘 때 우리가 어떤 사람인지를 시

111　Ibid., *LW* 45:190.
112　Serm. Deut. 15:11-15.
113　Ibid.

험하고자 하며, 우리 안에 친절함이 있는지, 아니면 우리가 야수들처럼 잔인한지를 보고자 한 것이다. … 우리는 그들이 배고파서 부르짖을 때까지 기다리지 말아야 한다. … 우리는 각자가 이 사람이 곤궁한가, 하나님이 그를 우리 앞에 두었는가 하고 생각해 보아야 한다. … 하나님이 그의 수입을 거두기 위해 수납인 혹은 대리인들을 보냈기 때문이다.[114]

칼뱅은 일을 강조했지만 그것은 일을 위한 일이 아니었다. 칼뱅은 노동을 하나님의 은총에 대한 응답으로 보았기 때문에 공동체에 유익한 일, 이웃을 도와줄 수 있는 일을 해야 한다고 말했다. "삶의 어떤 형태도 인간 사회에 유익을 주는 것보다 하나님 앞에 더 찬양받을 만한 것이 없다"[115]라고 칼뱅은 말했다. 또한 칼뱅은 이렇게 말했다.

어떤 사람이 나는 일한다, 나는 직업을 가지고 있다, 나는 이런 사업을 한다고 말하는 것으로 충분하지 않다. … 우리는 그것이 공익에 좋고 유익한지, 그의 이웃들이 그것에 의해 도움을 받는지를 보아야 한다. … 하나님은 다만 전체 사회에 유익하고 이바지하며 모든 사람들에게 선을 보여 주는 직업들을 인정할 것이다.[116]

또한 노동이 하나님의 은총에 대한 응답이기 때문에 칼뱅은 일자리를 빼앗는 것보다 더 나쁜 일이 없다고 말했다. 그런 점에서 칼뱅은 제네바 시당국이 사업을 벌여서라도 실업자들에게 일자리를 마련해 주어야 한다고 권면했다.

---

114 Serm. Eph. 4:26-28.
115 Comm. Mt. 25:24.
116 Serm. Eph. 4:26-28.

칼뱅은 노동을 하나님의 은총에 대한 응답으로 봄으로써 임금을 하나님의 은총으로 보았다. 말하자면 노동이 은총에 대한 응답이기 때문에 임금은 노동의 대가로 받는 것이 아니라 하나님이 은총으로 주는 선물이 되는 것이다. 칼뱅은 고용자가 피고용자에게 임금을 지급할 때 하나님이 피고용자의 생명을 유지시키기 위해 부여한 것을 자기가 전달해 주는 데 지나지 않는다고 생각해야 한다고 가르쳤다. 고용자가 피고용자에게 정당한 임금을 지급하지 않을 때 그것은 피고용자의 몫을 약탈하는 일일 뿐만 아니라 하나님의 것을 약탈하는 행위라고 말했다. 칼뱅은 고용자들의 심리를 이렇게 묘사했다. "저 사람은 모든 것이 없으니 빵 한 덩이면 고용할 수 있을 것이다. 그는 먹기 바쁘니 내 말을 쉽게 들을 것이다. 내가 그에게 노임의 절반을 주어도 그는 만족할 것임이 틀림없다."[117] 칼뱅은 또한 악덕 고용주들을 향해 이렇게 말했다. "당신들을 위해 노력과 땀과 피를 바친 가난한 사람들이 정당하게 임금을 받지 못할 때 … 그들이 당신들에 대해 하나님께 복수를 구한다면 당신들이 피할 수 있도록 누가 당신들의 변호자와 옹호자가 되겠다고 나서겠는가?"[118]

칼뱅은 사업 자금에 대한 적정한 이자를 인정했지만, 고리 대금이나 가난한 사람이 빌리는 소비 자금에 대한 이자는 금지했다.[119]

그리고 1559년에는 제네바 아카데미가 세워졌으며 교사들의 봉급을 시가 담당함으로써 가난한 학생들에게 수업료를 받지 않게 했다.

칼뱅은 교회에 집사 제도를 둠으로써 집사들을 중심으로 불우한 자

---

117   Serm. Deut. 24:14-18.
118   Quoted in Graham, 86.
119   Cf. ibid., 92.

들을 위해 물질을 거두고, 병자를 간호하고 불우한 자들을 위한 구제 활동을 하는 등 복지 활동을 하도록 했다.[120] 중세에는 deacon이 부제였으나 칼뱅은 deacon의 역할을 사제 보좌의 역할이 아니라 사회사업가의 역할을 하도록 했으며 칼뱅은 이것은 성서적 의미의 deacon을 회복하는 것이라고 생각했다.

칼뱅은 이렇게 교회에 집사 제도를 두었을 뿐만 아니라 교회 헌금은 초대 교회의 관례에 따라 4등분해야 한다고 주장했다.

> 교회법들에는 교회의 수입을 네 부분으로 나누었는데, 하나는 교직자를 위해, 하나는 가난한 자들을 위해, 하나는 교회 및 다른 건물들의 보수를 위해, 하나는 가난한 나그네나 가난한 본토민들을 위해서였다.
> 다른 교회법들은 마지막 것을 감독에게 할당했는데 이것은 내가 방금 말한 구분과 다르지 않다. 왜냐하면 그 법들이 그것을 감독 혼자 다 쓰거나 자기가 좋아하는 자에게 다 주거나 할 수 있는 감독의 사적 수입이라고 보지 않기 때문이다.[121]

그래서 칼뱅은 교회 수입의 "적어도 절반"은 가난한 자의 몫이 되어야 한다고 주장했다.[122] 여기서 칼뱅이 "적어도"라는 표현을 쓴 것은 초대 교회에서는 재난 때문에 긴급한 구제가 필요한 때는 그 절반 이외에도 교회의 기물을 팔아서 구제했기 때문이었다. 칼뱅은 초대 교회의 아카키우스 감독은 기근으로 많은 사람들이 굶주리고 있을 때 성직자들

---

120   CO 10a:23.
121   Inst. 4.4.7
122   Inst. 4.5.16.

을 모아 놓고 "우리 하나님은 먹지도 마시지도 않기 때문에 잔이나 컵이 필요 없습니다"라고 말하고 교회의 그릇들을 녹여 팔아서 굶주린 사람들에게 양식을 사 준 예를 들고 있으며, 또 암브로시우스가 교회의 거룩한 그릇들을 녹여 팔아서 가난한 사람들을 도와주는 것을 아리우스파에서 보고 비난했을 때 암브로시우스는 "교회가 금을 가진 것은 간직하기 위한 것이 아니라 어려운 사람들을 도와주기 위한 것"이라고 대답한 것을 예로 들었다.[123] 이어서 칼뱅은 암브로시우스의 말을 인용하면서 "교회가 가진 것은 무엇이나 곤궁한 자들을 도와주기 위한 것이다"[124]라고 말했다.

제네바에는 구빈원이 있었다. 이 구빈원에서는 고아들을 맡아 양육하고 교육했으며, 가족들이 돌볼 수 없는 신체장애자들을 돌보았으며, 가난한 가정들에 매주 빵을 공급했다. 집사가 구빈원 원장직을 맡아 교회 헌금 외에도 시당국이 배정해 주는 예산, 벌금, 기부금, 자선을 위해 헌납된 물건을 판매한 대금 등의 수입원으로 구제 활동을 해 나갔다. 또한 제네바로 들어오는 피난민들이 증가하자 별도의 자선 기관들을 만들어야 했다. 그 중에 가장 큰 것은 프랑스 기금(Bourse française)이었다. 이것은 프랑스에서 온 피난민 공동체 중 가난한 사람들에게 주로 헌금을 주는 형식을 취했다. 이런 기관들도 집사들이 맡았다.[125]

칼뱅은 시당국이 구빈원을 세워 가난한 사람들을 도와주는 것 이외에 실업자들에게 일자리를 마련해 주고 일자리가 없을 때는 새로운 사

---

123 Inst. 4.4.8.
124 Inst. 4.4.8.
125 Robert M. Kingdon, "The Calvinist Reformation in Geneva," *The Cambridge History of Christianity*, Vol. 6, ed. R. Po-Chia Hsia (New York: Cambridge University Press, 2007), 96.

업을 벌여 일자리를 만들어 주어야 한다고 주장했다. 또한 시당국이 노동에 대한 임금이 정당하게 지불되고 있는지를 감독해야 하고 물품과 금전의 유통과정에도 개입하여 부당한 상행위가 없도록 해야 한다고 주장했다.

4. 결언

종교 개혁자들은 자유와 평등이 있는 사회를 지향했다. 그래서 그들은 민주정을 선호했다. 종교 개혁자들은 두 왕국, 또는 두 정부를 주장했다. 결국 그들은 교회와 국가를 구별했다. 교회가 할 일이 따로 있고 국가가 할 일이 따로 있다는 것이었다. 국가의 자율성을 주장한 것이다. 그러나 그들은 여기서 멈춘 것이 아니었다. 국가는 자율권을 가지지만 마음대로 할 수 있다고 보지 않았다. 국가는 때로는 성직자들의 비판을 경청해야 하며, 무엇보다 형평(equity)의 원리를 따라야 한다고 보았다. 여러 사람들이 상호 조언하고 견제해야 한다고 주장했다. 칼뱅 같은 종교 개혁자는 백성이 관리를 선거로 선출하고 관리는 법에 따라 통치하는 것이 가장 바람직한 정치 제도라고 주장했다. 루터는 제후들의 저항권을 주장했고, 칼뱅은 의회의 저항권을 주장했고, 익명의 칼뱅주의자는 민중 저항권을 주장했다.

종교 개혁자들은 자유로운 상업 활동을 긍정적으로 평가했다. 종교 개혁자들은 물품에 대한 공정 가격을 정할 것을 원했지만, 그것이 불가능할 경우 시장의 수요 공급의 원리에 따를 것을 추천했다. 그 대신 매점매석과 같은 불공정한 거래들을 강력히 비판했다.

종교 개혁자들은 당시에 나타난 일부 재세례파의 "공산주의적" 사상을 강하게 비판함과 동시에 많은 기금을 모아 가난한 자들을 보호하는 사회가 되기를 원했다. 루터나 칼뱅은 모든 사람들이 자기의 소명인 직업을 통해 이웃을 섬기기를 바랐지만, 신체장애자나 노약자나 가난한 사람들은 국가가 보호해 주어야 한다고 주장했다.

요컨대 종교 개혁자들은 자유와 평등과 형제애가 넘치는 사회를 지향했다.

논평

둘째날

"논평: 종교개혁의 사상에 담긴, 자유, 평등, 형제애"

이현숙 수녀
(마리아의 전교자 프란치스코회)

목사님의 논문을 통해 새로운 배움을 얻게 되었습니다. 논문과 관련해 가톨릭의 자료들을 찾아보면서 개인적으로 프란치스칸으로써 이 시대에 필요한 공부를 하는 기회가 되었습니다. 먼저 목사님의 논문을 정리 요약하고 그중 몇 가지 사안에 대한 논평과 질문을 이어가고자 합니다.

저자는 종교개혁가들(루터와 칼뱅)이 가졌던 자유, 평등, 형제애에 대한 사상이 어떻게 민주주의와 자본주의 발전에 이바지했는지 다각도에서 증명하였다. 우선 종교개혁가들에 대한 막스 베버의 생각을 두 주제(자유와 평등사상, 자유와 형제애)로 나누어 설명하고, 이에 대한 후대 개신교 학자들의 비판적 질문과 성찰을 소개하고, 여기에서 쟁점이 되는 사안은 루터와 칼뱅의 글 인용을 통하여 그 진위를 밝혔다.

1. 종교개혁가들의 자유와 평등사상이
    민주주의 발전에 공헌한 점

1) 루터가 실제로 선호한 정치제도는 군주정이었고 민주주의가 안정성과 일관성이 없음을 들어 비판했다. 그럼에도 불구하고 그가 민주주의 발전에 공헌한 점은 다음 세 가지 이유 때문이다. 첫째. 군주의 폭정에 저항할 귀족들의 권리에 대한 인정 (그러나 민중의 저항 권리는 인정하지 않았다); 둘째. '만민 사제설'을 통해 교회 안의 영적 계급(교황, 주교, 사제)을 부정하고, 그리스도인의 평등과 자유를 주장함으로써 개인의 인권 옹호; 셋째. 교권 정치를 분리함으로써 근대의 정치 발전에 한 기여이다.

2) 칼뱅은 전통적으로 근대 민주주의 주창자로 여겨졌다. 근대 민주주의가 일찍 발전한 국가들(영국, 스코틀랜드, 스위스, 미국)이 대체로 그의 사상을 따르던 칼뱅주의자들이었기 때문이다. 그러나 오늘날 학자들은 칼뱅의 사상과 근대 민주주의의 발전을 직접 연결하기는 무리가 있지만, 그가 민주주의 발전에 잠재적 근거를 제공했음은 대체로 인정한다. 칼뱅은 루터의 교권과 속권의 분리를 계승하고, 평등과 자유 사상을 더욱 발전시켰다. 사실 그는 귀족정과 민주정을 혼합한 형태의 공화주의를 탁월한 정부 형태로 선호하고, 시민들이 관리를 선출하는 것을 이상적으로 보았으며 독재자에 대한 관리들의 저항권을 인정하였다. 이로써 현대 대의 민주주의와 가까운 민권을 강화하고 정치가 민주주의적 방향으로 나아가게 하는 데 이바지했다. 칼뱅은 루터와 다르게 종교 문제에서 올바른 신앙을 방해하는 교권에 대한 개인의 저항권을 인정했고, 후기 칼뱅주의 익명의 저자는 민중이 폭군에 대한 저항권까지도 인정했다.

2. 종교개혁가들의 자유와 형제애가
자본주의적 복지사회 발전에 이바지한 점

1) 루터는 직업 소명설과 사유재산권을 인정하였고 상업이 기독교 정신에 따라 이루어져야 한다고 보았다. 루터는 사유재산권의 근거를 성경에서 찾았다. 즉 소유한 것을 가난한 이들과 나누라는 예수의 명령은 이미 사유재산이 인정된 것이라고 한다. 이로써 재세례파들이 주장하던 공산주의적 공유재산제도를 비판했다. 그의 직업 소명설은 새로운 직업의 경제적 가능성까지 이르지 못했는데 그 이유는 그가 영적이며 좁은 의미의 교회적 혁명에 몰두했으며, 사회 경제 구조와 제도에 대해서는 무관심했고 상업보다 농업을 중시했기 때문이다. 그러나 그는 당시 잘못된 상업적 관행-공정하지 못한 가격-에 대해 비판하였고, 로마법의 공정가격 개념(중세 스콜라 신학자들로 이어진)을 기초한 공정한 거래를 주장했다. 상품의 독점을 비판하였고 이자를 받는 것을 전적으로 금지했지만, 법에 따라 이자를 받고 빌려주는 것은 인정하였다.

2) 칼뱅은 자신의 직업에 충실한 것은 하나님께 대한 충실함으로 보았으며, 이를 통해 근대 직업에 대한 개념 형성에 이바지했다는 평가를 받는다. 그의 예정설은 하느님께 선택받은 자라는 확증을 얻기 위해 금욕적 노동에 대한 충실성과 근면 검소 절약에 기초한 윤리관을 형성하였고, 여기서 축적된 자본을 통해 자본주의가 태동하였다. 베버는 칼뱅의 금욕주의적 삶의 태도가 중세 프란치스칸 삼회 회원들의 금욕정신에서 영향을 받았다고 본다. 개신교 후대 학자들은 이상의 베버 평가, 즉 칼뱅이 사유재산 제도를 인정하고 상공업과 상공업상 이윤과 사업자금의 이자를 긍정적으로 평가하고 근면하고 검소한 삶이 자본주의 발달에 큰 공헌을 했다는 주장에는 동의한다. 그러나 비판적 입장도

취한다. 첫째, 칼뱅주의에서 직업은 단순히 부의 창출을 위한 것이었다기보다는, 하나님의 공익을 위한 봉사였으며 그것이 영혼과 육체에 얼마나 유익한지를 고려했다, 둘째, 예정론이 인간에게 불안과 공포를 주어 금욕적 노동에 몰두하게 한 것이 아니라 오히려 사람들에게 위로가 되었다. 셋째, 칼뱅주의가 합리적 자본 축적과 경제적 성공을 자극하고 자본주의의 근거를 제공하였지만 이를 무조건 수용하지는 않았다. 그 예로 루터는 기부금을 모아서, 당국에서 제도적으로 가난한 이들을 보살펴야 한다고 말했고 칼뱅 역시 기금을 형성하여 곤란에 처한 사람들을 도와야 한다고 했다. 칼뱅은 교회가 가진 것은 가난한 이를 돕기 위한 것이며, 부제(집사)는 사제의 보조가 아닌 성경의 사회사업가 역할을 회복해야 하며 이를 통해 구제 활동, 복지 활동을 해야 한다고 했다. 실제로 제네바에 있던 구빈원은 고아, 신체 장애자, 피난민, 실업자에게 일자리를 마련하고, 새로운 사업을 벌여 일자리를 창출하였다. 결론적으로 직업과 노동에 대한 강조는 하나님의 은총에 대한 응답으로 공동체에 유익한 일, 이웃을 돕는 일이어야 한다는 점이다. 그리고 일자리를 뺏는 것은 노동의 대가로 받은 임금은 하느님 은총(노동)에 대한 선물로 노동자의 생명 유지를 위한 것이기에 반대하였다. 적절한 이자는 인정했지만, 고리대금, 가난한 이들이 빌리는 소비대금에는 이자를 금지했다. 특별히 시 당국이 노동의 대가인 정당한 임금을 감독하고, 물품과 금전 유통에 개입하여 부당하게 이루어지는 상행위를 감시할 필요가 있다고 했다. 비록 교권과 속권을 구별하고 국가의 자율권을 인정하였으나 성직자 비판을 경청하고 무엇보다 형평의 원리를 따라야 한다고 보았다. 저자는 칼뱅의 생각이 오늘날 글로벌 금융위기의 시점에서 그리스도인들이 숙고해야 할 점임을 환기한다.

이상에서 본 저자의 발제문 내용 중에서 다음 세 가지 부분에 대해 논평을 하고자 한다.

논평1. 저자는 논문 3쪽에서 종교개혁자들이 평등과 자유에 기초한 '만민 사제설', 불의한 권력에 대한 귀족 혹은 관료의 독재자에 대한 저항권, 그리고 교권과 속권의 분리를 통한 민주주의 발전의 잠재적 가능성을 제공했다고 하였다. 그러나 당시 종교개혁가들이 이상적으로 생각하던 정치 형태는 가톨릭의 신학자들에게서 발견된다. 13세기 성 토마스 아퀴나스와 맥을 같이하고 있다('신학총서' I-II, Q. 105, a. 1.). 즉 최상의 이상적 정치 형태는 한 사람의 지도자를 가지는 부분적인 왕정, 부분적으로 구성원들이 권위를 나누는 귀족정이라고 보았다. 독재자를 막기 위해 최고의 권력은 귀족정에 의해 견제되어야 하며, 지도자를 선택할 권리를 가진 이들에 의해 선출되는 것이 이상적이다. 여기에서 한 걸음 더 나아가 16세기 프란치스코 데 빅토리아(루터와 동시대인)는 왕의 권위는 자신에게 속한 것이 아니라, 신으로부터 받은 국민에게 있으며, 국민이 그 권위를 왕에게 부여한다고 말했다.[1] 반면 종교개혁자들은 잘못된 정치 권력, 특히 종교권위에 대한 저항권의 인정은 로마 가톨릭 교회와 다르지만, 만민 사제설은 제2차 바티칸 공의회 이후 평신도들 삼중직무(일반사제직, 왕직, 예언직)의 인정과 성직 중심의 분권 가능성에 영향을 주었다고 볼 수 있다.

논평2: 저자는 논문 9쪽에서 루터의 공정한 가격은 로마법의 개념 그

---

[1] 참조: https://www.catholiceducation.org/en/culture/catholic-contributions/the-influence-of-christianity-on-modern-democracy-equality-and-freedom.html#footnote16

리고 루터 이전의 스콜라 신학자들의 생각이었음을 언급하였다. 그런데 오늘날 프란치스칸 학자들은 여기에서 한 걸음 더 나아가 막스 베버(Max Weber)의 견해, 즉 자본주의 정신이 개혁 시대 칼뱅주의에서 비롯된 것이라는 점에 근본적인 수정이 필요함을 주장한다.[2] 그 이유는 중세 가톨릭 교회가 비록 경제 자유주의를 부정적으로 비판하였지만, 프란치스칸 사상가들은 그 당시 이미 현대 자본주의 이론과 실천에 대한 신학적 및 교회적 기원을 말했고 삶을 통해 실천했기 때문이다.[3] 예를 들

---

2 이탈리아 주교회의 신문 "Avvenire" 2003년 8월 7일.

3 참조: https://chiesa.espresso.repubblica.it/articolo/6975%26eng%3Dy.html "The Church and Free Markets - Capitalism? Saint Francis Invented That" Giovanni Cicarelli는 그의 책 "게임과 죄악"(일 물리노 2002)에서 1200년대 이후 프란치스칸 신자들이 '운명적인 게임'을 위험에 기반한 계약으로 재정의하였으며, 중세 프란치스칸 경제학에 공헌한 학자들을 다음과 같이 소개한다.

  - 피에트로 디 조반니 올리비(Pietro Di Giovanni Olivi): 그는 자신의 "Tractatus de emptione et venditione, de contractibus usurariis et restitutionibus"("거래, 대출 및 상환에 관한 논문")에서 돈을 빌려줄 때 이자를 부과할 수 있다는 로마법의 '이자' 개념을 따른다. 즉 어떤 금액의 돈을 빌린다고 할 때 그 돈이 생산 활동의 목적으로 통합되거나 통합될 수 있는지에 따라 이자를 받을 수 있다고 하였다.

  - 존 둔스 스코투스(John Duns Scotus)는 특정 자산의 경제적 가치 형성의 측면에서 이자를 받는 것을 이해했고 이자에 대한 교회의 지속적인 탄핵을 반대하고, 상인이 적당한 보상을 받아야 함을 주장했다. 상인이 유용한 상품을 한 곳에서 다른 곳으로 운송하거나 보존하거나 개선하거나 공평한 가치와 가격을 올바르게 평가 함으로써 사람들을 도울 수 있기 때문이다. 후기 스코투스 사상은 신용과 금융 거래에도 관심을 가졌다.

  - 알렉산드로 디 알렉산드리아(Alessandro di Alessandria)는 화폐 교환 활동과 관련하여 화폐 거래에서 얻는 이익은 상인들의 노력에 대한 대가로 이는 이자가 아니라고 하였다. 그리고 화폐 교환의 기술이 "상거래를 위해 다양한 장소를 여행하는 사람들에게 필수적이며, 사회생활을 가능하게 한다"고 말했다. 이후 프란치스칸 신학자 아스티의 아르테사노(Artesano di Asti)와 오도네의 제라르도(Gerardo di Odone)는 화폐 교환에 대한 알렉산드로의 가르침과 올리비의 화폐 자본의 생산성에 관한 이론을 기록에 남겼다. 이러한 생각들은 경제, 돈 및 무역 윤리에 관심을 가진 다수의 학자에게 주목받았다. 이들 중 성 베르나르디노 다 시에나(St. Bernardino da Siena), 성 안토니오 다 피렌체(St. Antonino da Firenze), 레오나르도 피보나치(Leonardo Fibonacci) 및 니콜라 오레즈메(Nicola Oresme) 등이 있다.

  - 레이몬드 드 로버(Raymond de Roover): "중세의 위대한 두 사상가: 성 베르나르디노 다 시에나와 성 안토니노 다 피렌체"라는 책에서 성 안토니오의 "Summa Theologica"에서

면 프란치스칸 삼회 회원들은 자발적인 가난이라는 정신을 통해 재화의 소유가 자연적이고 보편적인 인간의 욕망임을 인정했고, 재물의 나눔과 이자, 계약 주체와 상호주체적 계약에 중점을 둔 경제 이론을 이미 실행하고 있었으며 프란치스칸 학자들은 이를 학문적으로 설명한 바 있다.

논평3: 저자는 서문에서 말하기를, 막스 베버가 종교개혁자들의 금욕주의 사상은 자본주의 발달에 공헌했으며 그 기원을 프란치스코 성인이 자신이 창립한 삼회 회원들에게 가르친 세상 속에서의 금욕적 삶에 둔다고 하였다. 그런데 여기서 주목할 점은 프란치스칸 금욕적 삶은 칼뱅의 예정론과 결이 다르다는 것이다. 프란치스칸 금욕은 하느님의 무상성에 대한 감탄과 가난의 선택, 즉 거저 받은 모든 것을 하느님의 선

제시한 아이디어 대부분이 성 베르나르디노의 글에서 가져온 것임을 입증하였고, 베르나르디노는 프란치스칸인 피에트로 디 조반니 올리비(Pietro di Giovanni Olivi)의 가르침에서 영향을 받았다고 말한다. 결론적으로 창의적인 프란치스칸 삼회 회원들의 경제활동은 후기 스콜라 학파들에 의해 학문적으로 연구되었고, 스코틀랜드 계몽 철학에 영향을 주었고, 오늘날 오스트리아 경제학 학파(Austrian school of economics)로 이어진다.

- 오레스테 바지키(Oreste Bazzichi)는 "자본주의의 뿌리: 중세와 경제"라는 책에서 "아마도 개혁에 가장 큰 영향을 받은 국가들에서 개혁주의 윤리가 자본주의의 주동력이 되었을 것"이라고 말한다. 그러나 그 기원은 중세로 거슬러 올라간다. 종교개혁시대와 현대 모든 비즈니스 관행과 경제 이론은 중세 말기, 마지막 4세기 프란치스칸 사상에서 기원한다. "임대 계약서부터 교환 서한에 이르기까지, 은행 수표부터 교환 서류와 어음에 이르기까지, 신용의 주요 형태와 기술부터 은행 활동 자체 등" 다양한 기원을 가진다. 그리고 프란치스칸 학파는 이에 대한 풍부한 유산과 아이디어를 남겼다(시장 경제의 사회적 가치, 빚의 상환, 돈의 생산성, 경제적 가치, 공정한 가격, 교환 및 할인... 등). 프란치스칸 삼회 회원들은 도시에서 활발한 생활 활동과 접촉했으며, 상업 중산층이 확립된 시대에, 복잡하고 근면한 도시 생활을 통해 그리스도교 윤리와 일상의 삶을 통합하는 프로젝트를 완성했다.

- Alejandro A. Chafuen은 살라만카 신학자들의 경제 학파들에 대해 매우 흥미로운 글을 썼다. 그리고 최근에는 신학과 기독교 사회 교육에 대한 연구자인 오레스테 바지키가 중세 말기 프란치스칸 신학자들의 경제 이론에 관해 쓴 책을 출판했다.

을 위해 되돌려 드린다는 삶의 태도에서 비롯된다. 이는 종교의 수덕적 삶이 아니고, 스토아적 금욕주의는 더더욱 아니며, 예정론에 기초한 금욕적인 삶과도 구별된다. 그러나 다른 한편에서 비록 출발점은 다르지만, 하느님이 주신 재물을 다른 이에게도 나누어야 한다는 점은 프란치스칸 형제애 실천과 일맥상통하는 면이 있다. 바로 이 점은 그리스도인으로서 개신교와 가톨릭이 힘을 모아 신자유주의 시대의 문제점을 개선하기 위해 함께 노력해야 하는 근거라고 생각한다. 그 방향은 평등과 자유가 형제애를 통해 완성된다는 관점의 구체화라고 생각한다. 예를 들면 80년대 독일에서는 오늘날 자유와 평등의 영역이 법률로 보장되었지만, 형제애는 아직 정치적 테두리에 들어가지 못하고, 종교적 선행, 혹은 일반적인 선행이라는 경계에 남겨져 있음을 (2017) 지적하고, 형제애 역시도 법적 효력을 갖추어야 함을 주장 하였다.[4] 그리고 프랑스 최고 판결 기관인 프랑스 헌법 재판의 결정 중에 명시적으로 "형제애의 원칙"을 언급하였고(2018), 교황 프란치스코 역시 오늘날 형제애의 관점에서 평등과 자유의 권리 의무를 다루어야 함을 강조하고 있다. 그 이유는 형제애의 추구가 단순한 동료적 사고를 넘어서며("모든 형제들" 105항), "자유와 평등을 향상하기"("모든 형제들" 103항) 때문이다.

질문1: 저자는 논평 2, 즉 현대 프란치스칸 학자들의 주장, 즉 루터와 칼뱅에 의해 자본주의가 시작되었다는 주장과 반박에 대해 어떻게 생각

---

4 참고: Frankfurt, Harry (1987). 'Equality as a Moral Ideal'. Ethics, 98.

하시는지요?

질문2: 저자는 논문 12쪽에서 언급한 내용, 후대 학자들이 칼뱅이 자본 축적과 경제적 성공을 자극했다는 막스 베버에 대한 비판을 인용하면서 종교개혁가들이 자본주의의 근거를 제공했지만, 자본주의를 무조건 수용한 것은 아니라고 하면서 이는 2007년 금융위기를 겪고 난 오늘날 그리스도인들이 성찰해야 할 내용이라고 말씀하셨습니다. 이 지점은 부의 양극화를 심화하는 신자유주의 경제와 이를 지지하는 정치가들에게도 해당한다고 봅니다. 그러면 이러한 칼뱅의 생각이 현재 개신교 자본주의 경제학에 어떤 영향을 주고 있는지요?

셋째날

작은형제회가 프랑스 사회에 미친 영향
(13세기-19세기)

피에르 모라찌니
파리 프란치스칸 학교

친애하는 한국의 형제자매 여러분, 여러분이 저를 여기 서울에 초대하신 이유는 저로부터 프란치스칸 정신과 운동(franciscanisme)이 프랑스 사회에 미친 영향에 대해 듣기 위해서입니다. 여러분의 요청은 정당합니다. 왜냐하면 1223년 교황님이 회칙을 날인하고 승인하셨을 때 작은 형제들은 이미 프랑스에 존재하고 있었으며, 그로부터 8세기가 지난 지금도 여전히 프랑스에 존재하고 있기 때문입니다. 따라서 작은 형제회의 정착이 지난 8세기 동안 우리나라에 어떤 영향을 미쳐왔는지 자문하는 것은 타당합니다. 게다가 전 세계에 퍼진 '자유, 평등, 형제애'라는 우리의 국가적 표어는 작은 형제회의 카리스마와 관련이 있는 것 같습니다. 왜냐하면, 평등과 그리고 특히 형제애는 프란치스코 회칙의 핵심이기 때문입니다.

그렇지만 여러분이 저에게 제시하신 주제는 복잡하고 역사가들이 전혀 다루어본 적이 없는 것입니다. 중세 사회는 "그리스도교 세계"라는 용어로 정의될 정도이고, 사실 '그리스도교'가 프랑스 사회에 강력한 영향을 미쳤다는 사실에는 아무도 이의를 제기하지 않습니다. 비록 이제는 그리스도교인이 우리나라에서 매우 소수에 불과하다고 할지라도, 우리 프랑스 문화의 뿌리는 오늘날도 여전히 '그리스도교적'이라는 것을 부인하는 사람은 아무도 없습니다. (또는 거의 없습니다.) 그러나 이러한 영향에서 정확하게 '프란치스칸'의 영향만을 분리해내는 것은 훨씬 더 어렵습니다.

조금 후에 언급할 루이(루도비코) 성왕(聖王)의 예를 들어보겠습니다. 그는 허리에 수도복 띠를 매고 있다고 해서 "코르들리에"(cordeliers; 밧줄을 두른 사람들)라고 불리던 프란치스칸들과 실제로 매우 가까이 지냈습니다. 그는 프란치스칸들을 자문위원으로 두었고 그들의 영향을 받았습니다. 하지만 루이 성왕은 시토회와 도미니코회의 수도자들과도 가까웠습니다. [도미니코회는 프랑스에서 자코뱅(Jacobins)이라고 불리는데, 그 명칭은 생 자크(Saint-Jacques) 거리에 위치했던 파리 최초의 도미니코회 수도원의 이름에서 유래한 것입니다.] 그러므로 루이 성왕의 행동에서 어떤 것이 정확히 작은 형제회의 영향에서 비롯된 것인지를 분명히 규정짓기는 어렵습니다.[1]

이러한 어려움에도 불구하고 저에게 던져진 도전을 여러분과 함께 나누고 싶습니다.

우선 제가 "프랑스의 역설"이라고 부르는 것, 다시 말해 외적으로는 일치하는 데도 불구하고, 프랑스 대혁명 당시 우리의 국가적 표어와 프란치스칸 "가치"가 서로 수렴/일치되지 않았다는 사실을 거론하는 것으로부터 시작하겠습니다. 그 다음으로는, 프란치스코회의 운동이 프랑스 사회에 미친 영향을 판별할 수 있는 중요한 세 순간을 다루겠습니다. 1) 형제들이 프랑스에 도착했을 때. 그들이 루이 9세와 그의 여동생 이사벨에게 미친 영향 2) 17세기 작은 형제회의 개혁 때 그들의 영향: 프랑스의 카푸친회, 묵상 기도(oraison mentale) 및 페스트 환자 돌보기 3) 기원부터 사회 가톨릭(운동) 시대까지 제3회(또는 재속 제3회) 회원들을 통해 끼친 그들의 영향력.

---

[1] 여기에서 즉시 중요한 점을 지적해 보고자 합니다. 성왕 루이는 오늘날 (헝가리의 성녀 엘리사벳처럼) 제3회(TIERS-ORDRE)의 주보성인으로 여겨지고 있습니다. 루이 성왕은 작은 형제회와 매우 가까웠지만, 우리가 곧 보게 되듯이, 그 자신은 결코 진정한 의미에서의 제3회원은 아니었습니다.

1. 프랑스의 역설

프랑스의 유명한 국가 표어인 '자유, 평등, 형제애'가 확산된 것은 1789년에 시작된 프랑스 대혁명의 중심에서였습니다. 그러나 실제로 이 표현이 공식적으로 채택된 것은 1848년 11월 4일 헌법에 의해서였고, 거기에 다음과 같이 쓰여 있습니다. "프랑스 공화국은 자유, 평등, 형제애를 원칙으로 한다."(헌법 제4조)

1996년 9월 22일, 교황 요한 바오로 2세는 랭스에서 클로비스 왕 세례(496년경) 1500주년 기념식을 한 후에 프랑스를 떠나면서 우리나라와 우리나라의 표어에 경의를 표했습니다. "총리님, 당신을 통하여, 나는 모든 프랑스 국민에게 인사를 전하며, 형제적 일치 속에서 프랑스의 번영을 열렬히 기원합니다. 여러분의 나라가 (다른 나라에 대해) 계속 환대적으로 대하고, 계속해서 여러분의 문화를 공유하며, 여러분이 세계에 내세웠던 자유, 평등, 형제애의 이상을 끊임없이 발전시키는 데 기여하시기를 바랍니다."

따라서 이 표어는 오늘날 가톨릭 교회와 프랑스 공화국이 평화롭게 함께 자리하며 대화할 수 있게 해주는 바탕입니다.

그렇지만 출발부터 엄청난 급진성을 보여주었던 프랑스 대혁명은 급속히 교회에 반대하고 가톨릭 신자들을 박해하기까지 했습니다. 모든 수도회가 철폐되었고, 혁명 정부는 프랑스 교회를 국가에 종속시키는 "성직자 기본법"(1790년)을 프랑스 가톨릭 신자들에게 강요하려고 하였습니다. 이러한 이유로 로마(교황청)는 이 법을 받아들이지 않았습니다. 교회 전체가 (사제들뿐 아니라 일반 신자들도) 이러한 반종교적 조치에 저항했으며, 일부는 이러한 저항에 대한 대가를 목숨으로 치렀습니다. (프랑스 서부 지방의) 방데에서는 왕족과 가톨릭교를 수호하기 위해 주민들이 결집하였습니다. 그 당시 이 지역에 무자비한 탄압이 행해져 수십만 명이 사망했습니다. (이 탄압과 관련하여 "대량 학살"이라는 단어가 종종 사용됩니다.)

철폐된 수도회 중에는 우리나라에 정착한 프란치스코회의 모든 분파가 있었습니다: 코르들리에, 레콜레(récollets), 카푸친, 정규 제3회(tertiaires réguliers), 꼴레따 글라라회(clarisses colettines), 아베 마리아의 글라라회(clarisses de l'Ave Maria), 도시의 글라라회(clarisses urbanistes), 수태고지 수녀회(annonciades). 수천 개의 남녀 수도원이 폐쇄되고 수사와 수녀들이 흩어졌습니다.

대혁명 중에 형제자매들이 순교했고, 그 후에 몇몇은 시복되었습니다. 파리 코르들리에의 대수도원을 마지막까지 지켰던 로렌 사람 장 프랑수아 부르테(Lorraine Jean-François Burté)는 감옥으로 개조된 가르멜 수녀원에서 1792년 9월 2일 일어난 학살에 희생되었고, 1926년 시복되었습니다.

그러나 프란치스코와 클라라의 형제자매들은 그들의 회칙 상, 당시 혁명가들이 채택한 표어인 자유, 평등, 형제애 정신에 대해 아마 가장 찬성/동의하고 있는 사람들이었을 것입니다. 게다가 흥미롭게도, 혁명 때 시민 대표들이 처음으로 그 표어를 사용하고(1791년 5월) 그때부터 프랑스 병사들이 마음속에 그 표어를 간직하기로 결정한 곳은, 그들이 혁명가 클럽으로 사용하던 옛 파리 코르들리에 대수도원이었습니다. 즉, 프란치스코회의 장소였습니다.[2]

게다가 우리는 이 표어의 세 번째 용어인 형제애가 자신을 프란치스칸으로 인정하는 모든 이들에게 얼마나 소중한지 알고 있습니다. 테

2　모나 오주프, "자유, 평등, 형제애" Pierre Nora의 「기억의 장소들 3」 중에서, 파리, 갈리마르, 1997, 4357쪽.

오필 데보네(Théophile Desbonnets, 1923-1988)에 따르면, "형제"는 프란치스코회 자료 전체에서 가장 많이 사용되는 단어입니다.(250,000회 이상 사용되었습니다!)

구체적으로, 아베 마리아의 글라라 공동체는 혁명 파리의 중심부이며 혁명의 메카인 바스티유 광장과 매우 가까운 곳에 1792년 8월까지 존속했으며, 그들은 일상생활에서 평등과 형제애를 실천했습니다. 50명 정도의 수녀들은 그곳에서 실제로 엄격하게 평등한 지위를 누리며 살았습니다. 그들 중에 '보조 수녀들'(=가사일과 허드렛일을 하는 하인 수녀, soeurs converses)이 있었던 적이 한 번도 없었고 그들은 회칙이 요구하는 형제애 속에서 살았습니다. 가장 나이가 많은 수녀들을 제외한 모든 수녀들은 수녀원 생활에서 끊임없이 요구되는 크고 작은 일들을 분담했습니다. 문헌들에서 그러한 사실들이 밝혀졌습니다.

그렇지만 프란치스코회의 모든 수도자들과 회원들처럼, 글라라회의 이 수녀들도 혁명가들의 마음에 들지 않았습니다. 1791년 9월 그들의 교회는 대중에게 문을 닫았고 수도원은 폐쇄되고 수녀들은 뿔뿔이 흩어졌습니다.

왜일까요?
왜 프란치스칸 운동, 즉 그리스도인들 중에서 프랑스 혁명의 정신에 가장 가까운 것처럼 보이는 프란치스코회와 프랑스 혁명 사이에 그런 몰이해와 그런 무시와 그런 결별이 생겨났을까요?

이 역설, 이 수수께끼에 대해 몇 가지 설명을 제시할 수 있습니다.

우선 프란치스칸 운동의 발전에 내부적 원인이 있다고 설명할 수 있습니다. 저는 방금 파리의 아베 마리아회와 그들이 모든 수녀들 사이에 엄격한 평등을 실천하고 있었다는 것에 대해 언급했습니다. 그런데 파리의 아베 마리아회는 성 글라라 수도원들 가운데서는 상당히 비주류였습니다. 대다수의 경우, 남녀 프란치스칸 공동체는 다른 수도회를 모방하여, 다음의 두 범주로 수도자들을 구별했습니다.

- 사회 상류층 출신으로 기도에 전념하는 "가대(歌隊)" 수사, 수녀.
- 위계 수도자들에게 봉사하며 수도원에서 육체노동이나 가사 노동을 수행하는 "보조 수사", "보조 수녀"

따라서 18세기 말 대부분의 프란치스코 공동체에서는 수도자들 사이의 지위가 평등하지 않았으며, 이는 필연적으로 형제적 생활에 영향을 미쳤습니다.

이러한 발전은 평등뿐만 아니라 청빈에도 영향을 미쳤으며 아씨시의 성 프란치스코의 본질적 메시지를 흐리게 할 수 있었습니다. 이런 발전은 오래된 것이었고 프란치스칸 정신에서 벗어난 것이었기에 이러한 빗나감에 반대하여 다양한 수도회 쇄신 운동이 일어나게 되었습니다.

다른 이유들은 수도 생활에 대한 "계몽 시대"인 18세기 사람들의 몰이해와 관련 있습니다. 당시의 엘리트들, 즉 학식 있고 권력을 지닌 사람들은 이신론(理神論) 철학자들, 심지어 종교인들을 경멸하고 조롱했던 볼테르나 디드로와 같은 무신론 철학자들의 영향을 많이 받았습니다. 예를 들어 볼테르에게 프란치스코회 형제(카푸친)는 고약한 악취를 풍기고 사회적으로 쓸모없다는 특징을 지닌 "건강한 게으름뱅이"일 뿐입니다. 일하지 않고 기부금으로 생활하는 수도자들은 사회의 기생충이라는 것입니다. 그런 의미에서 볼 때 프란치스코회의 수도자들은 계몽주의자들이 보기에는 최악의 종교인들이었습니다. 볼테르는 프란치스코회보다는 적어도 학자이자 지식인인 베네딕토회를 선호했습니다.

프랑스는 물론 유럽의 상당 지역에서, 18세기 사람들의 눈에는 아픈 사람들을 돌보거나 아이들을 가르치는 수도자들만이 계속 시민권을 가질 권리가 있었습니다.

이러한 계몽주의 이데올로기는 특히 엘리트들에게 영향을 미쳤고 (민중에게는 훨씬 영향을 덜 미쳤지만) 그래도 사회 전체에 영향을 끼쳤습니다.

작은 형제들은 무의식적으로 계몽주의의 영향을 받고 스스로를 "유용하게" 만들려고 노력했습니다. 예를 들어, 중세 시대에 숲 한가운데 외딴 곳에 은둔지로 세워졌던 수도원들은 18세기에 자체적으로 "강제의 집", 즉 감옥과 정신 병원으로 변모했습니다. 그때 그런 기관의 필요성이 대두했기 때문입니다.

1461년 보베(Beauvais) 지역의 클레르몽(Clermont) 근처에 있는 숲에 세워진 노트르담 드 라 가르드(Notre-Dame de la Garde) 수도원이 그러한 사례입니다.

프란치스코회의 다른 수도자들, 수사들과 수녀들은, 프랑스 북부의 투르쿠앙(Tourcoing)의 레콜레 개혁파 회원들(récollets)이나 (샹파뉴 지방의) 콩데앙브리(Condé-en-Brie)의 정규 수도3회 회원들처럼 어린이 교육에 헌신하기를 원했습니다. 물론 이러한 봉사는 주민들에게 좋은 평가를 받았지만, 프란치스코회의 카리스마에는 낯선 것이었습니다.

일부 수도자들은 자신들의 수도 생활을 계몽주의 정신에 맞추려고 노력하기도 했습니다. "모든 이를 위한 학교의 사도"이자 근대 교육학과 교회일치운동(에큐메니즘)의 선구자이자 "애국 수도승"으로 칭해졌던 스위스의 꼰벤뚜알 형제 그레구와르 지라르(Grégoire Girard)가 떠오릅니다.

시대정신에 순응하는 이러한 방식은 또한 일부 형제들의 생활 방식, 특히 복장과 머리 모양의 변화로 표현되었습니다. 그레구와르 지라르의 초상화를 랭스 미술관에 소장되어 있는 프랑스 카푸친회 총봉사자 에메 드 랑발(Aimé de Lamballe)의 초상화와 비교해볼 수 있습니다. 그러나 이 "애국 수도승들"은 매우 적은 수였고, 적어도 프랑스에서는 수도자들 전체에서 극소수에 불과했습니다. 요컨대, 이제 왜 프랑스 혁명가들이 프란치스칸 가족들이 당시 프랑스에서 보여주던 모습 속에서 아씨시의 성 프란치스코의 메시지를 알아볼 수 없었는지 그 이유를 이해할 수 있을 것입니다.

2. 성왕 루이(루도비코) 9세에게 미친 영향

이제 이 발표의 주요 목적, 즉 형제들의 도착부터 오늘날까지 프란치스칸 운동이 프랑스 사회에 미친 영향으로 넘어가겠습니다. 다시 말씀드립니다만, 그것은 역사가들이 거의 다루지 않은 방대한 주제인데, (이 주제를 다루도록) 저를 격려해 준 루피노 형제에게 감사드립니다. 프랑스에 프란치스코의 형제자매들이 존재했던 지난 8세기를 모두 고려하는 것은 분명히 불가능합니다. 그래서 저는 그들이 존재했던 시기 중에 핵심이 되는 세 순간을 선택했습니다. 그 첫 번째는 성왕 루이(루이 9세, 1214-1270)와 그의 여동생인 복자 이사벨(프랑스의 이자벨, 1225-1270)과 관련 있습니다.

하지만 그 전에 먼저 1217년부터 프란치스칸 형제들의 프랑스 도착에 대해 몇 마디 드리고 싶습니다.

2.1. 작은형제들의 프랑스 도착

우선, 프란치스코 성인이 프랑스에 오기를 꿈꾸었다는 사실을 잊지 맙시다. (프란치스코, François라는 이름은 '작은 프랑스 사람'을 의미합니다.) 초기 형제회의 형제들이 1217년의 돗자리 총회 때 아씨시에 모여 전 세계로 흩어지기로 결정했을 때, 프란치스코는 그들에게 다음과 같이 선언했습니다. "우리 주 예수 그리스도와 그분의 동정 어머니와 모든 성인들의 이름으로 나는 교회의 어떤 신자들보다도 더 그리스도의 몸을 공경하는 가톨릭 신자들이 살고 있는 프랑스 땅을 선택합니다"(『아씨시의 편집본』, 79[108a]).

프란치스코가 가고자 했던 프랑스는 당시 지금의 일드프랑스(Ile-de-France)³ 지역보다 간신히 조금 더 큰, 왕실 영토의 프랑스를 말합니다. 프란치스코는 자신이 프랑스를 선택한 이유를 다음과 같이 설명합니다. "이 나라는 가톨릭 신자들이 사는 나라이고, 특히 성 교회의 다른 가톨릭 신자들 가운데서도 그들은 '그리스도의 몸'에 큰 존경심을 보인다는 것이 저는 무척 마음에 듭니다. 그런 이유로 저는 더욱 기꺼이 그들과 함께 지낼 것입니다." 그 후의 이야기는 우리가 알고 있습니다. 프란치스코는 프랑스를 향해 출발해서 가는 길에 피렌체에서 친구인 우골리노 추기경을 만났는데, 그는 프란치스코가 알프스를 넘어가는 것을 금지했습니다. 그래서 프랑스에서 죽기를 바랐던 프란치스코는 자신의 바람을 이룰 수 없었습니다. "프란치스코는 프랑스가 그리스도의 몸을 사랑했기 때문에 프랑스를 사랑했고, 프랑스에서 나타난 거룩한 성사(saint Sacrement, 성체)에 대한 존경심 때문에 프랑스에서 죽기를 바랐습

---

3 번역자 주: 파리를 둘러싼 지역, 이른바 수도권에 해당.

니다."

프란치스코는 잘 알고 있었습니다. 실제로 13세기 초 프랑스인들은 '주님의 몸과 피'에 대한 강렬한 열정을 보여주었습니다. 특히 그들은 성체와 성작을 보기를 원했습니다. 그래서 파리의 주교 외드 드 쉴리(Eudes de Sully)는 그들을 위해 (성체와 성혈) 축성 후에 거양성체(élévation) 예식을 새로이 제정했습니다. 더욱이 프랑스에서 "거룩한 보관소", (즉 감실) 앞에 등불을 놓는 관습이 보편화된 것도 이 시기였습니다. 프란치스코는 "그리스도의 몸을 사랑하는" 이러한 프랑스에 대해서 친밀함을 느낄 수밖에 없었습니다. (참조: 권고 1)

그래서 프란치스코 없이, 파치피코 형제가 프랑스로 가는 소그룹을 이끌고 베즐레(Vézelay)에 가서 베네딕토회 수도원 근처에 코르델(Cordelle)의 은둔소에 정착했는데 오늘날에도 거기에 형제들이 있습니다.[4]

아마도 1217년부터 형제들은 베즐레에서 파리로 여행을 계속했을 것입니다. 같은 해에 도미니코는 첫 형제들을 수도 파리로 파견했습니다. 그러나 이 두 쌍둥이 수도회의 파리에서의 목표는 근본적으로 다릅니다. 도미니코는 동료들에게 그들의 수도회를 알리고 신학 연구에 착수하라는 사명을 맡겼습니다. 프란치스코는 파치피코와 형제들을 공부하라고 파리에 보낸 것이 아니었고, 게다가 도미니코회와는 달리 프란치스코회는 파리에 정착하지 않고 생드니(Sain-Denis, 오늘날 파리 교외)에, 다

---

4 베즐레 수도원에 새겨진 비문은 18세기 초까지도 볼 수 있었는데 그 사건의 기억을 영속시키고 있었다. "영원한 기억을 위해, 성 프란치스코는 프랑스 선교를 위해 그의 제자 몇 명을 파견했다. 복자 파시피크(PACIFIQUE) 형제와 그의 동료 루이(LOUIS) 형제, 이 둘은 이 선교 사명의 수장으로 1217년 이 베즐레 마을에 도착했다. 그들은 처음에는 1145년에 교황 에우제니오 3세의 사절이자 마르세이유의 주교였던 피에르가 십자군을 기념하여 헌정한 교회 근처에 있는, 성 피아크르(FIACRE)에게 헌정된 작은 은둔소에서 묵었다. 이곳은 성 베르나르가 프랑스 왕 루이 6세 앞에서 십자군에게 설교를 한 것을 기념하여 세운 곳이었다."

시 한 번 더 베네딕토 수도원의 그늘 아래 자리 잡았습니다.

형제들이 생드니를 선택한 것은 분명히 [해마다 열리는 유명한 랑디(Lendit) 장터[5]와 함께] 순례자와 상인의 존재 때문입니다. 도미니코회가 즉시 학계에 집중한 반면, 프란치스코회는 서민들을 만나러 갔습니다.[6]

특히 생드니에서 작은 형제회에 중요한 변화가 일어났는데, 이는 "사목적"이라고 규정할 수 있는 진정한 "전환"입니다. 이 점에 대해 설명해 보겠습니다. 작은 형제들은 파리가 아니라 생드니에만 있었음에도 불구하고, 알려지기 시작하여 새로운 회원들을 끌어들이게 되었습니다. 그리하여 1224년 4월 12일, 성금요일에 4명의 대학 교수와 미래에 총봉사자가 된 에이몽 드 파베르샴(Aymon de Faversham)을 포함한 4명의 영국인 박사가 생드니에서 작은 형제회에 입회하게 되었습니다. 그런데 이틀 후인 부활 축일 때 에이몽 형제가 "그토록 감동적인 방식으로" 설교를 하자, 청중 가운데 몇몇 신자들은 그에게 고해성사를 받을 때까지 영성체를 연기했습니다. 이에 대해 연대기 작가인 토마스 에클레스턴은 "에이몽은 3일 동안 교회에 머물면서 고해를 들으며 사람들을 크게 위로했습니다"라고 우리에게 확실하게 말합니다.

그때부터 작은 형제회는 교회의 요청에 부응하고 사목적 사명에 참

---

5 역자 주: 생드니에서 파리로 가는 길을 따라 11세기부터 해마다 열렸던 큰 장터.

6 작은 형제회는 그때 아직까지 알프스 이쪽 지역에서는 거의 알려지지 않았었는데, 교황 호노리오 3세의 지지를 받게 되었다. 교황 호노리오 3세는 1219년 6월 11일 교서(「사랑받는 자녀들과 함께」, CUM DILECTI FILII)를 통해, "작은 형제들의 종교"를 고백하는 사람들의 생활 방식은 로마 교회의 승인을 받았다고 선포했다. 이것은 작은 형제들의 활동을 지지하는 교황청의 첫 번째 문서이며, 이어서 많은 문서들이 잇따르게 된다. 그러나 이 교서는 파리의 주교와 대학의 교수들에게 확신을 주기에는 확실히 충분하지 않았기 때문에, 그들은 교황에게 작은 형제들에 대한 의혹을 제기했다. 교황은 1220년 5월 29일자 교서(「사랑받는 자녀들을 위하여」, PRO DILECTIS FILII)에서 그들에게 답하며 그들에게 작은 형제들을 신뢰하라고 권고했다.

여하는 데에 점점 더 집중합니다. 그것은 새로운 것이었으며, 바로 그 점에서 "전환"이 일어났습니다. 설교를 할 수 있으려면, 특히 고해성사를 줄 수 있으려면 반드시 사제가 되어야 하므로 형제들은 신학을 공부해야 했고, 따라서 대학 근처로 가야 했기에 파리에 정착해야 했습니다.

1230년부터 작은 형제회 수도자들은 '필립 오귀스트(Philippe Auguste)의 벽'[7] 옆에 정착하여[8] (훗날 "소르본"이라고 불리게 되는) 파리 대학교에 다녔고 신학 학위를 취득했습니다. 몇몇 형제들은 석사와 박사가 되었습니다. 그들은 거대한 수도원을 지었고 거기에서 신학 강좌를 열었습니다.[9] 그때부터 이 수도원은 "대수도원"이라고 불렸는데 그때의 수도원 식당이 지금도 그대로 남아있습니다.

이 당시 프랑스의 왕은 성 루도비코(루이 9세, 1214~1270)였는데, 그는 프란치스코가 사망한 해인 1226년(루이 9세는 당시 12세)에 직접 통치를 시작했습니다. 그때 루이 9세는 이미 아씨시의 프란치스코에 대해 들어봤을까요? 그럴 가능성은 있지만 그 증거는 없습니다. 프란치스칸인 루카 와딩에 따르면, 작은 형제회 형제들이 이 젊은 왕 루이 9세에게 프란치스코가 죽을 때까지 사용했던 베개를 보냈을 수도 있습니다.[10]

---

7 번역자 주: 필립 2세가 건축한 파리를 에워싼 (성)벽.

8 1230년 5월, 생-제르맹-데-프레(SAINT-GERMAIN-DES-PRÉS) 수도원장은 생-콤(SAINT-CÔME) 교구의 성벽 내부에 "주택이 딸린 장소"를 형제들에게 인가해 줍니다.

9 1236년: 알렉상드르 드 알레스(ALEXANDRE DE HALÈS, 1186-1245년 이전)가 수도회의 들어오고 형제들의 집에 자신의 자리를 내어 주었다. 1239년 이전에는 파리 수도원이 "보편 학문 연구소"(스투디움 제네랄레, STUDIUM GENERALE), 즉 오늘날의 "대학"이 되었다. 각 관구마다 그곳에 2명의 학생을 보낼 수 있었다. 1240-1244년: "대수도원"에 장 드 라 로쉘(JEAN DE LA ROCHELLE) 교수. 1243년, 보나벤투라, 수도회 입회. 1243-1248년: 보나벤투라, 신학 연구. 1254-1257년: 보나벤투라, '형제들의 학교에게(AD SCHOLAS FRATRUM)'.

10 르 고프, 「성 루이」, 331쪽.

프랑스에서 작은 형제회의 정착의 발전 과정은 우리에게 거의 잘 알려져 있지 않습니다. 왜냐하면 우리에게는 영국을 위한 토마스 에클레스턴의 연대기나 독일을 위한 쟈노의 죠르다노의 연대기와 같은 것이 없기 때문입니다. 선종 형제들의 비망록[11]이 1233년에 파리 주변과 프랑스 북부에 약 15개의 수도원이 존재했음을 입증합니다. 글라라회 수녀들도 1220년부터 랭스에 있었습니다. 성 루이 사망 시(1270년) 프랑스에는 거의 200개에 이르는 수도원이 있었는데, 대부분 중간 규모의 도시에 설립되어 있었습니다. 성 보나벤투라(파리에서 훈련받은 형제!)가 썼듯이, 형제들은 이제 더 이상 은둔소에 사는 것이 아니라 "사람들 가운데 머무는 것", 즉 도시에 사는 것이 중요하게 되었습니다.

작은 형제들이 왕(루이 9세)에게 미친 직접적인 영향은 1248년부터 확실합니다. 그때 왕은 처음으로 십자군 원정을 떠날 준비를 하고, 파리 근처의 작은 도시이자 대주교 관할지인 상스(Sens)에서 관구 회의에 참석하기 위해 모인 형제들을 방문합니다. (따라서 이는 1248년에, 작은 형제회의 "프랑스 관구"가 존재할 정도로 형제들과 수도원들이 충분히 많았다는 것을 의미합니다.)

2.2. 살림베네 디 아담의 증언

연대기 작가인 프란치스칸 살림베네 디 아담(Salimbene di Adam, 1221~1288년 이후)은 이 행사에 참여했는데, 그때 만난 왕의 태도에 깊은 인상을 받았다고 서술합니다.[12] 그는 왕이 "왕실의 화려한 차림으로 둘

---

11 기욤므 데 바레스의 "고인들의 두루마리".
12 살림베네 디 아담, 「연대기」, 베송과 브로사르-당드레 공역(共譯), 파리, 오노레

러싸여 있지 않고 순례자의 옷차림으로" 형제들의 교회에 도착했다고 지적합니다. 왕은 말을 타지 않고 그의 의형제들인 로베르 다르트와(Robert d'Artois), 알퐁스 드 푸아티에(Alphonse de Poitiers), 샤를르 드 시실(Charles de Sicile)과 함께 걸어서 왔습니다. 살림베네는 프랑스 왕과 그의 형제들의 겸손함에 충격을 받아 다음과 같이 서술했습니다.

"왕은 자신을 둘러싸고 있는 귀족들에게는 거의 신경을 쓰지 않고 오히려 가난한 사람들의 기도와 찬양에만 관심을 가졌다. 정말로 그는 무기와 전쟁을 좋아하는 기사라기보다 마음 깊이 신앙심을 지닌 수도자라고 불릴 만했다. 그는 형제들의 교회에 들어가자마자 제단 앞에 매우 경건하게 무릎을 꿇고 기도하기 시작했다."

교회를 나설 때 왕은 관구 회의에 모인 형제들과 이야기를 나누기를 요청했는데, 그 장면 역시 살림베네가 목격했습니다. "왕은 자신과 자신의 의형제들, 그리고 어머니인 왕비를 위한 기도를 부탁하며 말하기 시작하였다. 그리고 경건하게 무릎을 꿇고 겸손히 형제들에게 기도를 청했다."

성 프란치스코의 아들들은 눈물을 흘릴 정도로 왕의 태도에 깊은 감동을 받았습니다. 그리고 나서 왕과 그의 세 의형제들은 수도원 식당에서 형제들과 함께 식사를 했습니다. 같이 식사를 한 사람 중에는 총봉사자 파르마의 요한뿐만 아니라 직전에(1248년 3월에) 루앙 대주교로 임명된 외드 리고(Eudes Rigaud) 형제(1210 무렵~1275)도 있었습니다. 프랑스 왕국에서 가장 중요한 직분 중 하나인 이 대주교직이 프란치스코가 죽은 지 20년이 조금 지났을 때 작은 형제회에게 맡겨질 수 있었다는 사

샹피웅, 2016, 1권, 433-439쪽.

실은 수도회의 사목적 "전환"과 심오한 변화를 다시 한 번 보여줍니다. 그때부터 형제들은 교회에 봉사하기 위해 형제들 중 일부가 주교가 되는 데 동의하게 되었습니다. 성 프란치스코는 아마도 받아들이지 않았을 변화입니다! 외드 리고(Eudes Rigaud)의 경우, 그가 주교로 임명되도록 아마 성 루이가 자신의 영향력을 행사했을 것이고, 1270년에 루이 왕이 죽을 때까지 그는 왕의 주요 자문위원들 중 하나였습니다. 후에 외드 리고 형제는 대주교가 되어 프랑스 교회의 개혁가가 될 뿐만 아니라 1258년 프랑스와 영국 사이의 평화 조약을 설계한 외교관 중 한 사람이 됩니다.[13]

서방 세계의 최고 고관인 프랑스 왕의 프란치스칸적인 겸손은 거의 얼마 지나지 않아 베즐레 수도원에서 또 다른 일화로 입증되었는데, 마찬가지로 살림베네에 의해 목격되었습니다.

왕은 십자군에 참가할 배를 타려고 지중해로 내려가던 중에 당시에 성벽으로 둘러싸인 작은 도시를 이루고 있던 베즐레의 생트 마들렌 수도원에 묵었다. 어느 일요일 이른 아침에 왕은 자신의 의형제들(여전히 같은 형제들; 알퐁스, 샤를르, 로베르)과 함께 그 도시를 떠나 아주 가까이 있는 프란치스코회의 은둔소인 코르델로 갔습니다.

"그의 형제들은 앉을 의자를 찾는데 반해, 왕은 제단 앞에 무릎을 꿇고 절을 한 후, 먼지투성이의 땅바닥에 앉았다. (살림베네는 강조하여 말하였습니다.) 내가 직접 보았는데 교회 바닥에는 타일이 깔려 있지 않았기 때문에 먼지투성이였다. 그리고 왕은 참석한 모든 사람들, 작은 형제들과 그의 세 의형제에게 자신이 한 것처럼 땅바닥에 앉아 자기 주

---

13 그라티안 드 파리, 「13세기 작은형제 수도회의 설립과 발전」, 파리, 1928, 638쪽.

위에 둘러앉도록 권유했다." 왕은 그곳에서 그는 곧 시작될 십자군 원정을 앞두고 형제들에게 다시 한 번 기도를 부탁했다. 왕은 말을 마치고 교회에서 나왔지만, 가롤로 형제가 기도를 마칠 때까지 밖에서 오랫동안 기다렸습니다. 살림베네는 이렇게 덧붙였습니다. "가롤로 형제가 열렬히 기도하는 모습과 왕이 밖에서 참을성 있게 그를 기다리고 있는 모습을 보고 나는 깊이 감화되었다."

이러한 세세한 일들은 우리가 일반적으로 가지고 있는 왕에 대한 이미지, 화려하고 사치스러운 이미지와는 반대되었기 때문에 살림베네를 너무나 놀라게 하였습니다. 그러한 태도들은 곧, 성 루이가 프란치스칸적인 겸손을 지니고 있음을 보여 주는 것입니다. 당시 프랑스 왕이었던 그가 진정한 작은 형제처럼 행동하였던 것입니다. 왕이 상스 수도원 식당에서 형제들과 같은 식탁에서 점심을 먹었을 때, 그는 자신이 "형제"임을 보여 주었던 것입니다. 그가 베즐레의 바닥에 앉았을 때 그는 매우 겸손한 태도를 취하면서 "작음"을 보여 주었습니다.

성 루이의 다양한 전기들은 왕의 삶에서 작은 형제들의 영향이라고 여겨지는 다른 일화들을 묘사하고 있습니다. 왕이 생의 말년 무렵에 아들에게 준 "가르침"에서 왕은 "가난한 이들과 몸 또는 마음이 아픈 사람들에게 공감하는 마음을 가지라고 권유합니다. 그리고 왕 스스로 가난한 사람들을 꾸준히 돌보았습니다. 왕이 로아요몽(Royaumont) 수도원의 병자들을 방문할 때, 특히 특별히 어려운 나환자 수도자를 돌볼 때, 어떻게 아씨시의 프란치스코가 떠오르니 않을 수 있을까요?

"로와요몽에 레제(Léger)라는 수사가 있었다. 그는 나병환자라서 다른 이들과 멀리 떨어진 집에 살았는데, 썩은 내가 나고 정말 비참한 모습이었다. 눈은 짓뭉개져 멀어버렸고, 코는 문드러져 없어져 버렸고, 입술은 갈라져 부풀어 올랐고, 눈두덩은 붉고 보기 끔찍했다."[14]

그런데 왕은 이 환자를 각별하게 보살폈습니다. 1297년 8월 6일 그의 시성식 때, 교황 보니파시오 8세는 강론 중에 이 사실을 상기시켰습니다.

그래서 성 루이는 그 나병환자 앞에 무릎을 꿇고 앉아 고기를 썰어서 그의 입에 넣어 주었습니다. 그리고 그에게 닭고기와 자고새가 마음에 드는 지를 물어보고 그렇다고 하면 부엌에서 그걸 가져오게 했습니다. 나병환자가 요리에 소금을 뿌리고 싶어 하니까 왕은 고기 조각에 소금을 뿌려 주었다. 그런데 소금이 갈라진 입술에 들어가자 불쌍한 그 환자는 고통스러워하며 불평을 했습니다. 그러자 왕은 고기 조각들을 소금에 적셔 맛을 낸 후 다시 소금 알갱이를 걷어 내어 그에게 먹였습니다.

왕은 이 나환자 수도자를 여러 차례에 걸쳐 계속 돌보았으며, 그의 행동을 본 사람들은 감동을 받았습니다. 왕이 콩피에뉴(Compiègne)에 있는 성에서 살 때, 어느 성 금요일, 그는 성에서 나와 맨발로 마을의 교회를 방문하던 중 거리에서 나환자를 만났습니다. 그래서 그는 차가운 진흙탕에 발을 담그고 나환자에게 구호품을 주며 그의 손에 입을 맞추었습니다. 그 장면을 본 사람들은 십자 성호를 그으며 서로 이렇게 말했습니다. "왕께서 하신 일을 보아라. 그분은 나환자의 손에 입을 맞추셨다." 공개적으로 행해지는 이러한 몸짓은 성 루이의 위대한 자선의 표시일 뿐만 아니라, 정치적인 몸짓, 자신의 모범을 따르라는 초대이기도 합니다.

---

14   르 고프, 「성 루이」, 879-880쪽.

2.3. 복녀 이자벨(La Bienheureuse Isabelle)

성왕 루이만이 작은 형제회의 영향을 받은 유일한 왕족은 아닙니다. 1225년에 태어난, 루이의 유일한 누이인 이자벨(Isabelle)의 경우도 있습니다. 이자벨의 전기 작가인 아녜스 다르꾸르(Agnès d'Harcourt)에 의하면, 이자벨은 어린 소녀 때부터 궁정 내에서 독특한 존재였습니다. 이자벨은 결혼 계획을 거부하고, 봉헌된 평신도로 살았으며, 병자들을 방문하고, 배우자 놀이에 어울리기보다는 자기 방에 머물면서 성경을 공부하는 것을 더 좋아했습니다. 학식이 높았던 그녀는 자신의 이름으로 (궁정) 전담 신부가 쓴 라틴어 편지를 수정할 수 있을 정도였습니다. 그녀는 고집이 세어, 자신이 더 잘 먹기를 바라는 어머니와, (어떤 가난한 여인을 위해 남겨둔) 자신이 손수 꿰맨 모자를 왕에게 주기를 바라는 왕에게 모두 저항했습니다.

1250년대는 공주의 삶에 전환점이 일어납니다. 교황은 그녀에게 여러 번 편지를 썼습니다. 그는 그녀의 "칭찬할 만한 순결에 대한 열망"을 존경하며 이 점에 관해 그녀에게 "서약"을 하라고 촉구합니다. 교황은 그녀가 프란치스칸 고해 사제를 두도록 허락했습니다(1254). 프란치스칸이었던 기베르 드 투르네(Guibert de Tournai)는 그녀에게 영적 삶에 관한 글을 써주었고, 그녀가 수도자의 신분을 택하도록 격려했습니다. 하지만 이자벨은 다른 계획을 염두에 두고 있습니다. 성 프란치스코의 아들들이 왕과 그의 궁정에 점점 더 강력한 영향력을 행사하는 동안, 공주는 프란치스칸 자매들을 위한 수녀원을 설립하고 싶어 했습니다. 1255년 초에 왕실 대리인들은 파리 서쪽, 현재의 불로뉴(Boulogne) 숲 외곽에 있는 롱샴(Longchamp)이라는 곳의 땅을 구입 했습니다. 보나벤투라 성인을 포함한 프란치스칸 신학자들 팀의 도움으로 그녀는 미래의 수녀들을 위한 수도 규칙을 작성하는 일에 착수했습니다. 루이 9세가 수도원의 초석을 놓았고, 1260년 6월 랭스에서 온 첫 번째 자매들이 그 자리를 차지했습니다.

그러나 이자벨은 그 수도 규칙이 불만스러워서, 루이 성왕의 중재로 교황 우르바노 4세(1263)로부터 수정본을 얻어냈습니다. 사실 이자벨은 회칙에 보다 명시적으로 확실하게 프란치스칸적 성격을 부여하고 싶었고, 무엇보다도 수녀들에게 "봉쇄 생활의 작은 자매들"이라는 이름을 붙이기를 원했습니다. 물론 "작은 형제들"이라는 명칭을 따르고 싶었던 것입니다.("봉쇄된[encloses]"은 "봉쇄 구역[cloîtrées]"을 의미하는 옛 프랑스어) 게다가 그녀는 자신이 만든 수도회를 "겸손의 성모님(Humilité-de-Notre-Dame)"이라고 부르기로 결정했습니다. 어느 날 아녜스 다쿠르(Agnès d'Harcourt)가 왜냐고 물었습니다. "그 이름을 쓰는 사람이 있다는 말을 전혀 들어본 적이 없기 때문입니다. 나는 그 사실이 놀라웠습니다. 왜냐하면 우리 주님께서 성모님을 당신 어머니로 선택하신 이유가 되는 가장 합당한 이름이 우리에게 남겨져 있는 것 같기 때문입니다. 그래서 나의 집(수도회)에 붙이려고 그 이름을 택했습니다."

이자벨은 자기 자신의 수도회에 서원을 한 적은 없지만, 1270년 2월 22일부터 23일 밤사이에 숨을 거둘 때까지 수녀원 부지 내의 작은 거주지에서 살았습니다.

귀족 네트워크 덕분에 이자벨의 수도 규칙은 상당한 성공을 거두었고, 프랑스, 영국, 이탈리아의 여러 여성 수도원이 이를 채택했습니다. (로마의 산 실베스토르 인 카피테(San-Sylvestor in Capite)는 1285년부터 이자벨의 수도 규칙을 따랐습니다). 그리하여 "글라라회 수녀들(clarisses)"가 아닌 프란치스코회 수녀들로 이루어진 특유한 수도원 그룹이 형성되었습니다. 비록 이후에 "작은 자매들"이 '가난한 글라라회'와 혼동되었더라도 말입니다. 실제로 이자벨이 옹호한 여성 프란치스칸의 길은 글라라의 길과 다릅니다. 글라라는 완전한 가난이라는 이상을 옹호하는 반면 이자벨은 '겸손'을 고집하여, 그 이름을 자신의 수도회와 자신의 자매들("작은 자매들")에게 붙입니다. 그녀의 무덤에는 "그토록 위대한 혈통에서 태어났지만, 그녀는 진실로 매우 겸손하게 살았다."라고 적혀 있습니다.

2.4. 사회 전반에 미친 영향

성왕 루이와 그의 누이 이자벨 외에도 전 가족이 형제들과, 특히 고해 사제와 설교자들과 가까이 지냈습니다. 이러한 프란치스칸적 환경이 민중들에게도 더 광범위한 영향력을 미쳤을까요? 역사학자 자끄 르고프(Jacques Le Goff)와 함께 프란치스칸들은 (그리고 일반적으로 탁발 수도회 회원들은) 11세기와 12세기의 (인구와 경제의) 비약적 발전으로부터 탄생한 새로운 사회의 그리스도교화에 기여했습니다.

특히 "경제적 성장, 돈의 확산, 이익 추구의 발전에 맞서는 가난 정신의 반작용으로부터 태어난 프란치스칸들이 상인들을 정당화하는 윤리적, 종교적 해결책을 창출해 냈다는 것은 역설적인 면이 없지 않다. 그들은 특정 금융 거래들에 정당성을 부여하고, 결국 자본주의의 발전을 허용했다. [...] 탁발 수도자들이 제안하고 부분적으로 도입에 성공한 것은 경제생활, 특히 돈 사용에 대한 도덕적 합리화였다. 성왕 루이의 주요 고문들은 그와 함께 그에게 의지하고 그의 지원으로 혜택을 누림으로써 돈과 사업에 대해 프랑스인의 사고방식에 이러한 도덕적, 경제적 정당화를 남겼으며, 이러한 사고방식은 오늘날에도 여전히 프랑

스인의 사고방식을 특징짓는다."¹⁵

지역 차원에서 볼 때, 형제들은 그들이 정착한 소도시들 안에서 사회 평화에 기여했습니다. (당시 마을에는 큰 회의실이 없었기 때문에) 수도원은 지방 선거와 시민들의 회합을 위해 수도원 식당을 자주 개방했고, 때때로 상인들이 사용하는 저울이나 측량기구 또는 화재 진압에 필요한 장비를 보관하는 창고 역할을 했습니다. 화재는 중세 도시의 주요 재앙이었기 때문입니다. 요컨대, 형제들의 수도원은 한 도시의 사회생활에서 필수적인 장소가 되었는데, 수도자들에게는 이에 따르는 피치 못할 풍요의 위험이 있었습니다. 프란치스칸들은 자주 그들의 성공의 희생자가 되었습니다. 매우 인기 있는 수도원, 도시에 매우 잘 자리 잡은 수도원은 모든 종류의 많은 봉헌금과 기부, 특히 미사 예물과 교회를 장식하기 위한 예술 작품들을 많이 생겨나게 했습니다. 이러한 빗나감에 대응하기 위해 주기적으로 수도회 내에서 개혁이 일어났습니다.

3. 17세기 프랑스 사회에 카푸친이 끼친 영향

16세기 후반은 프랑스에서 가톨릭과 개신교 사이의 일련의 "종교전쟁"으로 특징지어집니다. 이러한 갈등은 국가를 황폐하게 만들었고 (많은 수도원들과 함께 리옹의 성 보나벤투라의 유해와 같은 많은 성물들이 파괴되었습니다.) 수도자들과 수도원들을 영적으로나 물질적으로나 비참한 상태에 놓이게 되었습니다. 같은 시기에 이탈리아와 스페인

---

15   르 고프, 「성 루이」, 330쪽.

에서는 수도회가 여러 개혁 운동을 겪었지만, 전쟁을 포함한 여러 이유로 인해 그러한 개혁 운동이 프랑스에서 뿌리를 내리는 데에는 시간이 걸렸습니다. 프랑스에서는 16세기의 4분기(16세기 마지막 25년)에 이르러서야 카푸친과 레콜레(récollets)가 등장하게 되었습니다.

작은 형제회의 이 두 개혁파는 매우 가깝습니다. (그런 이유로 때때로 '쌍둥이 수도회'라고 말해집니다.) 그런데 무엇보다도 레콜레는 작은 형제회 내에 남아 있는 반면, 카푸친은 제도적 자율성을 얻었다(원칙적으로는 1619년이지만 실제로는 이 날짜보다 훨씬 이전)는 점에서 둘은 구별됩니다.

"레콜레(recollet)"라는 말은 라틴어 "recolligere"(과거분사 recollectus)에서 유래한 것으로 "자신으로 되돌아오다"를 의미합니다. 따라서 레콜레(récollet)는 묵상(recollet와 어원이 동일)을 하고, 외딴 곳으로 물러나 은둔을 하는 시간을 가지는 프란치스칸을 말합니다.

"카푸친"이라는 단어 자체는 수도복에 붙어 있는 뾰족한 모자를 말하는데, 이것이 카푸친 수도자들의 수도복을 특징짓습니다. 우리가 특별히 관심을 기울이고자 하는 것은 바로 이 카푸친입니다. 그들은 1574년에 프랑스에 도착하여 처음에는 파리의 루브르 박물관 근처 (생토노레 수도원)에 정착했는데, 그 후 (프랑스) 왕국 전역으로 아주 빠르게 퍼져 나갔습니다. 프랑스 대혁명 때 약 3,800명의 카푸친들이 424개의 수도원과 14개의 관구에 있었습니다.

(오늘날에도 여전히 그렇습니다만) 17세기에 카푸친은 우선적으로 서민들 사이에서, 그리고 또한 엘리트들 사이에서도 큰 인기를 누렸습니다. 이러한 인기는 의심할 바 없이 인간관계에 있어서 카푸친 형제들의 어진 성품과 순박함 때문이지만, 그뿐만이 아니라, 그들이 교회는 물론 사회 전체에 행한 봉사 때문이기도 합니다. 이제 살펴보겠지만, 이러

한 의미에서 그들은 프랑스 (더 넓게는 서양) 사회에 어느 정도 영향력을 행사했습니다.

3.1. 카푸친과 페스트

카푸친이 주민들에게 강한 인상을 준 가장 중요한 점은, 그들이 페스트 환자들을 치료하기 위해 투신한 방식이었습니다. 서양에서는 중세부터 18세기 1분기(초반 25년)까지 페스트 감염이 특히 많이 일어났고 치명적이었습니다. (페스트가 마지막으로 창궐했던 것은 1720년 마르세유에서였습니다.) 일반적으로 도시에 질병이 발생하면 많은 사람들, 특히 가장 부유한 사람들은 도망치려고 하는데 불행하게도 성직자들도 자주 그렇습니다. 그런데 카푸친들은 매우 다른 태도를 보여 주목을 끌었습니다. 그들은 그들의 역사 전체 동안 일관성 있게 자발적으로 "(위험을 무릅쓰고) 페스트에 스스로 노출"되었습니다. 다시 말하자면, 그들은 이 끔찍한 역병에 타격을 입은 사람들을, 영혼의 차원에서뿐만 아니라 육체적 차원에서도 돌보는 데에 투신한 것입니다. 이에 대해 한 연대기 작가는 다음과 같이 썼습니다. "그들은 환자들을 조심스럽게/정성껏 방문합니다. 그들의 침대를 정돈해 주고, 자신들의 음식을 그들에게 주고, 그들을 위해 모든 봉사를 하며, 필요할 때에는 아무 거리낌 없이 그들의 몸을 만집니다. 왜냐하면 자신들의 이익보다는 예수 그리스도를 위한 것을 추구하는 애덕이 죽음이 명백한 상황에서도 그들을 담대하게 만들기 때문입니다.[...] 그들에게는 침해할 수 없이 강력하게 고수되는 다음과 같은 법이 있습니다. 절대 도망치지 말고 사망자들을 두려워 피하지 말라. 그리스도교적이고 형제적인 애덕으로 죽어가는 이들을 찾아가 그들의 입과 눈을 감겨 주고, 그들을 묻어주고, 적절하게 갈무리하여 어깨에 메고 장례에 필요한 모든 것을 다 하라."[16]

수많은 문헌들을 보면, 페스트 희생자들을 위해 봉사하다 죽은 카푸친 형제들의 진정한 순교 명부를 작성할 수 있습니다. 많은 자료들이 가장 극한의 상황에서 그들이 보여준 헌신과 때로는 영웅적인 행위의 모범을 셀 수 없이 많이 전해 줍니다.

그렇게 위험한 직무에 그토록 자주 헌신한 이유에 대해 카푸친들 자신이 직접 설명했습니다. 그들은 "개혁파" 작은 형제회로서, 나병환자를 돌보았던 (그들 수도회의 아버지인) 성 프란치스코의 모범을 가능한 한 가장 가까이 따르고자 합니다.[17] 서방에서 나병이 사라진 후, 카푸친 형제들은 그들의 개혁 초기와 1528년 카메리노(이탈리아 중부, Marches에 있는 도시) 정착 때부터 페스트 환자들에게 향합니다. 그들은 심지어 그

---

16 「Antoine Caluze 신부가 번역한 카푸친 작은 형제회 연대기」
17 "그때부터 관대한 성 프란치스코는 자신의 거룩한 스승이신 예수 그리스도를 본받아 이웃의 구원을 위해 일하겠다고 결심하고, 아버지와 어머니 앞에서, 기꺼이 아버지와 어머니와 자신의 모든 재산을 포기했습니다. 그의 마음과 애정은 여전히 삶에 너무 많은 것을 붙잡고 집착할 수 있는 모든 것에서 완전히 해방되었기 때문에, 그는 이웃을 위해 목숨을 잃을 수도 있는 모든 위험에 더 자유롭게 뛰어들었습니다. 그래서 그는 더 오래 지체하지 않고 즉시 이 관대한 결심을 실천에 옮겼습니다. 왜냐하면 그는 회심한 첫날부터 나환자들을 위한 봉사에 감탄스러울 정도로 열정적으로 헌신했기 때문입니다. 그는 그들을 찾으러 외딴 곳으로 갔는데, 그곳은 나병이 모든 사람에게 두려움을 안겨주어서, 나병환자들을 강제로 따로 떨어져 살게 만든 곳이었습니다. 그곳에서 그는 나환자들에게 치료제와 음식과 원기를 회복할 만한 것들을 가져다주고, 그들의 상처를 닦아 주고, 그들이 육체적인 불행을 견딜 수 있게 해주고 자신들의 영혼의 구원을 확신하는 데 적합하다고 생각되는 모든 방법으로 그들을 위로했습니다.
이 끔찍한 질병이 유럽에서 진정된 이후, 천사 같은 성 프란치스코의 자녀들, 즉 작은 형제들은 페스트 환자들을 돕는 데에 자신들의 열정과 용기를 사용했습니다. 작은 형제들은 생명을 잃을 위험이 더 큰 곳, 가난한 병자들에게 도움이 절박하게 필요한 곳으로 가서, 그들에게 교회의 성사를 베풀고 그들이 더 잘 죽을 수 있도록 도왔습니다. 특히 카푸친들은 그들의 아버지인 성 프란치스코의 모범을 더욱 가까이 따르며, 자신들의 서원에 합당한 열정을 다해 그렇게 해왔습니다.", 모리스 드 툴롱, 「자비로운 카푸친」, 1662, 376-377쪽.

들의 최초 회헌인 소위 생퇴페미(Sainte-Euphémie) 회헌에서도(1536) 이러한 약속을 포함시키게 됩니다.

1530년대의 세계를 위하여, 그리고 프란치스코의 규칙에 부합하여 "프란치스칸의 존재"를 재정의하는 것으로 여겨지는 이 규범적 문서의 중심에서, 형제들은 다음과 같은 지침을 받아들입니다. "사랑의 관계 때문에, 이 땅 위에 매여 있지 않은 사람들은 그들을 위해 십자가에서 돌아가신 분을 위해 죽는 것이 달콤하고 올바르며 바람직하다는 것을 알게 될 것입니다. 형제들은 자신들의 부원장의 지시에 따라 '페스트가 닥쳤을 때 가서 봉사할 것'이며, 그러한 경우에 부원장은 신중하게 자선을 베풀도록 매우 세심하게 주의를 기울일 것입니다."[18]

카푸친 형제들은 간호사, 들것 운반자, 고해 사제, 설교자, 무덤 파는 인부, 약사, 의사, 심지어 (임종자의 유언장 작성을 돕기 위한) 공증인의 역할까지 하면서, 모든 수단을 다 동원해 생퇴페미 회헌에 새겨진 지침을 이행하기 위해 애썼습니다.

어떤 카푸친들은 페스트 환자들을 치료하는 것에 그치지 않고 질병에 직면한 의사와 지방자치단체에 도움을 주기 위해 노력했습니다. 그래서 수많은 전염병이 돌았을 때, 특히 1656~1657년 젠느(Gênes)에서 질병으로 인해 수만 명이 사망했을 때 분투했던 프랑스 카푸친 모리스 드 툴롱(Maurice de Toulon, 1610-1666)은 의학과 전염병 퇴치에 대한 자신의 지식과 전문가로서의 능력을 응축한 작품을 썼습니다. 그 책의 제목은 "전

---

18 "형제들은 전염병의 시기에 봉사하기를(CHE NEL TEMPO DE LA PESTE LI FRATI SERVINO)", '수세기에 걸쳐 공포된 카푸친 작은 형제회 회헌', 제1권, 「고대 회헌」(1529-1643), 로마, 카푸친 작은 형제회 총본부, 1980, 58쪽.

염병이 사람들에게 초래하는 큰 불행을 치유하는 방법을 가르치는, 자비로운 카푸친"(1662)입니다. 그의 저술은 여러 차례 재출판 되어 상당한 성공을 거두었으며 의료진과 지방자치단체의 책임자들에게 이용되었습니다. 첫 번째 부분은 "페스트로 고통 받는 지역에서 행정관들/사법관들과 경찰 관리들이 수립해야 하는 정책적 순서/정치적 질서"에 대해 다루고 있습니다. 우리가 Covid 동안 겪었던 것과 꽤 유사한, 사람들의 격리에 관한 권고들이 거기에서 발견됩니다.[19] 두 번째로는 향수의 구성과 사용에 대해 다룹니다. 당시에는 오염된 도시에 향수를 뿌리는 것이 질병 확산을 예방하는 데 도움이 된다고 믿었기 때문입니다. 세 번째 부분은 "격리", 즉 전염 가능성이 있거나 회복 중인 사람들에게 부과되는 격리 기간에 관한 것입니다. 마지막으로 네 번째 부분에서는, "카푸친 수도회가 프랑스에 설립된 이후부터, 그들이 페스트 환자들에게 제공한 지원과 관련하여 카푸친 수도회 안에서 무슨 일이 일어났는가?"를 관구별로 차례로 되돌아봅니다.

페스트가 유행했을 때 카푸친이 봉사를 했다는 점에 이어, 19세기까지 우리 (프랑스의) 도시들을 자주 황폐화시켰던 화재 때에도 카푸친이 있었다는 것을 덧붙이는 바입니다. 프랑스의 여러 도시와 마찬가지로 파리에서도 카푸친은 최초의 "소방관"이었습니다.

3.2. 묵상 기도(oraison mentale)의 스승 카푸친

---

19 14장에서 모리스 드 툴롱은 "한 도시가 전염병의 영향을 받기 시작하면 이 전염병의 진행을 곧 멈추기 위해 일반 사람들을 가두어 둘 필요가 있다."고 쓰여 있다. 모리스 드 툴롱은 "본당과 종교 건물 모두를 폐쇄하는 것"을 택했다. "그러나 그렇다고 해서 그곳에서 비공개로 평소처럼 미사를 거행하는 것과 성무일도를 바치는 것은 막지 않았다."(p. 115)

나환자에 대한 프란치스코의 태도를 본받아 카푸친은 페스트 환자들을 돌보는 일에 참여했고 의심할 바 없이 18세기 초 유럽에서 페스트를 박멸하는 데 (다른 이들과 함께) 기여했습니다. 그런데 이 개혁파 형제들은 교회와 사회에 다른 봉사도 했습니다. 카푸친의 "자선 활동"에 깊은 감명을 받은 주민들은, 당시에 수도자들이 특히 미사 중에 노래로 하는 '음성' 기도에 열중하는 반면, 카푸친은 "묵상 기도", 즉 아주 단순한 침묵 기도를 드린다는 것 또한 알게 되었습니다.

1536년의 카푸친 초기 회헌에서부터 "영적 삶의 스승"인 기도가 강조되어 있습니다. "기도의 영이 형제들에게서 식지 않고 마음속에서 쉼 없이 불타고 더욱 더 뜨겁게 타오르게 하기 위하여, 성 프란치스코의 서원에 따라, 덜 열정적인 형제들 때문에 우리는 특별히 두 시간을 더 기도에 할애하기로 했습니다. 물론 작은 형제들은 끊임없이 기도를 합니다. 하지만 끝기도 후에 한 시간, 자정에 거행되는 새벽 기도 후에 한 시간, 한 시간씩 두 차례 더 기도하기로 결정했습니다. 그래서 한밤중에, 난방도 되지 않는 성당에서 완전히 칠흑 같은 어둠 속에서 형제들은 한 시간 동안 침묵 속에서 기도를 바칩니다.

카푸친은 묵상 기도의 "전문가"로 빠르게 인정받게 되었습니다. 어떤 프란치스칸들은 스스로를 개혁하고 카푸친 개혁에 합류함으로써 묵상 기도를 알게 되었습니다. "매우 박식한 학자"였던 노엘 타이유피에(Noel Taillepied, 대략 1540-1589)가 그런 경우입니다. "그는 자신이 프란치스칸들 중에서 신학 공부를 많이 했지만, 기도를 한다는 것이 무엇인지 전혀 몰랐는데, 카푸친 수도복을 입고 나서야 비로소 기도를 배웠다고 말하곤 했다."라고 카푸친 연대기 작가 필리프 드 파리(Philippe de Paris)는 강조합니다. 재속회원들, 사제들, 그리고 남녀 평신도 모두 카푸친들에게 기도하는 법을 가르쳐 달라고 요청했습니다. 필립프 드 파리는 계속해서 다음과 같이 말합니다.

"대부분의 사람들은 지정된 시간에 하루 두 번씩 묵상 기도를 하는 카푸친 회원들을 보기 전까지는 묵상 기도나 그와 유사한 어떤 것에 대해서도 전혀 들어본 적이 없었습니다. 그래서 모두가 이러한 기도 방식을 배우고 싶어 했고, 이러한 기도에 참여하기 위해 우리 교회로 달려왔습니다."

마티아스 벨린타니 데 살로(Matthias Bellintani de Salo) 형제의 "묵상 기도의 실천"이라는 이탈리어로 된 안내서가 (프랑스어로) 번역되어 수많은 프랑스어 판본과 포켓 본으로 나왔습니다.

게다가, 카푸친들은 다른 작은 형제들과 마찬가지로 아씨시의 프란치스코가 쓴 글에 기초하여 며칠에 걸쳐 하는 "영신 수련"을 제공하게 됩니다.[20] 그들은 그들의 형제들, 수련자들뿐만 아니라 다른 수도자들(특히 수녀들), 재속회원들, 사제, 남녀 평신도들에게도 이 제안을 전합니다. 그렇게 해서 평신도들은 수도원에서 피정을 할 수 있었습니다. 예를 들어 베륄(Bérulle)은 서품 전에 셍토노레(Saint-Honoré) 수도원에서, 아카리 부인(Madame Acarie, 즉, 개혁 가르멜을 프랑스에 소개한 '강생의 복되신 마리아')과 "아카리 부인 클럽(le cercle de madame Acarie)"이라고 불리는 독실한 평신도들로 구성된 아카리 부인의 측근들은 카푸친 고해 사제들과 영적 지도자들로부터 혜택을 받았습니다. 1660년에 5명의 레콜레 회원들은 마다가스카르로 선교 여행을 떠났다가 난파되어 사망했는데, 떠나기 전에 그들도 마찬가지로 카푸친과 함께 디에프(Dieppe) 항구에서 10일 동안 피정을 했습니다.[21]

---

20 「프란치스칸에게 있어 영신 수련의 역사와 쟁점 (17-18세기)」
21 모라찌니, 「17세기 레콜레의 생드니 관구의 '사망학'」, *AFH*, 110, 2017, 327-8

따라서 카푸친회는 상당히 폭넓은 대중(특히 여성들)에게 피정과 묵상 기도를 할 수 있게 해주었습니다. 이것 역시 성 프란치스코의 아들인 카푸친들이 프랑스 사회에 행한 봉사입니다.

4. 제3회원들에게 미친 영향과 제3회원들이 준 영향

아주 일찍이, 아씨시의 프란치스코의 메시지에 깨어있던 평신도들, 즉 "재속회원들(séculiers)"은 세속에 머물면서 프란치스코의 카리스마와 요구에 따라 살기를 원했습니다. 이들이 제3회 회원들(teritaires)인데 프랑스에서의 시작에 대해서는 잘 알려지지 않았습니다. 살림베네 디 아담(또 이분입니다!)의 증언에 따르면, 1248년 프로방스(Provence) 지방의 이예르(Hyères) 마을에 "세상 속에서, 자신의 집에 살면서 회개 생활을 하는 수많은 남녀가 있다. 그들은 작은형제회의 독실한 봉헌자들이며, (작은형제회의) 형제들이 설파하는 하느님의 말씀을 기꺼이 듣는다."[22] 바로 이분들이 전형적인 "제3회원(teritaires)"입니다.

또한 이러한 회개 생활을 살아가던 이들 중 일부가 (특히 여성들이) 아주 빠르게 수녀들처럼 공동체 생활을 하게 됐다는 것을 알고 있습니다. 중세 말 특히 프랑스 북부에서 만나게 될 자매들은 거주지에서든 작은 병원들에서든 아픈 사람들을 돌보았는데, 그들이 입고 있는 옷 색깔 때문에 사람들이 흔히 "회색 자매들"이라고 불렀습니다. 이러한 "정규" 3회는 트리엔트 공의회 이후 봉쇄 생활을 받아들일 수밖에 없을 때

쪽 (갈랑 공저).
22 살림베네 디 아담 드 파르므, 「연대기」, 457-458쪽.

까지 도시에서 평판이 매우 좋았습니다.

진정한 의미의 재속3회원에 대해 말하자면, 17세기까지 그 존재에 대해 잘 알려져 있지 않았습니다. 당시 ("수도회[congrégations]"의 시대)에 '단위 형제회들'(재속3회의 단위 형제체들)이 각 수도원, 즉 작은형제들, 코르들리에, 카프친, 그리고 레콜레 수도원 곁에 등장했습니다. 당시 프랑스에는 그런 것들이 수천 개가 있었지만 그 실체는 수도원보다 더 취약합니다. (기록이 더 적고 역사가들에게 거의 알려지지 않았습니다.)

4.1. 프랑스의 여왕이자 제3회원, 마리 테레즈 도트리쉬 (=마리아 테레사 데 아우스트리아)

파리의 코르들리에 대수도원 근처에 1665년에 한 수도회(congrégation)가 설립되었습니다. 이러한 형제회에 속한 제3회 회원 중에 프랑스의 여왕이 된, 스페인 출신의 마리아 테레사가 있었습니다. 그녀는 혁명 이전에 프랑스에서 가장 강력한 절대 군주였던 "태양왕" 루이 14세의 배우자였습니다. 카푸친회의 프란치스칸 도서관은 1669년 7월 25일 자 마리아 테레사의 서원 갱신 증서를 보관할 수 있는 행운을 얻었습니다. 그리고 이 증서에는 여왕의 친필로 "마리 테레즈 자매(Soeur Marie-Therese)"라고 서명되어 있습니다. 따라서 이는 당시 서양에서 가장 강력한 왕의 아내인 왕국의 영부인이 자신을 다른 제3회원들 중의 "자매"로 인식하고 있었다는 사실을 보여 주는 증거입니다. 여왕이 자신의 서명의 영향력을 의식하고 있었는지는 알 수 없지만, 여왕인 그녀가 자신을 자신의 "백성"인 사람들과 "자매"라고 생각하고 있다는 것을 종이에 표시했다는 사실 자체는 정말 의미가 없지 않습니다. 프란치스칸 형제회는 프랑스 대혁명이 무너뜨리려고 했지만 실제로 성공하지는 못했던, 이 구획

화한 사회("신분" 사회)를 넘어서기 위해 이곳에 온 것입니다.

성 프란치스코의 아들들이 마리아 테레사에게 미친 영향을 평가하기는 어렵지만, 여왕이 실천하고 그녀의 프란치스칸 고해신부이자 전기 작가인 보나벤투라 데 소리아(Bonaventure de Soria)가 묘사한 바에 따르면[23] 그녀가 믿고 실천한 그리스도교가, 프란치스코의 색채를 강하게 띠고 있다는 것은 확실합니다. 여왕은 "강생과 성찬례와 죽음의 신비 안에서 하느님의 아들의 넘치는 사랑"에 대해 큰 민감성을 갖고 계십니다. 그녀는 "그리스도의 몸과 성령과 말씀과 예수 그리스도의 전능함의 위탁자이자 분배자인" 사제들에 대해 깊은 존경심을 가지고 있었습니다. 그녀는 모든 종류의 불행(가난한 가족, 병들고 죽어가는 사람들)을 구제하기 위해 신중하면서도 관대하게 자선을 베풀었습니다. 그녀는 가능한 한 자주 성체를 모시기를 열망하고, 묵상 기도를 꾸준히 실천하며, 자신이 "수천 가지 불완전성으로 가득 찬, 진정 보잘 것 없는 무(無)에 지나지 않는 비참한 창조물에 지나지 않는다"는 것을 강하게 인식하고 있었습니다. 마지막으로, 그녀는 "그날, 스승이신 주님의 겸손을 본받기 위해 열두 명의 불쌍한 소녀들의 발을 씻길 수 있다는 점에서" 성 목요일을 각별히 좋아했고, 성탄절과 성탄 8부 축제 때도 그렇게 했습니다.

마리아 테레사의 프란치스칸 영성은 '성지'(=이스라엘)와 그곳에서 분투하는 형제들에 대한 열렬한 관심에 의해서, 그리고 마찬가지로 그곳에서 왕에게 그녀가 행한 방식에 의해서도 나타납니다. 여왕은 "같은 영에 의해 생기를 얻고 있는 것처럼 보일 정도로 매우 강렬한 신심으

---

23 보나벤투라 드 소리아, 「공주이자 프랑스와 나바르의 여왕인 지극히 고귀하고 고결한 마리아 테레사 데 아우스트리아의 삶 요약」, 파리, 랑베르 룰랑, 1683.

로" 프란치스칸의 주요 축제를 거행했습니다. 다시 보나벤투라 데 소리아의 목격담에 따르자면, 그녀가 성 프란치스코에 대해 어찌나 큰 존경심을 보였는지 "그녀는 프랑스 여왕의 지위 못지않게 성 프란치스코의 딸이라는 지위를 높게 평가했다."라는 말을 자주 듣곤 했습니다. 물론, 이것은 특별한 경우에 해당되지만, 사회 상류층 출신의 많은 제3회원들도 '제3회(Tiers-Ordre)'에 의해 모든 이의 "형제" 또는 "자매"가 되는 경험을 할 수 있었습니다.

4.2. 제3회원과 사회 가톨릭

훨씬 후인 19세기 말에 제3회원들은 프랑스 사회에 어느 정도 영향력을 행사했습니다. 실제로 1882년, 성 프란치스코 탄생 700주년을 맞아, 당신 자신이 제3회원이었던 교황 레오 13세는 제3회(Tiers-Ordre)에 새로운 역동성을 부여하고자 회칙(「소원이 이루어졌도다.」 *Auspicato concessum est*)을 반포했습니다. 13세기의 경우처럼, 그는 특히 제3회원들에게 '사회 사도직'을 발전시키라고 권유합니다. 그러나 제3회원들의 각성을 불러일으킨 것은 무엇보다도 바로 레오 13세의 위대한 사회 회칙인 「새로운 사태」(Rerum Novarum, 1891)입니다. 당시 대규모 학회가 조직되었고, (랭스 근처의) 발데부와(Val-des-Bois)에 있는 레옹 아르멜(Léon Harmel,1829~1915)의 "그리스도인의" 공장에서 그를 중심으로 연구위원회가 개최되었습니다. 그곳에서 사장들과 (작은 형제회와 카푸친 작은 형제회의) 작은 형제들은 새로운 사회 질서의 창조와 노동자들이 자본 '덕택에' 노동에 짓눌린 채 살아가고 있는 시대에 대해 성찰하였습니다.

제3회원들은 다른 사람들과 협력하여, 최초의 노동조합들과 실질적인 사회권과 함께 프랑스의 사회법 입법에 참여했습니다. "가족 수당"을 받게 되어 부양가족이 있는 노동자가 독신자보다 더 많은 돈을 벌수 있게 된 것은, 바로 프란치스코 제3회원이면서 그르노블의 공장장인 에밀 로마네(Émile Romanet) 덕분이라는 것을 기억합시다.

19세기 말, 제3회원들은 프랑스 북부의 몇몇 노동자 도시에서 매우 많이 존재했습니다. 1897년 6월, 루베의 남성 형제회 등록부에는 다음과 같은 내용이 있습니다. "우리는 102개의 공장에 제3회원들이 있으며, 성 프란치스코의 자녀들은 이 도시의 모든 가톨릭 사업에 앞장서고 있습니다."

그 다음 세기 초에, 교황 비오 10세(그도 역시 제3회원)는 제3회(Tiers-Ordre)의 사회적 활동을 제한하고 제3회에 보다 엄격한 영적 소명을 다시 부여하기를 원했습니다. 그럼에도 불구하고, 그 후 많은 제3회원들이 소위 "사회적 가톨릭"에 개별적으로 참여했습니다. 그리하여 그들은 교회의 사회 교리를 만들고 유럽에서 사회법을 발전시키는 데 기여했습니다.

결론을 지으며

8세기에 걸쳐 프랑스에서 일어난 프란치스칸 운동을 이렇게 매우 빠르게 살펴본 끝에, 우리는 우리를 하나로 묶는 다음과 같은 질문을 스스로에게 던질 수 있습니다. "프란치스칸 정신은 프랑스 사회에 실질적인 영향을 미쳤는가?" 우리는 형제들이 성왕 루이에게, 그리고 17세기에 카푸친 덕분에 묵상 기도를 배운 모든 평신도에게, 또한 19세기 말에 노동자들의 처지를 개선하기 위해 노력한 그리스도인 사장들에게까지 분명히 강력한 영향력을 행사했다는 것을 보았습니다. 하지만 그 이상, 더 없을까요? 이러한 영향력이 사회 전체에 대한 영향으로 바뀌었나요? 행동의 변화가 일어났나요? 이것은 확실하지 않으며, 설사 그러한 영향이 존재했다고 해도, 저를 포함한 서양인들은 포스트-그리스도교적 사회에 젖어 있기에 그러한 영향을 명백하게 강조하는 데 어려움을 겪을 것입니다.

결론적으로 저는 본질적으로 서로 매우 다른 두 가지 점을 강조하고 싶습니다.

프란치스칸 정신과 운동이 우리 프랑스 사회에 영향을 미쳤다면 그것은 역시 풍경과 언어, 그리고 단어/말을 통해서입니다. 프란치스칸 수도원과 수녀원은 여전히 우리 도시에 매우 많고 많이 존재합니다. 프랑스 대혁명 이후에도 파괴되지 않았거나 완전히 파괴되지 않은 프란치스코 수도회들이 많이 존재합니다. 프란치스칸들의 자취는 당당하게 존속되고 있습니다. 저는 정기적으로 "프란치스칸 파리, Paris franciscain" 투어를 조직하는데, 거의 모든 도시에서 그런 투어를 할 수 있습니다. 우리의 박물관(특히 루브르 박물관)에는 프란치스코와 프란치스칸 성인들을 표현하는 것들이 넘치도록 많습니다.

지난 주말 프랑스에서 열린 "문화유산의 날" 동안, 사실상 거의 손상되지 않았고 완전히 복원된 옛 레콜레 수도원이 바스크 지방의 시부르에서 개원식을 했습니다.[24] 그런데 이 수도원은 '평화를 이룬다'는 프란치스칸의 사명을 보여주었습니다. 17세기 초, 레콜레는 한 작은 섬에 정착했는데, 그 섬은 두 항구 도시인 생장드뤼즈(Saint-Jean-de-Luz)와 시부

---

24 https://www.baskulture.com/article/clotre-des-rcollets-ciboure-une-nouvellecloche-pour-la-chapelle-n-d-de-la-paix-5660

르(Ciboure) 사이에 분쟁이 있는 곳이었습니다. 그런데 연대기의 기록에 따르면 그들이 정착한 이후로 "두 도시는 항상 평화를 유지해 왔으며, 레콜레 회원들은 항상 그곳 주민들의 애정을 간직해 왔습니다."

그 다음에, 수도원 건물들이 완전히 파괴되었을 때에도 수도원 이름을 딴 거리 이름과 광장 이름 그리고 도로 이름은 그대로 남아 그 존재를 상기시킵니다. 오늘날 프랑스에 "코르들리에길", "카푸친길" 또는 "레콜레길"이 몇 개나 있을까요? 확실히 수백 개가 있을 것입니다.

우리 문화의 보다 뜻밖의 측면들에서도 마찬가지로 프란치스코주의의 흔적이 나타나며 프란치스코 형제들의 인기를 보여 줍니다. 우리 요리법에는 카푸친이나 레콜레를 암시하는 치즈가 많이 있습니다. "두 명의 카푸친", "작은 카푸친" … 옛날 광고에 나오듯이, "레콜레, 항상 완벽한 치즈", 프랑스 북부와 벨기에에서 발견되는 한 사과 품종은 "카푸친의 레네트(작은 여왕)"이라고 부르고, 줄기가 긴 샐러드를 "카푸친 형제들의 수염"이라고 부릅니다.

결론을 짓기 위한 마지막 요점은, 형제들이 사회와 마주해 혼자 외롭게 있으면서 사회에 분명히 어떤 영향도 미치지 못하는 상황이 일어났다는 것입니다. 예를 들어, 17세기와 18세기에 노예 제도에 반대하기를 원했던 몇몇 형제들의 경우가 그렇습니다.

저는 1665년 부르고뉴의 카푸친 관구 중심에 있는 브술 수도원에 입회한 에피판느 드 모아랑(Epiphane de Moirans, 1644~1689)을 생각합니다. 그는 양성/수련을 마친 후, 카이엔으로 선교를 가게 해달라고 요청하여, 1678년에 마르티니크에 있다가 베네수엘라로 갔습니다. 노예의 상황을 인식하게 된 그는 노예 제도 폐지를 위해 설교를 하고, 노예를 소유한 사람들에게 사죄경 주기를 거부했습니다. 주지사는 그를 체포하여 (쿠바의) 하바나로 이송했습니다. 거기에서 스페인으로의 이송을 기다리는 동안 그는 라틴어로 「노예의 자유 또는 노예의 자연적/본래적/당연한 자유에 대한 법적 옹호」라는 논설을 썼는데, 이 저술은 1982년 세비야 문서고에서 발견되었습니다. 그는 노예 제도를 격렬하게 반대하는 이 소책자에서 이렇게 주장합니다. "노예를 소유한 사람은 영원한 저주의 형벌에서 노예를 해방시키고, 그들의 노동에 대한 대가를 지불해야 한다. 왜냐하면 그들은 자유인이기 때문이다. 그것은 인간의 권리이고, 신성한 권리이다." 프랑스 카푸친이었던 그는 스페인에서, 그리고 로마에서 단죄를 받고/유죄 선고를 받았고 잊혀야만 했습니다. 에피판느는 1689년 9월 5일 45세의 나이로 투르의 카푸친 수도원에서 사망했습니다.

이 형제는 확실히 매우 고독하게 살았고 그가 살아있는 동안에는 프랑스에서 어떤 영향력도 행사하지 못했습니다. 그는 몰이해와 미움만을 당했을 뿐입니다. 그에게서 우리는 매우 인기 있었으며 자신들이 정착한 도시의 환경에 완벽하게 어울렸던 중세의 코르들리에들과는 완전히 반대되는 모습을 보게 됩니다.

그렇지만 노예제 문제에 있어서 에피판느 드 모아랑은 모호한 방식이기는 해도 다른 사람들과 함께 장기적으로 사람들의 사고방식을 바꾸는 데 의심할 여지 없이 기여했습니다. 돌이켜보면, 그가 형제들의 명예를 구했다고 말할 수도 있습니다. 왜냐하면 그 당시 카푸친회는 노예제도의 존재를 꽤 잘 수용하고 있었기 때문입니다. 카푸친 형제들은 자신들이 아프리카에서 소유하고 있는 노예들이 다른 노예들보다 더 나은 대우를 받는다는 점만 강조했을 뿐입니다.[25]

---

25 올리비에 그르누이요, 「그리스도교와 노예 제도」, 파리, 갈리마르, 2021, 286.336쪽.

논평

셋째날

피에르 모라키니의
"작은 형제회가 프랑스 사회에 미친 영향
(13~19세기)"에 대한 논평

고계영 파올로, 작은 형제회
(프란치스코회)

먼저, 성 프란체스코의 1223년 수도 규칙 인준 800주년을 맞아, 멀리 프랑스에서 한국까지 오셔서, 13세기부터 19세기까지 "작은 형제회가 프랑스 사회에 미친 영향"에 대해 소중한 발제를 해주신 피에르 모라키니(Pierre Moracchini, OFS) 형제님께 깊은 감사를 올립니다. 또한, 피에르 형제님께서 말씀하신 바와 같이, "복잡하고 역사가들이 전혀 다루어 본 적이 없는" 주제를 훌륭하게 나눠주심에 대해서도 깊은 감사를 올립니다. 프랑스와 한국이라는 문화와 언어의 차이로 인해, 저희들이 쉽게 찾아볼 수 없는 자료들, 그렇지만 우리 모두에게 참으로 중요하고 의미심장한 내용들을 피에르 형제님께서 풍요롭게 발표해 주셨습니다. 이제 지금까지 살펴본 발제에 대해 저의 의견을 몇 가지 말씀드리고자 합니다.

1. "프랑스의 역설"을 들으면서 "자유"(liberté), "평등"(égalité), "형제애"(fraternité)라는 프란치스칸 사상의 핵심 주제들을 누구보다 앞서 추구했던 프란치스칸들, 특히 작은 형제들이 프랑스 혁명의 적대자들이 되었고, 몰이해와 무시 속에서, 프란치스칸들과 프랑스 혁명 사이에 결별이 일어났다는 역사 앞에서 가슴 아프기도 했고, 두렵기도 했습니다. 그 까닭은 프랑스 혁명 당시에 많은 프란치스칸들이 작은 형제회의 수도 규칙의 이상을 잊고 살아갔듯이, 저 또한 이 선배 형제들과 크게 다르지 않은 삶을 살고 있는 것 아닌가 반성하지 않을 수 없었기 때문입니다.

그러나 성 루이 9세(성 루도비코 9세) 왕의 모범적인 프란치스칸 삶은 가슴 뭉클했고, 복자 이자벨의 삶도 무척 인상적이었습니다. 또한, 죽음을 불사하고 페스트 환자들을 헌신적으로 돌본 카푸친 형제들과, 일찍이 1600년대에 이미 노예의 신성한 권리를 천명하며 노예 해방, 노예 제도 폐지, 노예들의 노동에 대한 대가 지불 등을 논문을 통해 용기 있게 밝힌 에피판느 드 모아랑(Epiphane de Moirans, 1644-1689)의 예언적 삶은 듣는 이의 마음을 숙연하게 했습니다. 그리고 프랑스 사회 전반에 미친 프란치스칸들의 영향이나, 묵상 기도를 널리 보급시킨 카푸친의 훌륭한 사목 활동, "회색 자매들"이나 마리 테레즈 도트리쉬(마리아 테레사 데 아우스트리아)를 포함하여, 다양하게 펼쳐진 재속 3회원들의 활동들도 프랑스 대혁명 전후로 프랑스 사회와 문화를 이해하는데 참으로 유익하였습니다. 다시 한 번 좋은 자료들을 소개해 주신 피에르 형제님께 깊은 감사를 올립니다.

2. 이제 프란치스칸들이 프랑스 사회에 미친 영향, 특히 자유 평등 형제애를 지향했던 프랑스 대혁명에 미친 영향과 관련하여 몇 가지 관점을 말씀 드리고자 합니다.

(1) 프란체스코 성인은 「비인준 규칙」 22,33-34에서 마태 23,8-9를 다음과 같이 인용합니다: "33 너희는 모두 형제다. 34 또 이 세상 누구도 너희의 아버지라고 부르지 마라. 너희의 아버지는 오직 한 분, 하늘에 계신 그분뿐이시다."

불평등한 신분제가 제도적으로 엄격하게 지배하던 폐쇄적인 봉건 시대에 프란체스코는 복음을 근거로 귀족이나 평민, 사제 형제나 평형제, 장상 형제나 수하 형제, 배운 형제나 못 배운 형제와 같은 구분을 뛰어 넘어, 모든 형제들이 하느님 아버지를 중심으로 평등한 수도회를 지향해 나갔고,[1] 실제로 작은 형제들은 수도 규칙에 규정된 대로 차별 없

---

[1] 참조: C. Esser, 『Origins of the Franciscan Order』, translated by Aedan Daly – Irina Lynch, Franciscan Herald Press, Chicago, Illinois, 1970, 35; 「1첼라노」 31.

이 자유롭게 모든 계층으로부터 모여들었습니다. 이는 "이 세상의 사회적 질서가 궁극적으로 하느님께서 제정하신 것이라고 간주되던 중세적 계급 의식의 토대를 완전히 허물어 버리는"[2] 것으로서, 글을 모르는 평민들에게는 '형제적 평등성'이라는 휴머니즘 아래 그리스도의 지위에로 신분이 상승될 수 있는 복음적 기회를 열어 주는 결과를 빚어 내기도 했습니다.[3] 이런 관점에서 프란체스코가 인용한 "너희는 모두 형제들이다"라는 구절에 들어 있는 사상은 간단하게 자유 평등 형제애라고 요약할 수 있을 것 같습니다.[4]

(2) 이러한 관점을 전제로, 프란체스코가 추구한 자유 평등 형제애가 가깝게는 르네상스와 종교 개혁에 영향을 미쳤고, 멀리는 프랑스 대혁명에게까지 영향을 미치지 않았을까 추론해 봅니다.

이 혁명과 관련하여 무엇보다도 집중하고 싶은 부분은 프랑스 대혁명의 시민 대표들이 1791년 5월 자유 및 평등과 더불어 "형제애"(fraternité)를 혁명의 표어로 선택하였다는 점입니다. 시민 혁명사의 관점에서 보면, "형제애"는 혁명의 일반적인 표어나 기치로는 대단히 드물고 낯선 어휘인데, 프랑스 대혁명의 시민 대표들이 어떤 연유로 "형제애"를 혁명의 기치로 선택하였느냐는 것입니다. 과문한 탓인지 모르

---

2   위와 같은 책, 34.
3   참조: C. Esser, 『Origins of the Franciscan Order』, 41-42; 페르난도 우리베, 『아씨시 성 프란치스코의 영성. 성 프란치스코의 글에 나타난 프란치스칸 카리스마의 요소들 - 삶의 양식을 중심으로 바라본 고찰』. 2010년 프란치스칸 영성 학술 발표회. 프란치스칸 사상 연구소 학술 발표 모음 2, 정장표 - 고계영 옮김, 오태일 일데폰소 번역 감수, 프란치스코 출판사, 2011, 92.
4   손채연은 그의 학위 논문에서 프란체스코가 지향한 공동체주의의 핵심을 자율주의, 평등, 형제성으로 요약하였습니다(참조: 손채연,『성 프란치스코 아씨시의 종교 사상 연구』. 박사학위 논문. 숭실대학교 대학원 사학과, 2015, 183).

겠지만, 인류 문화사 안에서 자유나 평등은 혁명 및 운동의 기치로 자주 소환되었던 반면, "형제애"는 그런 경우가 없지 않습니까? 그런데 프랑스 혁명의 기수들은 놀랍게도 혁명의 목표로 대단히 낯설어 보이는 "형제애"를 선택했습니다. 더욱이 "형제애"가 혁명의 기치로 선택되기 위해서는, 혁명에 가담한 시민들의 대다수가 이에 공감하고 전폭적으로 수용해야 하며, 그러기 위해서 "형제애"라는 표어가 이미 사전에 시민들에게 심정적으로 친숙해져 있어야 합니다. 그런데 전 인류가 보편적으로 추구해 온 자유나 평등과 달리, "형제애"는 특히 프랑스 대혁명 이전에는 프란치스칸들이 거의 독점적으로 추구해 온 가치입니다. 따라서, 프랑스 대혁명의 시민들이 프란치스칸으로부터 영향을 받지 않았다면, 도대체 어떤 경로를 통해 이 "형제애"를 혁명적 이념으로 선택할 만큼 사전에 공감대를 형성할 수 있었느냐 저는 프란치스칸으로서 이러한 의문을 제기하지 않을 수 없었습니다. 이에 대해 피에르 형제님께서는 어떻게 생각하시는지 의견을 듣고 싶습니다.

(3) 피에르 형제님의 발제를 들으면서 저는 프랑스 대혁명의 시민들이 "형제애"를 혁명의 표어로 선택하기까지, 직접적이든 간접적이든, 어떤 형태로든 프란치스칸들의 영향을 받았을 것이라는 확신이 들었습니다. 그 이유는 다음과 같습니다.

① 피에르 형제님께서는 1270년 "성 루이 9세 왕이 사망할 때 프랑스에는 약 200개에 이르는 수도원이 있었는데" 이는 수도원들이 "대부분 중간 규모의 도시에 설립되어 있었음"을 의미하고, "프랑스 대혁명 때에는, 3,800명의 카푸친들이 424개의 수도원과 14개의 관구에 있었다"고 말씀하셨습니다. 1270년경에 이미 중간 규모 도시 이상의 프랑스

전체에 작은 형제들이 현존하였다는 것은 적어도 13세기 후반부터 프랑스인들에게 프란치스칸들이 친숙해졌다는 증거 아닐까 싶습니다. 특히 프랑스 대혁명 당시에 카푸친 형제들만 3,800명 있었다는 것은 작은 형제들과 콘벤투알 형제들을 합하면 작은 형제들이 훨씬 더 많았다는 것을 암시해주는데, 이는 13세기부터 18세기까지 작은 형제들이 성장하며 프란치스칸 사상과 가치를 보급시켰다는 간접적인 증언이기도 합니다.

참고로 말씀드리면, 1260년경에는 작은 형제들이 3만 명, 13세기 말에는 4만 명, 1385년에는 2만 명(흑사병으로 인해 감소), 1400년대 초에는 2만 5천 명, 1517년에는 5만 명으로 추산되고, 1762년에는 전 세계의 작은 형제들이 131,951명 이었으며, 이 가운데 ofm 형제들이 76,892명, 1773년 콘벤투알 작은 형제들이 약 25,000명, 카푸친 작은 형제들이 34,029명(1761년 통계)이었다고 합니다.[5]

② 여기서 저는 "프랑스 대혁명의 역설"을 다시금 되새기고 싶습니다. 즉, 한편으로는, 혁명 당시에 또는 그 이전부터 많은 프란치스칸들, 특히 작은 형제들이 "튼튼한 게으름뱅이"나 "사회의 기생충"이라는 소리를 들을 정도로 부패하였다 하더라도, 프란체스코 성인을 비롯하여 성녀 클라라나 성 보나벤투라, 복자 둔스 스코투스, 윌리암 옥캄, 로저 베이컨, 성 루이 9세, 그리고 페스트로 희생된 수많은 카푸친 형제들과 같이, 훌륭하고 모범적으로 살았으나 이름이 알려지지 않은 수많은 익명의 프란치스칸들의 정신과 이상이 타락한 것은 아니라는 것입니다. 다시 말하면, 프랑스 대혁명 이전에 이미 수백 년을 거치면서 헤아릴

---

5 Lazaro Iriarte, 『Franciscan History. The Tree Orders of St. Francis of Assisi』, Franciscan Herald Press, Chicago, 1982, 83.393.

수 없이 많은 프란치스칸들을 통해서 프란치스칸 정신과 이상이 프랑스의 민중들 안에 스며든 것 아니냐는 해석입니다.

③ 작은 형제들은 서로를 "frater"(frère)라고 불렀고, 형제들의 공동체를 "fraternitas"(fraternité)라고 불렀습니다. 이는 프란치스칸들의 고유한 영성이고, 당시 교회와 사회에 신선함을 주었습니다. 프랑스 출신의 신학자이자 역사가인 자코모 다 비트리(Jacques de Vitry, 1160/1170-1240) 추기경은 다음과 같이 증언합니다: "그런데 나는 그 지역들에서 하나의 위안을 찾았네. 다른 게 아니고 많은 남성들과 여성들, 부유하고 세속적인 그들이 그리스도를 위해서 모든 것을 포기하고 세상을 떠났기 때문일세. 그들은 스스로를 작은 형제들과 작은 자매들이라고 부른다네. 그들은 교황과 추기경들에 의해서 대단히 존경받고 있네. … 그들은 하느님의 은총으로 벌써 많은 열매를 맺고 있으며, 많은 이들을 회개시키고 있어서 그들의 말씀을 들은 사람은 누구나 '오십시오'라고 말하며, 한 무리의 군중은 다른 무리의 군중을 데리고 오게 된다네."[6] 프랑스 사람들에게도 "frater"(frère)나 "fraternitas"(fraternité)라는 용어는 새롭게 들렸을 것이며, 많은 수의 작은 형제들을 통해 이러한 용어들과 더불어 "형제애" 영성이 자연스럽게 프랑스 사람들에게 퍼져 나갔을 것으로 해석됩니다.

④ 피에르 형제님께서는 프란체스코 성인의 정신을 따르던 재속 3회원들의 "형제회들"(Fraternités)이 프랑스 대혁명 당시에 수천 개가 있었다고 말씀하셨는데, 이러한 숫자는 정말 놀라운 숫자라고 여겨집니다. 그런데 이들 또한 서로를 형제 자매라고 불렀을 것이고(마리 테레

---

6 비트리의 야고보, 「비트리의 야고보 증언」, 『프란치스칸 삶과 사상』, 1993 (3), 231.

즈 도트리쉬 왕비도 스스로에게 "Sœur"라는 용어를 사용하였는데, 이러한 행동에는 평등, 자유, 형제애의 사상이 담겨 있다고 해석됩니다) "fraternité"라는 용어를 일상적으로 사용하였을 것입니다. 따라서 수많은 재속 3회원들 또한 프랑스 대혁명 이전에 직간접적으로 일상 생활을 통해 "형제애"를 확산시키는데 크게 기여했을 것으로 추론됩니다.

⑤ 작은 형제회와 도미니코회는 13세기 초에 설립된 이후 급속도로 성장하는데, 전자가 후자보다 훨씬 비약적으로 성장하였으며, 특히 작은 형제들은 성당 앞 광장이나, 시장 또는 붐비는 거리에서 설교하는 등 대단히 대중적인 수도자들로 알려졌습니다. 프란치스칸들은 복음 선포와 선교 외에도 신학과 철학, 과학, 예술, 문화 등 다양한 분야에서 눈부신 활동을 하였습니다. 그리고 1347-1351 흑사병으로 유럽 인구의 1/3이 줄었을 때에도 작은 형제회의 많은 형제들이 흑사병 환자들을 돌보며 죽어 갔습니다. 작은 형제들의 이러한 활동들을 통해서도 프란치스칸 영성이 형제애와 더불어, 프랑스 혁명 이전에 이미, 프랑스 사람들 가슴 속에 서서히 젖어 들어간 것 아닌가 추론해 봅니다.

⑥ 결론적으로 종교 개혁 당시에 중세 카톨릭 교회가 부패하였음에도 불구하고, 그리스도의 가르침과 복음의 정신은 변함없이 살아 있었고, 다수의 신자들과 성직자 수도자들이 그러한 그리스도의 가르침과 복음의 정신에 따라 교회를 쇄신하려고 노력하였을 뿐만 아니라, 그런 선상에서 종교 개혁이 일어나고 수도원의 개혁 운동이 지속되었듯이, 프랑스 대혁명 당시에도 작은 형제들은 비록 타락하였지만, 프란체스코 성인과 훌륭한 프란치스칸들의 사상 및 영성은 여전히 살아 있었고, 그동안 긴 역사를 통해 프랑스인들 안에 쌓여 온 프란치스칸 사상과 가치가 직간접적으로 프랑스 혁명에 영향을 미친 것 아닌가 추론해 봅니다. 이상과 같은 추론에 피에르 형제님께서 어떻게 생각하시는지 의견

을 듣고 싶습니다.

(4) 현재 남아 있는 프란체스코의 글과 전기들의 필사본 전통에 의하면, 1300년 전후부터 프란체스코의 글과 전기들이 프랑스에도 이미 보급되었음을 알 수 있고, 보나벤투라의 전기는 형제회의 공식 전기였기 때문에 1260년대부터 보급되었으리라 여겨집니다. 그리고 구텐베르크의 인쇄술 발명 이후에는 프란체스코 성인의 글과 전기가 더 많이 퍼져 나갔을 것이고, 이러한 현상은 프랑스 대혁명 당시에도 유사하지 않았을까 추론됩니다. 그리고 "태양의 찬가"에서 프란체스코 성인은 해, 달과 별, 공기, 물, 불, 땅, 죽음을 형제 자매라고 부르고 있는데, 이런 노래나 여러 전기들을 통해서 프란체스코 성인이 벌이나 구더기, 양, 늑대 등 피조물들을 형제 자매라 불렀던 "형제애" 영성이, 대혁명 이전의 프랑스에도 잘 알려져 있지 않았을까 추측해 봅니다. 요약해서 말씀드리면, 프란체스코 성인의 글과 전기들을 통해서 프란체스코 성인의 삶과 영성, 특히 "형제애" 영성이 프랑스 역사 안에 지속적으로 보급되며 퍼지지 않았을까, 그리고 그러한 보급이 프랑스 대혁명에도 어느 정도 영향을 미치지 않았을까 추론해 봅니다. 이러한 추론에 대해 피에르 형제님께서 어떻게 생각하시는 의견을 듣고 싶습니다.

3. 피에르 형제님께서는 자크 르 고프(Jacques Le Goff)를 인용하며 "프란치스칸들이 상인들을 정당화하는 윤리적, 종교적 해결책을 창출해 냈다는 것은 역설적인 면이 없지 않다. 그들은 특정 금융 거래들에 정당성을 부여하고, 결국 자본주의의 발전을 허용했다. … 탁발 수도자들이 제안하고 부분적으로 도입에 성공한 것은 경제 생활, 특히 돈 사용에 대한 도덕화였다"고 말씀하셨습니다. 이러한 프란치스칸들의 기여

는 사유 재산권과 직업 소명성을 강조한 종교 개혁 사상과도 관계되고, 재산권을 신성한 권리로 선언했던 프랑스 혁명과도 관계가 있지 않을까 싶습니다.

4. 피에르 형제님께서는 "'프랑스의 역설'이라고 부르는 것, 다시 말해 외적으로는 일치하는데도 불구하고, 프랑스 대혁명 당시 우리의 국가적 표어와 프란치스코회의 '가치'가 서로 수렴/일치되지 않았다는 사실을 거론"하면서 이번 발제를 시작하셨고, 문화사적인 관점에서 구체적인 증거를 근거로 밝히면서 프란치스칸들이 프랑스 사회에 미친 영향들을 흥미진진하게 소개해 주셨습니다. 이를 테면, 성 루이 9세 왕과 복자 이자벨의 프란치스칸적인 삶, 프란치스칸들이 사회 전반에 미친 영향, 카푸친들이 17세기 프랑스 사회에 미친 영향, 묵상 기도에 대한 카푸친들의 영향, 마리 테레즈 도트리쉬(마리아 테레사 데 아우스트리아) 등 재속 3회원들이 프랑스 사회에 준 영향 등이 그러합니다. 그런데 제가 보기에는 피에르 형제님께서 발표하신 자료들만으로도 충분하게 프란치스칸들이 프란체스코 성인의 생존 당시부터 그 이후 수세기에 걸쳐 프랑스 사회 전반에 큰 영향을 미쳤고, 프란치스칸의 주요 사상인 자유, 평등, 형제애 또한 프랑스 사람들의 마음 안에 스며드는데 적지 않은 기여를 했으리라는 추론을 확인할 수 있었습니다.

5. 이러한 추론은 사상사적 관점에서 프란치스칸들의 기여를 조명해 보면 좀더 분명해지지 않을까 싶습니다. 이미 말씀드렸듯이, 자유, 평등, 형제애는 프란체스코 성인을 비롯하여 프란치스칸들이 일관되게 추구해 왔던 핵심 사상에 해당됩니다.

① 13-14세기에 펼쳐진 철학적 자유주의 또는 사상적 자유주의. 보

나벤투라(1217/1221~1274), 둔스 스코투스(1265/1266~1308), 윌리엄 옥캄(1287경~1347) 등 13-14세기의 뛰어난 프란치스칸 사상가들이 자유 의지에 초점을 둔 주의주의나, 헥체이타스(hacecceitas) 같은 개체성의 개념 등을 이론적으로 정초하며 개인주의와 자유주의의 사상적 토대를 철학적으로 정립해 나갔다는 사실은 프란치스칸 학자들뿐만 아니라 많은 현대 학자들에 의해 밝혀진 사실입니다.

② 14-15세기에 펼쳐진 문화적 자유주의. 프란치스칸 사상이 지오토(Giotto di Bondine, 1267~1337)를 비롯하여 르네상스 예술에 큰 영향을 미치며 15세기에 문화적 자유주의가 꽃피는데 적잖은 기여를 했다는 사실은 독일의 역사학자인 헨리 토데(Henry Thode, 1857~1920)에 의해 규명되었고,[7] 헤르만 헤세도 "우리가 정신과 예술의 부활인 르네상스라고 부르는, 저 놀라운 일에 무의식 중에 공헌한 최초의 위인들 중의 하나"라고 말한 바 있습니다.[8]

③ 16세기에 펼쳐진 종교적 자유주의. 루터나 칼뱅 등 종교 개혁가들을 통하여 종교적 자유주의가 꽃피어 납니다. 그런데 폴 사바티에(Paul Sabatier, 1858~1928) 등 여러 개신교 신학자들이 프란체스코 성인을 종교 개혁의 효시로 보고 있습니다. 프란체스코 성인이 교회 밖으로 나가지 않고 교회 내에서 개혁을 시도하였다는 면에서 개신교 종교 개혁자들과 분명한 차이가 있지만, 그럼에도 불구하고 프란체스코가 중세 카톨릭 교회를 그 누구보다 혁혁하게 개혁했기 때문에, 프란체스코 성인을 종교 개혁자로 조명하는 개신교 신학자의 시도는 타당성을 지니고

---

7 참조: Henry Thode, 『Francesco d'Assi.si e le origini dell'arte del Rinascimento in Italia』, a cura di Luciano Bellosi, Donzelli, Roma, 2003.
8 헤르만 헤세, 『성 프란치스코의 생애』, 이재성 옮김, 정경량 감수, 프란치스코 출판사, 2014, 89.

있다고 평가되고, 이는 프란체스코가 개신교 종교 개혁을 통해 꽃핀 종교 자유주의 운동에 긍정적인 영향을 미쳤다는 방증이 된다고도 해석됩니다.

④ 17-18세기에 펼쳐진 정치적 자유주의. 사상사적 관점에서 바라보면, 프란치스칸 자유주의 사상은 계몽주의를 바탕으로17-18세기에 꽃피어난 정치적 자유주의 운동에도 직간접적으로 영향을 미친 것으로 해석되고, 특히 프란치스칸들이 추구한 자유, 평등, 형제성은 프랑스 대혁명에도 영향을 미친 것으로 추론됩니다. 그런 전망과 기대 속에서, 오늘 우리는 피에르 형제님의 입장과 해석을 들었고, 피에르 형제님께서 여러 증거들을 바탕으로 밝혀주신 연구로 인해 상당 부분이 긍정적으로 규명되었다고 평가하고자 합니다.

⑤ 19-20세기에 펼쳐진 경제적 자유주의. 트리에스테 대학의 자코모 토데스키니(Giacomo Todeschini)의 『상인들과 성전』(I mercanti e il tempio)과 베네찌아 파도바 대학의 조반니 체카렐리(Giovanni Ceccarelli)의 『도박과 죄』(Il gioco e il peccato), 오레스테 바찌키(Oreste Bazzichi)의 『자본주의의 뿌리. 중세와 경제학』(Alle radici del capitalism. Medioevo e scienza economica), 루베티노(Rubbettino)의 『프란치스칸 사상의 현실성』(L'attualità del pensiero francescano), 마르코 유프리다(Marco Iuffrida)의 『형제성. 프란치스칸 경제 윤리』(Fraternitas. L'etica economica francescana) 같은 최근의 연구를 통해, 현대 자본주의의 뿌리가 프로테스탄티즘에 있는 것이 아니라 중세 프란치스칸 사상에 있다는 사실이 풍부한 증거들을 바탕으로 밝혀지고 있습니다. 이들의 연구에 따르면, 카톨릭 교회가 돈이나 이자, 고리 대금 냄새가 나는 모든 것에 대해 단죄하는 상황 속에서, 피에트로 조반니 올리비(Pierre de Jean Olivi, 1248~1298), 둔스 스코투스, 알렉산드로 보니니(Alessandro Bonini, 1268~1314), 아르테사노 디 아스티(Artesano di Asti), 제라르도 디 오도네(Gerardo di Odone,

1273~1348), 성 베르나르디노 다 시에나(Bernardino da Siena, 1380~1444) 등 13-15세기의 프란치스칸 사상가들이, 상업 판매의 사회적 효용, 대출에 대한 보상, 화폐의 생산성, 경제적 가치, 공정한 가격, 교환, 지불, 정당한 이윤 창출, 경제 윤리 등의 경제학적 개념을 이론적으로 정초하였다는 것입니다. 이러한 이유들을 근거로 프란체스코 아씨시 성인이 현대 자본주의의 뿌리라거나 자본주의는 수도복에서 시작되었다는 표현이 등장하기도 했습니다. 이탈리아의 여러 학자들이 오늘날 현대인들이 누리고 있는 경제적 자유주의가 중세 프란치스칸 사상에 기원을 두고 있다는 사실을 밝혀낸 것입니다.

이상과 같은 사상사적 관점에서 바라보면, 18세기에 현존했던 프란치스칸들이 프랑스 혁명에 직접적으로 기여하지 못했다 하더라도, 또한 대단히 뼈 아프게도 혁명의 시민들로부터 타도의 대상이 되었음에도 불구하고, 자유 평등 형제애가 프란치스칸 사상으로부터 비롯되었다는 사실은 부인되기 어려울 것 같습니다. 제가 보기에 피에르 형제님께서 이번 발제를 통하여 진실의 반 정도를 밝혀주신 것 같습니다. 앞으로 프랑스 프란치스칸들이 추가로 연구하여 보다 더 확실하게 밝혀주면 더할 나위 없이 좋겠지만, 피에르 형제님께서 이 연구를 시작하셨으니, 마무리까지 해주시면 참으로 고맙겠습니다. 저희들은 언어와 문화의 한계로 어려움이 많기 때문입니다.

오늘 하루 긴 시간 동안 발제해 주신 피에르 형제님께 다시 한 번 깊은 감사를 올립니다. 그리고 오늘날 현재 우리가 누리고 있는 개인주의와 자유주의, 좀더 구체적으로는 사상적 자유주의, 문화적 자유주의, 종교적 자유주의, 정치적 자유주의, 경제적 자유주의, 그리고 더 나아가 민주주의는 프란체스코 성인이 열어주신 프란치스칸 사상의 결실임을 확인하면서, 수도 규칙 800주년을 맞이하여 프란체스코 성인과 훌륭한 선대의 프란치스칸들께 깊은 감사를 올리고 싶습니다. 그리고 이 시대에 우리 프란치스칸들이 계속해서 발전시켜 나아갈 자유주의가 무엇일까 되새겨 봅니다. 대단히 감사합니다.